世界の考古学

⑭

エジプト文明の誕生

高宮いづみ

同成社

ヒエラコンポリス遺跡の「カセケムウィの城塞」遠景
(上エジプト南部、紀元前4千年紀最大規模の集落・墓地遺跡)

第2王朝の日乾レンガ建造物「カセケムウィの城塞」

アルマント遺跡
(上エジプト南部ナイル河西岸のナカダ文化の小型集落・墓地遺跡)

ゲベレイン遺跡
(上エジプト南部ナイル河西岸、前4千年紀の墓地遺跡)

はじめに

　今日私たちは、著しく発達した文明社会に住んでいる。毎日当たり前のように使っている洗濯機や掃除機などの電気製品、電話やファックスなどの通信機器、電車や飛行機などの交通手段、新聞や雑誌などの情報媒体、あるいは近頃普及してきたパソコンなどはすべからく現代文明の産物であり、今やこれらなしで生活を送ることは考えがたい。しかしながら、いわゆる文明が最初に地球上に誕生したのは、500万年以上続いた人類の歴史のうち、最後の最後にあたるようやく今から6千年前くらいに過ぎない。この短い間に、人間は急速に技術を発展させ、自らの生活と周囲の環境を大きく変えてきたのである。それまでの人類歴史の初期の緩やかな変化に比べると、その変化のスピードはすさまじいほどであった。そして今日、文明が環境破壊をはじめとするさまざまな問題を生み出してきたことを、この文明社会に生きている私たち自身が最も良く認識している。

　では、この生活をやめられるかというと、それも簡単にはままならない。ではなぜ、こうなってしまったのだろうか。突き詰めると、文明の誕生に否応なく関心をもつ人も少なくないであろうし、おそらく本当にそれを真剣に考える必要もあるであろう。なぜなら、現代文明のなかで生じているさまざまな問題は、近視眼的な小手先で解決できる問題ばかりだけではないかもしれないし、もっと長い歴史的なパースペクティブのなかで初めて問題の本質が見えてくるものなのかもしれない。

　そうした疑問のうち、エジプトは、メソポタミアと並んで世界最

古の文明のひとつに数えられる希有な初期の文明の情報源である。エジプトといえば、砂漠にそびえ立つピラミッドや神殿、ツタンカーメン王の墓をはじめとする煌びやかな王たちや貴族たちの墓が思い浮かべられるであろう。しかしながら、エジプトのもうひとつの重要性は、まさに最古の文明誕生の足跡をたどれることにある。いかにして人間は文明社会を築いてきたのか、今日にもつながるその答えは、エジプトの熱い砂と土の中に眠っている。

　それにもかかわらず、文明が始まる以前のエジプトについては、これまで王朝時代に比べると十分な情報がなかったように思われる。文明誕生期のような古い時代の歴史はそれだけ深く地中に埋もれており、王朝時代ほど華やかではないために、じっと見つめなければその実像も浮かんでこない。そこで本書では、文明の起源を探るべく、王朝以前のエジプトの歴史に挑んでみることにした。ここに、王を頂点として栄えた華麗な古代エジプト文明の源を見ることもできるだろう。

目　次

はじめに

第1章　研究の歩み …………………………………………3
1　古典的な歴史観　5
2　考古学の発見　6
【コラム　メニ王は誰か？】　8
3　「王朝民族侵入説」の見直しと「上下エジプト統一説」　10
4　プロセス考古学と放射性炭素年代測定法の影響　11
【コラム　放射性炭素年代測定法】　13
5　新たな調査　14
6　現状　15
7　文明と初期国家　16

第2章　アフリカ大陸北東部における農耕・牧畜の始まり
　　　　──～前7千紀………………………………………20
1　文明誕生のプレリュード　20
2　終末期旧石器時代　22
【コラム　ナブタ・プラヤ遺跡】　27
3　アフリカ大陸北東部における新石器化　28
4　土器使用の始まり　29
5　最古の農耕と牧畜　32

第3章　ナイル河下流域における農耕・牧畜の定着
　　　　──前6・5千紀………………………………………39
1　気候の乾燥化　39
【コラム　ファイユーム地方の発掘調査】　40

2　ファイユーム文化　41
　【コラム　ナイル河の定期的増水と王朝時代の農耕】　45
　　3　メリムデ文化　47
　　4　オマリ文化　52
　　5　ターリフ文化　55
　　6　バダリ文化　57
　　7　周辺地域　61

第4章　前4千年紀のナイル河下流域 …………………………64
　　1　前4千年紀の諸文化　64
　　2　前4千年紀の編年　65
　【コラム　ペトリーのS.D.法とナカダ文化の編年】　67
　　3　マーディ・ブト文化——下エジプト　70
　　4　ナカダ文化——上エジプト　77
　【コラム　ナカダ文化は墓地文化？】　83
　　5　Aグループ文化——下ヌビア　84
　　6　パレスチナの文化　89

第5章　前4千年紀の集落 ………………………………………94
　　1　ナイル河下流域の集落　94
　　2　集落と初期国家の形成　95
　　3　都市化の過程　98
　【コラム　ヒエラコンポリス遺跡】　100
　【コラム　周壁をもつ集落とエレファンティネ遺跡】　104
　　4　セツルメント・パターン　106
　　5　集落の人口規模　110
　　6　セツルメント・パターンと地域差　115

目　次　5

第6章　前4千年紀の埋葬 …………………………………………121
1　ナイル河下流域の埋葬　121
【コラム　ナカダ文化の埋葬様式】　122
2　埋葬の考古学　124
3　社会階層とその変化　130
4　社会階層の性格　139

第7章　前4千年紀の交易と交流 …………………………………145
1　交易と初期国家の形成　145
【コラム　物理化学的な産地同定と減衰パターン分析】　146
2　下ヌビア（Aグループ文化）との交易　148
3　パレスチナとの交易　154
4　メソポタミアとの交流　161
【コラム　ブト遺跡と北シリアとの接触?】　169

第8章　前4千年紀の専門化 ………………………………………175
1　専門化と初期国家の形成　175
2　石器製作と専門化　178
3　土器製作と専門化　184
4　ビール醸造と専門化　189
5　交易組織の専門化　190
6　専門化の発達　191

第9章　ナイル河下流域の地域統合 ………………………………197
1　地域統合と初期国家の形成　197
2　ナカダ文化の拡張とナイル河下流域の文化的統一　199
3　ナカダ文化の地域性　204
4　政治的な地域統合のモデル　207

5　政体の把握　210
　　6　王名からのアプローチ　216

第10章　初期国家形成の要因 …………………………………219
　　1　初期国家形成に向けての過程　219
　　2　さまざまな初期国家形成の要因論　222
　　3　伝統的な要因論　222
　　4　プロセス考古学的な要因論　224
　　5　ポスト・プロセス考古学的な要因論　229
　　6　初期国家形成の過程と要因　230

第11章　王朝国家の成立 …………………………………………235
　　1　王朝開闢前夜　235
　　【コラム　アビュドス遺跡】　237
　　【コラム　文字の始まり】　242
　　2　第1王朝の国家　245

参考文献一覧
エジプト先史時代編年表
おわりに
遺跡索引

　　　　　カバー写真
　　　　　　ヒエラコンポリス遺跡の「カセケムウィの城塞」
　　　　　装丁　吉永聖児

エジプト文明の誕生

第1章　研究の歩み

　古代エジプトの本格的な歴史は第1王朝に始まる、というのはおおむね常識的な見解である。なぜならば、古代エジプトの文字記録に残される統一国家の始まりが第1王朝にさかのぼるからである。そして、近年の放射性炭素を用いた年代測定は、第1王朝の開闢が紀元前3100年頃のできごとであったことを明らかにしている。エジプトで文字の使用が始まったのは第1王朝開闢よりも100年あまり前であったが、この頃の文字はまだ稚拙な段階にあって、王朝時代以前のできごとを文字記録は十分に語らない。それでは、文明や王朝や国家はどのように誕生したのであろうか。文字記録が未発達な状況のなかでそれらを知ろうと思えば、文字以外の資料、すなわち考古学的資料に答えを求めなければならない。

　古代エジプト文明の起源を追求する指向は、古代エジプトの昔から脈々とつづいてきた。しかしながら、同時代の考古学的な資料を用いて文明と国家の起源を探る研究は、ごく最近になって発達してきた分野であり、今日もその研究は開発の途上にある。そこでまずは、これまでの研究の歴史を紹介してみたい。研究史をたどりながら、文明や国家の誕生に関する考え方がどのように変わってきたか、その変遷を明らかにすることによって、現在の研究状況の位置づけがはっきりするであろう。

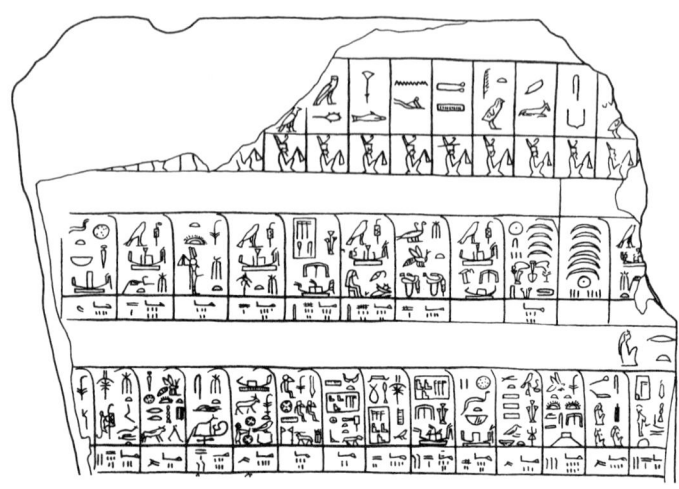

図1 パレルモ年代記表面上部（Wilkinson 2000 より）

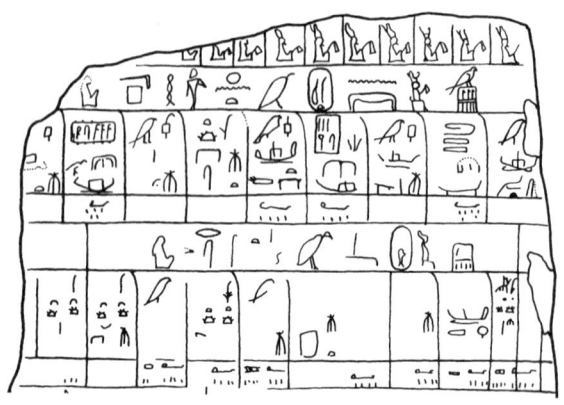

図2 カイロ年代記上部（Wilkinson 2000 より）

1　古典的な歴史観

　古代エジプト王朝時代の人びとも、自分たちの歴史の始まりに関心をもっており、古くから王朝の起源が当時の文字、すなわちヒエログリフで書かれた文献記録のなかに語られていた。古代エジプト最古の年代記である「パレルモ年代記」（図1）とその別版である「カイロ年代記」（図2）は、第5王朝（前2400年頃）に書き残され、これらの最上段には、統一王朝の王たち以前にも王らしき人物がいたことが、王冠を戴いた人物像の列記によって示されている（Wilkinson 2000）。また、第19王朝（前1250年頃）に編纂された王名表「トリノ・パピルス」には、第1王朝以前に「ホルスの従者たち」とよばれる人びとあるいは半神たちの王朝があったことが記録されている。そして、このパピルスおよび同じ頃にセティ1世が建立した神殿壁面に刻まれた「アビュドスの王名表」は、輝かしい古代エジプト王朝初代の王が「メニ」とよばれる人物であると記していた。これら第19王朝の文献記録は、メニ以降の初期の王たちの名前も、明瞭に伝えている。

　メニを初代とする王朝初期の歴史は、その後、プトレマイオス朝時代の神官マネトー（前305～285年頃）によってギリシア語で書かれた『エジプト史』のなかにも述べられている。長い期間にわたる「神々の王朝」と「半神の王朝」につづいて、メネス（メニのギリシア語読み）に始まるティス出身の8人の王からなる第1王朝が出現するという。この内容は、おおむね王朝時代の文献記録の内容と一致し、古い記録を継承していると考えられる。

　それから時代は下り、紀元前30年にエジプトは独立王朝としての歴史を終わって、ローマ帝国の属州となり、しだいに王朝時代の文

化も忘れ去られていった。394年から千数百年あまりという長い間、古代の文字ヒエログリフを読み書きする伝統も途絶えてしまっていたが、1822年にフランス人 J. F. シャンポリオンがヒエログリフの解読に成功したのをきっかけとして、近代エジプト学が成立した。ふたたび古代の人びとが書き残した文献記録をもとに、古代エジプトの歴史が研究されるようになったのである。ヒエログリフの解読以降19世紀の終わりまで、エジプトの歴史の曙は、王朝時代やギリシア語の文献記録にもとづいて、初代の王メニをはじめとする王朝開闢前後の王たちの業績に求められることになった。

2　考古学の発見

エジプト学の発展とともに、古代エジプト文明の始まりや王朝開闢前後の歴史について関心が高まってきたが、しばらくの間、王朝時代以前の遺跡は発見されなかったため、この頃の歴史に関する知見は、前述のようなわずかな文献記録に頼っていた。王朝開始以前にさかのぼる前4千年紀の遺跡が発見され、同時代の考古学的資料にもとづいた文明誕生の本格的な研究が幕を開けたのは、ようやく19世紀の終わりのことである。

1894〜95年の W.M.F. ペトリーによるナカダ遺跡周辺の発掘調査（Petrie 1896）、および1896〜97年の J. ド・モルガンによるエジプト南部の分布調査とそれにつづくナカダ遺跡北墓地の発掘調査（de Morgan 1896-7）が、王朝時代以前から王朝時代初期にかけての遺跡における最初の本格的な調査であった。これらの遺跡で発掘された文化は、後に最初に発見された遺跡名にちなんで、「ナカダ文化」とよばれるようになった。さらに、アビュドス遺跡の砂漠奥部にあるウム・アル=カーブで、1899年からペトリーが実施した発

掘調査は、第1王朝と第2王朝の王たちの墓を特定することに成功した（Petrie 1900）。これらの発掘調査の結果、古代エジプト文明誕生期の遺跡と初期の王たちの存在を考古学的に確認できたため、同時代資料にもとづいた歴史考察が本格化したのである。

その後、20世紀前半の約50年間に、めざましいスピードで王朝時代以前の遺跡調査が進められ、文明誕生期の文化と歴史についての知識が急速に増加した。この間に、エジプト・ナイル河流域の各地で当時の遺跡が発見され、第1王朝開闢に先だつ前5千年紀末以降の先史時代は、「先王朝時代（Predynastic Period）」の呼称を与えられて、エジプト学のなかでも独立した研究分野としての地位を確立していった。

この頃最初に先王朝時代研究の基礎を築いたのは、やはりペトリーであった。後に「エジプト考古学の父」とよばれたほど数々の業績を残したペトリーは、先王朝時代についても、1900年頃に考古学的資料を年代順に並べて、最初の編年構築に成功し、はじめて考古学的資料から歴史的考察を行う道を開いた。ペトリーは編年の結果、ナカダ文化から初期王朝時代にかけての文化変化を、「アムラー」、「ゲルゼー」、「セマイネー」という3つの「文明」の交代として理解した（Petrie 1920）。それぞれの文明は異なる民族によって担われ、王朝出現の背景には、西アジアからの「王朝民族」の侵入があったと論じた。文明の交代や進化の背景には民族の交代、あるいは優秀民族の影響があるとするペトリーの考え方は、当時ヨーロッパで隆盛していた伝播主義の影響を大きく受けており、しばらくの間研究者たちに広く受け入れられていた。

ナカダ文化のほかに、これとまったく系統を異にする複数の文化が、とくに上エジプト北部を中心に分布していたことも知られるようになった。上エジプト北部の文化は、それぞれ検出された遺跡名

にちなんで、マーディ、メリムデ、ファイユーム、オマリと命名された。しかし、当時はまだ理化学的な年代測定法が開発されていなかったため、これらの文化が相互にどのような関係にあるのか、あるいは上エジプト中・南部で検出されたナカダ文化とどのような関係にあるのか、不明な点が多く、歴史のなかに体系的に位置づけることが困難であった。

一方、アビュドス遺跡で初期の王たちの遺構が確認されたために、それまで文献記録からだけ知られていた伝説の王朝創始者はこれらの王のうちの誰かという、メニ王探しに拍車がかかった（コラム：メニ王は誰か？）。

20世紀の初頭まで、古代エジプトの神話に語られたできごとが、はるか以前の先王朝時代や王朝時代初期の歴史的事実に由来すると考える神話史実主義が色濃く残っていたものの、20世紀前半には同時代の資料が豊富に発見されたために、研究者の関心は、しだいに同時代資料に立脚した研究へと移っていったのである。

〈コラム〉メニ王は誰か？

王朝時代の王名表に第1王朝の創始者として記されるメニ王は、紀元前の文献記録に業績が語られた最古の王であった。マネトーの『エジプト史』によれば、ティス出身のメネス（メニ）王はカバに殺されたといい、ヘロドトス（前484〜420年頃）の『歴史』によれば、メンフィスの南に堤防をつくって河の流れを変え、町を保護したという。こうして伝説の人物メニは、研究者たちの大きな関心を集めることになった。

20世紀の初頭に、ペトリーの発掘調査の結果、アビュドス遺跡において第1王朝の王墓が確認されたため、それまで伝説の域を出なかった王朝創始者のメニ王を、歴史上の人物として特定しようとする研究が盛んになった。しかし、メニ王を同時代資料に登場する王たちのなかから特

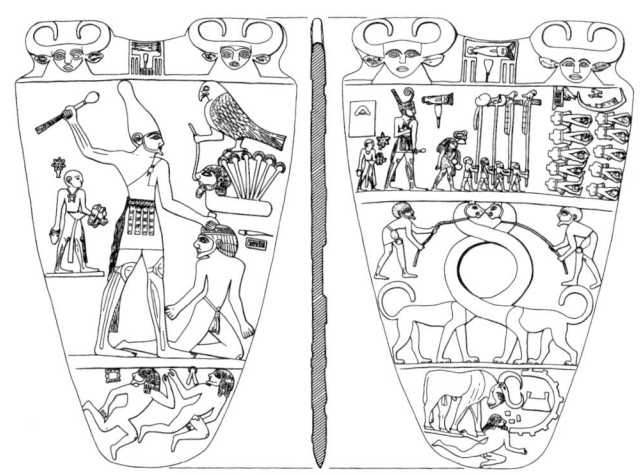

図3　ナルメル王のパレット（Kemp 1989 より）

定するのはむずかしい。その背景には、王朝初期の王名表記の問題があった。

　第1王朝の王墓からは、それぞれ王名を記した遺物が豊富に出土し、所有者の王名がほぼ明らかになっているが、当時の王たちが自らの記念物に用いた王名は、「ホルス名」とよばれる王の即位名であった。一方、後の時代につくられた王名表に記された王名は、おそらくは誕生したときにつけられたと思われる別の名前であったため、同時代の記念物に両者を併記するようになった第5代デン（ウディム）王以前の王について、王名表との対比は容易ではない。そのためメニ王を、ホルス名のナルメル、アハ、その他の王に比定する見解がある（近藤 1997）。

　アビュドスの王墓地ウム・アル=カーブに埋葬されたナルメル王は、「ナルメル王のパレット」（図3）にも表されるように、統一エジプトの王として自らを図像に描いた最初期の王であり、かねてからメニ王をこの王に比定する見解が有力である。一方、アハ王も王名表の検討から、メニに比定される有力な王である。さらに、メニは複数の王たちのイメー

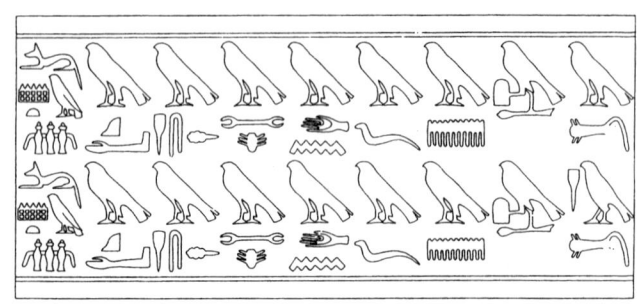

図 4　アビュドス出土の印影復元図（Dreyer *et al.* 1996 より）

ジを統合した伝説上の人物であるという説もある。20世紀の終わりにドイツの調査隊がウム・アル＝カーブの再調査を行った際に、カア王以前の王名を順番に列記した印影（図4）を発見して、この議論は決着を見ると思われるが、異論もあるかもしれない。

3　「王朝民族侵入説」の見直しと「上下エジプト統一説」

　第2次世界大戦を契機に、先王朝時代の遺跡調査は一時下火になっていたが、この間に既存の資料を見直して、ペトリー以来の伝統的な見解を再考する研究が着実に進められていた。H.J. カンターは、1944年に、ペトリーが提唱したセマイネー文明の実体と性格を見直し、西アジアからの王朝民族の侵入によってこの時期の性格を説明しようとするペトリーの説を否定した（Kantor 1944）。先王朝時代のナカダ文化は基本的に王朝時代まで継続し、異民族の侵入によって引き起こされるような断絶は認められないのである。また、W. カイザーは1956年からナカダ文化の編年を再考するとともに、

上エジプト南部に発祥したこの文化が、時期が下るとともに南北に分布領域を拡大していく様子を明らかにした（第9章参照）。これらの研究の結果、先王朝時代の文化・社会の変化は、侵入民族のような外部からの要因によって引き起こされたのではなく、内部にその主要因が求められるようになっていった。さらに、ナカダ文化の拡張の様相が明らかにされたことによって、統一王朝成立の過程でこの文化が大きな役割を果たしたことが、いっそう強く認識されるようになった。

王朝民族侵入説に代わって台頭してきたのが、「上下エジプト統一説」ともよぶべきもうひとつの説である。王朝時代のエジプトはエジプト南部の「上エジプト」とデルタ地方の「下エジプト」に分けられており、文献史料が暗示するところによれば、この伝統は先王朝時代までさかのぼる。統一王朝以前に上下2つの王国があって、これらが統一されて王朝が出現したという古くから唱えられてきた考え方の証左を、考古学的資料に求めるのがこの説であり、今日もっとも普及している説である。

4 プロセス考古学と放射性炭素年代測定法の影響

1960年代から、欧米で興隆したプロセス考古学と新進化主義、およびシステム論は、エジプトの先王朝時代研究にも、大きな影響を与えた。それまでおおむね、G. チャイルドが述べたような生産経済が始まった「新石器革命」、民族交代による文化変化、あるいは統一王朝の起源に絞って論じられてきたナイル河下流域における文明の誕生が、複合社会（complex society）の発展という連続的な文化・社会的変化や、国家という複雑な社会・政治的組織が形成される過程として認識されるようになった。こうした研究の動きは世

界各地の古代文明研究に共通して生じており、エジプト・ナイル河下流域も、世界中に普遍的な文明誕生という現象が起こった地域のひとつとして、あらためてとらえられるようになった。

　プロセス考古学、新進化主義およびシステム論の影響は多岐にわたるが、文明誕生期のナイル河下流域の研究では、とくに埋葬研究と集落研究の領域においていちじるしい研究の進展をもたらした。埋葬については、プロセス考古学の葬制研究の影響を受けて、埋葬から当時の社会組織を復元する試みが進められた。また、従来盛んであった墓地の発掘調査と埋葬研究に加えて、集落址の発掘調査と研究が急増したのも、プロセス考古学が進展させたセツルメント・アーケオロジーの影響であった。さらに、文化や社会の状況や変化を説明する際には、システム論の概念が意識されていた。

　この頃、放射性炭素年代測定法が発達し、実用が進んだことも、研究の進展に大きく寄与した。先史時代の多数の遺跡で年代測定が試みられた結果、それまで考古学的方法のみからでは相互の関係が確定できなかった諸文化の年代的関係が明らかになってきた（コラム：放射性炭素年代測定法）。後述するような新しい調査の成果も加わって、諸文化の編年的関係は1980年頃を境に大きく変わっており、当該地域を専門としない研究者たちに非常に混乱した印象を与えたであろう。

　こうしたプロセス考古学と編年の研究方法的進歩のお陰で、ナイル河下流域における文明誕生や統一国家成立の研究は、文献史料の影響から本格的に脱却したのである。

〈コラム〉放射性炭素年代測定法

　炭素の同位体を用いて古い炭化物の年代を測定する放射性炭素年代測定法は、考古学の分野で現在もっとも普及している理化学的な年代測定法である。1949年にW. リビーによって開発され、その後方法や機材がくり返し改良されてきた。古代エジプト王朝時代の暦年代は、王名表に記された王たちの統治年数を加算することによって、おおむね前3000年頃までさかのぼることができたため、リビーが考古学への応用を始めた頃から、エジプトから出土した先王朝時代および王朝時代の遺物は、放射性炭素年代測定法の妥当性を確認する目的で盛んに資料として用いられた。こうして今日までに、多数の資料が放射性炭素年代測定法で年代を測定されている。

　放射性炭素年代測定法の与えた影響は実に大きかった。ナイル河下流域を含むアフリカ大陸北東部で検出された諸文化は、砂漠のなかに形成された遺跡に残されていて、年代の指標となるような厚い土層堆積をともなわず、しばしば地理的にも年代的にも不連続であるため、相互の年代的位置づけがわからないことが多かった。放射性炭素年代測定法の発達によって、こうした文化同士の年代的関係が推測できるようになり、ようやく歴史的考察が行えるようになった。

　しかし、本書で扱う今から1万年前くらいから前3000年頃までの研究において、この年代測定法がすべてうまく機能しているわけではない。

　第1に、リビー以降くり返し方法と機材が改良されてきたため、その過程で測定された年代値は質的に均一ではない。たとえば、使用する半減期、機材、補正曲線などに、いちじるしいヴァリエーションが生じている。

　第2に、上記の時期のうち、遅い時期にのみ補正年代が用いられている。年輪年代法とあわせて作成された補正曲線は、今から約7000年前頃までさかのぼることができる。王朝時代の編年は暦年代で表すことが好まれるため、伝統的にエジプトでは補正年代が使用されてきたが、このことが、補正曲線が及ばない前6000〜5000年頃以前の時期とそれ以降との間で、放射性炭素測定年代の表現方法が違ってしまう事態を招いた。

すなわち、それより古い時期は補正しない年代で表し、それより新しい時期は補正された年代で表すということが一般化している。概して補正を行うと古い時期の年代は大幅に補正前の数値よりも古くなるため、この表現方法の違いは、両者の接点付近に奇妙な重複あるいは断絶を生み出している。たとえば、未補正年代の「前5000年頃」と補正年代の「前5000年頃」では、じつは前者の方が古いことになり、この時期付近の年代については、なかなか両者の間の正確な新旧関係がわかりにくい。

本書では、基本的に報告者の記述に従って、未補正年代は「今から〜年前」で、補正年代は「前〜年」で表記することにした。

5 新たな調査

中東情勢が安定してきた1970年代以降、ナイル河下流域は、ふたたび活発なフィールド調査の対象になった。それと同時に、20世紀前半に発掘された遺跡の再調査や、新たな視点と先端科学技術を用いた旧発掘資料の見直しが盛んに行われるようになり、新しい情報が急速にかつ豊富に供給されるようになった。

それまで、おもに墓地を対象として発掘調査が行われてきたのに対して、この時期以降の発掘調査は、プロセス考古学の影響を受けて、集落址に焦点を当てる傾向が顕著であった。この時期以降に行われたエレファンティネ遺跡、ヒエラコンポリス遺跡、アダイマ遺跡、ブト遺跡等の発掘調査は、それまで不明であった前4千年紀の集落の様相をしだいに明らかにしつつある。

またこの頃から、従来ほとんど手つかずであったデルタ地帯の発掘調査が盛んになった。かつて、先史時代には遺跡形成が不活発であり、遺跡が存在したとしても、厚い沖積土の下に埋もれていると考えられていたデルタ地帯は、じつは遺跡の宝庫であった。ブトを

はじめとするデルタの遺跡における発掘調査は、既存の下エジプト文化（マーディ・ブト文化）のなかにしだいに浸透するナカダ文化の様子を描き出し、前4千年紀における異なる文化同士の接触の様相を鮮明に描き出した。さらに、アビュドス遺跡において、先王朝時代から王朝時代初期までの遺跡の再調査が行われ、王朝開闢に関連する時期の詳細な情報が提供されるようになった。

この頃、調査地域はそれまでほとんど未踏の地であった砂漠や周辺地域へも広がった。F. ウェンドルフを隊長とするアメリカ−ポーランド合同調査隊が行ったエジプト西部砂漠の調査は、それまでナイル河下流域に欠落していた終末期旧石器時代の遺跡を各所で検出し、ナイル河近辺における歴史の空白を埋めてきた。同じ頃にパレスチナでも活発な調査が進行し、前4千年紀のパレスチナ南部がエジプトと密接な関係をもっていることを明らかにした。さらに、近年スーダン中部の発掘調査が、終末期旧石器時代以降の遺跡をたくさん検出している。

こうして、ナイル河下流域における新たな発掘調査の進展、ナイル河周辺地域の調査の活発化、および新しい考古学的研究方法と先端科学技術の導入が、今日までつづく爆発的な新情報をもたらした。

6　現　状

20世紀後半に、プロセス考古学という学術的なパラダイムの変化と、新たな発掘調査および先端科学技術が提供する爆発的な新情報に見舞われ、先王朝時代の研究は急速に変貌を遂げた。その変化がいかに大きいかは、1980年に M.A. ホフマンが著した『ファラオ以前のエジプト（Egypt before the Pharaohs）』第1版（Hoffman 1980）が、当時最新の情報を集めながらも、わずか20年あまりにし

てすでに古典的な感が否めない状態になってしまったことからも十分にうかがえるであろう。

20世紀の後半に始まった新たな調査・研究の成果は、まだ十分に総括されてはおらず、現在も情報は引きつづき急速かつ莫大に提供されつつある。さらに、1980年代後半以降の研究は、欧米の考古学研究におけるポスト構造主義あるいはポスト・プロセス考古学の影響を受けて、ふたたび歴史研究の方向に舵をきり、その影響はナイル河下流域の研究にも色濃く反映されている。その潮流のなかで、人間の主体的な意志や心理的側面、および個別的な歴史記述の重視といった傾向が普及し、新マルクス主義の影響も大きくなってきた。

このようにめまぐるしく変わるパラダイムと莫大な新情報の嵐のなかで、文明誕生に関する研究と理解も激しく揺れ動いている。したがって、今日、文明誕生についての安定した理解を提供することはむずかしいが、ポスト構造主義時代の考え方では、そうした歴史観の変化や個々人による記述の違いは当然の事態と理解されている。そこで本書では、プロセス考古学からポスト・プロセス考古学へ移行した時期のパラダイムに立って、できるかぎり最新の情報を盛り込みつつ、ナイル河下流域における今日的な文明誕生を概説するよう試みた。冒頭にも述べたように、この内容は、新しい視点の開発や新資料の追加によって、今後容易に書き換えられるかもしれない。

7　文明と初期国家

高度に発達した文化は、一般的に「文明 (civilization)」の名称でよばれる。たとえば C. レンフルーは、「文明とは、人間が自然だけからなる原初の環境から自己を切り離すためにつくり上げた、

自作の環境である」と、抽象的な定義を述べている（Renfrew 1972）。また、C.K. マイゼルスは、G. チャイルドが都市の定義として示したリストを修正し、①都市、②専従（フル・タイム）の専門家、③余剰の集中、④記念物的な公共建造物、⑤支配者層、⑥文字や数字、⑦算術、幾何学、天文学などの科学、⑧芸術の専門家、⑨恒常的な対外交易、⑩農民、職人、支配者から構成される共同体、⑪宗教建造物、⑫国家組織が存在すること、という一般的な文明のチェック要素を挙げている（Maisels 1999）。

しかしながら、この一般に普及した「文明」は、学術的な研究の分野では扱いにくい概念であるという認識もある。第1に、「文明」は、しばしば「野蛮」あるいは「未開」といった概念と対にして用いられ、本来多様であり得るはずの文化に対する差別や偏見を内包する可能性があるためである。そして第2に、その定義がしばしば曖昧であったり、学術的に操作しにくい概念であるためである。実際、上記のリストのような要素をすべての文明とよばれる社会が備えているとは限らない。

そこで上述のようなプロセス考古学と新進化主義のなかで、具体的に過去の文化や社会を分析するために、複雑さ（complexity）の概念が導入されたことは、形態的には多様な社会を一定の基準で評価できるようにした点で有益である。たとえば、アメリカの人類学者 E. サーヴィス（Service 1962）は、過去や現在の社会を社会進化に沿って、「バンド」、「部族」、「首長制」および「国家」の4段階に分類しており、こうした分類の基盤には、進化した社会の方がより複雑であるという認識があった。決して現実の社会がすべてこの進化の方向に沿って変化するわけではなければ、もちろん複雑さの度合に応じた内容的な優劣があるわけでもない。しかし、人類史において、たしかにより複雑な社会は単純な社会よりも後に出現し

ているようであり、単純な社会から複雑な社会へという時間的な変化がしばしば歴史的に認められる。そして、従来文明社会と考えられてきたのは、これらのうち広義に考えれば首長制社会と国家社会、狭義に考えれば国家社会である（植木 1996）。したがって、文明の誕生という課題は、単純な社会から複雑な社会へという文化・社会的変化を見ていくことによって、段階的にとらえられるであろう。

複雑さの様相は、ある程度考古学的に把握できることも重要な利点である。より複雑な社会ほど、さまざまな側面で専門化と分化が進んでいることが指摘されており、その水平方向の現れである職業などの専門化とそれにともなう集約化、および垂直方向の現れである社会階層の発達が、考古学的資料のなかに、より複雑な社会を認識する手がかりとなる。

本書では、こうしたプロセス考古学と新進化主義のなかで培われてきた複雑さの程度という基準をもって、文明が誕生する様子を追ってみたい。その際、考古学的資料から複雑化についてどのようなことがわかっているのか、まずは状況の認識を重視した。というのは、これまでナイル河下流域の文明形成期に関して、複雑化の過程解明が包括的に行われたことはなかったからである。そこで以下の章では、文明誕生の基盤となる生産経済開始と定着の過程を述べた後、前4千年紀という文明誕生のもっともホットな時期については、考古学的資料の種類に合わせた集落、埋葬、交易、生産に分けて、複雑化の過程を探ってみる。

また、古代エジプト文明形成のひとつの頂点は、第1王朝に始まる統一国家の誕生である。そのため本書では、文明誕生のプロセスのなかでも、初期国家という政治組織の発展を重視した記述を行うことにした。

なお、本書ではおもに社会組織研究に的を絞り、基本的な部分を

除いて、文化内容の詳細については割愛した。ここで扱う諸文化の基本的な内容については、従来刊行されてきた概説書にかなり詳細に記述されており（川村 1969；近藤 1992；鈴木 1970；Adams 1988；Adams & Chalowicz 1997；Baumgartel 1955 & 1960；1972；Trigger 1982）、とくに20世紀の終わりにB. ミダンレイネによって著された概説書は包括的である（Midant-Reynes 1992）。それらを合わせて参照されたい。

第2章 アフリカ大陸北東部における農耕・牧畜の始まり――～前7千年紀

1 文明誕生のプレリュード

「文明」という現象は、決して短期間に生まれたわけではなく、長い歴史の積み重ねの後に生じたことは、文明が人類の歴史の最終段階になってようやく登場したことからもうかがわれる。そして、初期の文明の共通点を眺めたとき、文明とよばれるような複雑な社会の誕生の背景には、農耕・牧畜という手段を使って人間が自ら食糧をつくり出すようになった、いわゆる「生産経済」の確立が存在すると古くから指摘されてきた。人類の歴史における第1の革命として生産経済の開始を挙げたG. チャイルドは、とくに穀物栽培の始まりを重視して、その利点を、穀物は栄養価が高く、貯蔵ができることと指摘している（Child 1936）。たしかに、古代エジプト王朝時代の社会を見ても、生業基盤である農耕・牧畜の重要性と、農耕に密接に関連する定住の重要性を疑うことはできない。そこで最初に、ナイル河下流域を含むアフリカ大陸北東部において、どのように農耕と牧畜が始まったのか、文明の基盤形成にかかわるその過程を概観してみたい。

アフリカ大陸北東部では、今から数万年前に始まる後期旧石器時代の後、今から12000年前頃から終末期旧石器時代に入り、紀元前

6000年以降に新石器時代が幕を開けた。しかしながら、20世紀中葉までのナイル河下流域の調査では、終末期旧石器時代から初期新石器時代にかけての遺跡がわずかしか検出されず、奇妙な歴史の空白が生じていた。ナイル河周辺の農耕・牧畜は、前6千年紀の後半に、唐突に発達した形態で現れたような印象があったのである。ようやく20世紀の後半に、F. ウェンドルフを隊長とするアメリカ南メソジスト大学とポーランド科学アカデミーの合同調査隊がそれまでほとんど未踏であったナイル河西方の砂漠地帯の調査を行い、そこにこの空白を埋める時期の遺跡が存在することをはじめて明らかにした (Wendorf *et. al* 1980)。

この調査の結果、アフリカ大陸北東部最初の農耕・牧畜は、今ではすっかり砂漠化したナイル河より西方の地域で始まった可能性が指摘されるようになったが、そこで始まったかもしれない農耕・牧畜文化と、ナイル河畔で始まった農耕・牧畜文化との関係は、まだよくわかっていない。この頃、当該地域の環境が変化したために、人間の居住域が大きく移動した様子が明らかになってきた。旧石器時代から新石器時代にかけて、ある程度良好に人間の足跡を追うことができる西アジア地域とは対照的に、後期旧石器時代から農耕・牧畜の定着までの間に、何度か居住域の大きな移動と遺跡形成の断絶があり、激しい移動のなかで新石器化が進行したことが、アフリカ大陸北東部の一大特徴であるといえるであろう。

エジプト・アラブ共和国周辺のアフリカ大陸北東部は、今日世界最大の砂漠サハラの東端に位置する。乏しい降水量のためにほとんど植物が生えず、不毛の地が広がる砂漠地帯のなかを、世界最長の大河ナイルが南から北へ地中海に向かってゆっくりと流れていく。古代以来、この地方唯一の大規模な水源として、ナイル河はその両岸に豊かな植物を育て、動物や人間たちを育成してきた。砂漠のな

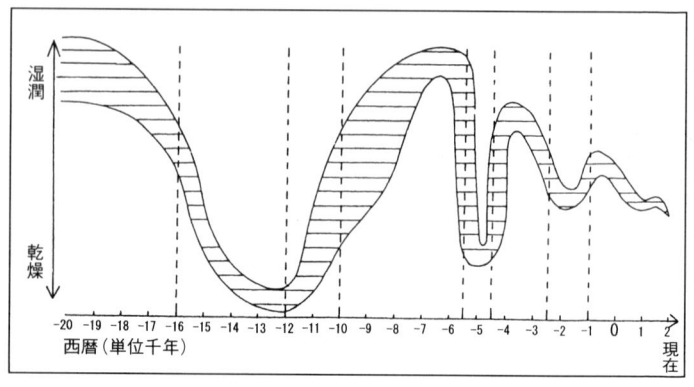

図5 サハラ砂漠の気候変化（Muzzolini 1993 より）

かに点在するわずかなオアシスを除けば、細長く帯状に伸びるナイルのほとりだけが、緑豊かな生命あふれる憩いの地である。しかしこの景観は、1万年以上という長い時間の単位で見てみると、ずっと同じようにつづいてきたわけではない（図5）。終末期旧石器時代頃には、今よりも湿潤な気候であったため、少なくとも部分的あるいは季節的に、この広大な砂漠地帯にも緑の植物が繁茂していたという。旧石器時代の狩猟・採集の生活から、農耕・牧畜という生産経済を営む生活に移行していった時期に、この気候の変化が大きな影響を与えていた。

2　終末期旧石器時代

　石刃技法を用いた石器製作技術の導入に特徴づけられる後期旧石器時代は、アフリカ大陸北東部では、今から数万年前に始まった。この頃の気候は現在のように非常に乾燥しており、当時の遺跡は水の豊富なナイル河の流域に集中している。これまで知られるかぎり

最古の後期旧石器時代の遺跡は（図6）、エジプト中部ナイル河西岸に位置するナズレット・カタル遺跡であり、今から33000年前に年代づけられる。この頃、大型獣の狩猟に生業の主体があった。

その後、今から21000年前頃から、小型化した石器が使用されるようになるとともに、さまざまな石器文化（industry）をもつ遺跡が、とくにエジプト南部ナイル河大屈曲部から第2急湍付近にかけてのナイル河流域に集中して出現する。上エジプト南部エスナ付近に分布するエスナ文化（Isnan）、アスワン付近を中心に分布するクッバニー

図6　後期旧石器時代の遺跡分布
（Wendorf & Schild (eds.) 1980 ほかより）

ヤ文化（Kubbaniyan）、コム・オンボから第2急湍まで広く分布するセビル文化（Sebilian）、第2急湍付近に分布するカダン文化（Qadan）などがそれに該当する（Wendorf (ed.) 1968）。当時の遺跡の集中や集団墓地の存在からは、人びとが水の豊かなナイル河の流域で、比較的安定した生活を営んでいたことがうかがわれる（高橋 1983；藤本 1983；1985）。かつて、ワディ・クッバニーヤ遺

図7 終末期旧石器時代の遺跡分布

跡の調査結果にもとづいて、この後期旧石器時代の繁栄は、アフリカ大陸で独自に始まった穀物栽培に支えられていた可能性が主張されたが、詳細に出土資料を検討した結果、今日その説は否定されている。これらの遺跡の多くからは、ナマズを主体とする多量の魚骨のほかに、水鳥の骨や貝類が出土する。そして、湿地に生える植物の種子や根茎が重要な食糧源になっていた (Wendorf & Sehild (eds.) 1983–1989)。したがって、ナイル河に近い水辺の環境のなかで、多様な資源

を利用した複合的な生業が、比較的安定した生活を可能にしていたわけである。

しかし、やがて今から12000年くらい前から、アフリカ大陸北東部の気候はしだいに湿潤化に向かっていき、「第4紀湿潤期」とよばれる時期が訪れた。赤道アフリカを覆っていたモンスーンをともなう降雨帯が南下して、スーダン北部やエジプト南部（ケナよりもやや北までの範囲）の砂漠地帯にも、夏季に少量の季節的な降雨をもたらすようになったことが、そのおもな原因である。年間平均にすればエジプト南部でも200mm程度のわずかな降水量であったものの、砂漠の景観を一変させるには十分な潤いを与えた。降雨後には一時的に低地帯に湖沼あるいは水たまりが出現し、タマリスクやアカシアなどの灌木や草等の植物が生え、野ウサギ、ガゼル、オリックスなどの動物が生息していたという（Close 1992）。

この気候が湿潤化しはじめた今から12000年前頃から前7千年紀までの時期は、考古学的には「終末期旧石器時代（Terminal Palaeolithic)」あるいは「続旧石器時代（Epipalaeolithic）」に相当する。湿潤化した環境のなかで、人びとはナイル河西方の広大な地域に居住地を求めるようになり、それまで無人であった砂漠のなかに、活動の痕跡が残されるようになった（図7）。少なくともその人口の一部は、おそらくナイル河のほとりからやってきたと推測される。こうした砂漠のなかの遺跡として、エジプト南部に位置するナブタ・プラヤ（「終末期旧石器」、「初期新石器」）、ビール・キセイバ、カルーガ・オアシス、ダックラ・オアシス、ファラフラ・オアシス、エジプト北部のシワ・オアシス（Siwan）、ファイユーム（Qarunian）が挙げられる。砂漠地帯で検出された遺跡はほぼすべて、夏季の降雨の後に水たまりができ、冬季にも比較的地表面に近いところに地下水が存在した低地、もしくは年間を通じて湧き水が

あるオアシス近くに形成されている(コラム:ナブタ・プラヤ遺跡)。

それに対して、ナイル河流域では、とくにナイル河中流域（現在のスーダン中部）に多数の遺跡が形成された。これらの遺跡は、かつてA.J. アーケルによって「カルトゥーム中石器（Khartoum Mesolithic）」の名称を与えられた文化に属し（Arkell 1949）、カルトゥームの他に、サッガイ、ソロウラブおよびシャボナなどが代表的な遺跡である（Mohammed-Ali 1987）。一方、ナイル河下流域のエジプトでは、第2急湍付近にアルキン文化（Arkinian）およびシャマルク文化（Shamarkian）の遺跡がまとまって検出されているものの、それより下流では、上エジプト南部のアル=カブにおいてこの頃のエルカブ文化（Elkabian）の遺跡1カ所が検出されたのみである。

こうしたナイル河畔の遺跡では、砂漠地帯よりももっと水産資源に依存した生活が営まれていた。たとえば、カルトゥーム中石器文化の遺跡サッガイでは、動物遺存体が比較的よく残っており、そのなかでも魚類、ほ乳類および貝類の骨が優勢で、鳥類とは虫類が少数含まれていたという。植物遺存体はほとんど残っていなかったが、人骨に含まれるストロンチウム含有量の分析と、植物質食糧の処理に用いられたと思われる粉砕具の存在から、貝類と植物が重要な食糧であったことが推測されている（Caneva (ed.) 1983）。

ナイル河流域における豊富な水産資源は、終末期旧石器時代の狩猟・採集を基盤とする生業の人びとにも、ある程度定住的な生活を可能にしたようである。ナイル河中流域のサッガイ遺跡では、各季節ごとに利用できる資源が存在すること、遺跡の規模が大きいこと、用具が豊富であること、および埋葬の存在にもとづいて、安定した集落の存在が指摘されており、おそらくカルトゥーム遺跡においても定住的な生活が営まれていたであろう（Muzzolini 1993）。

第 2 章　アフリカ大陸北東部における農耕・牧畜の始まり　27

〈コラム〉ナブタ・プラヤ遺跡

　アブ・シンベルの西約100kmに位置するナブタ・プラヤは、ナイル河西方の砂漠地帯にある終末期旧石器時代の代表的な遺跡である。1974年以降、ウェンドルフが率いる調査隊によって発掘された。ナブタ・プラヤは面積が100m²くらいの窪地になっているため、第4紀湿潤期の間、夏の降雨後に低地に大きな水たまりが現れ、近くにタマリスクやアカシアの木も生えていたらしい。そして、窪地の周辺に、季節的な集落あるいはキャンプが営まれた。

　遺跡の何カ所かで発掘調査が行われたが、E-75-6遺跡と命名された地点は、ナブタ・プラヤのほぼ中心に位置し、さまざまな遺構を含む堆積が検出されたもっとも重要な場所であった。この地点では2時期の人

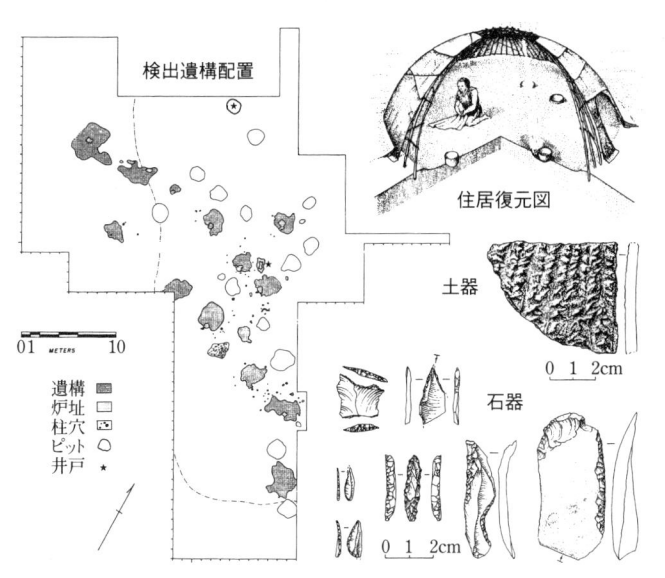

図8　ナブタ・プラヤ遺跡（Wendorf & Schild (eds.) 1980; Schild *et al.* 1996 より）

間活動によって形成された層が検出されており、上層は今から8000年前に年代づけられる住居を含む施設がまとまっている点で非常に興味深い。同調査隊の研究によって、終末期旧石器時代の砂漠における生活の様子がうかがえる。

この地点では、3列に並ぶ住居の基礎部、袋状のピット複数と3基の井戸および炉が検出されている。低地の中央に位置していることと、井戸が存在することから、冬の乾燥した時期に居住されたと考えられる。おそらく冬季にも、井戸を掘れば地下水を利用することができたのであろう。土器の出土量が少ない点を考慮して、ここに植物食糧を調達するために特別な作業グループが居住していた可能性が指摘されている。

家屋の平面形態には2種類があり、ひとつはほぼ円形、もうひとつは長円形である。比較的残りのよい遺構にもとづいて、住居の上屋が復元された。円形の住居も長円形の住居も、やや掘り窪めた住居の範囲のまわりにタマリスクのような細い枝を突き刺し、中央付近で枝を結んで屋根をつくると、その上から動物の皮をかぶせていたらしい。家屋のなかには炉が設けられ、土器やその他の素材でできた容器を床に置くために、いくつか穴が穿たれていた。

出土した動物骨には、ウサギと小型のガゼルのほかに、おそらく牛と考えられる大型獣が認められた。炭化した種子や果実が豊富に出土し、そのなかにソルガムとミレットに加えて、2粒の大麦も含まれていたという。

3　アフリカ大陸北東部における新石器化

19世紀の後半に、最初にJ. ラボックがヨーロッパの考古学のなかで用いた「新石器時代」の定義は、もともと打製石器を用いた時代「旧石器時代」につづく、磨製石器を用いるようになった時代を意味していた。後に世界各地において農耕・牧畜という生産経済や土器の使用が新石器時代の重要な特徴であることが認識されるよう

になり、いつしか新石器時代は磨製石器の製作だけではなく、生産経済と土器の製作も含めた概念として受け入れられるようになった。そして近年、石器製作の技術的側面よりも、主体となる生業が狩猟・採集かあるいは農耕・牧畜かという経済的側面の方が人類史にとって重要な区分であるという認識から、農耕・牧畜の開始をもって新石器時代の始まりとする見解が主流になってきている。

ナイル河下流域を含むアフリカ大陸北東部についても、現在、農耕・牧畜の開始をもって、新石器時代の始まりとする考え方が主流である。しかしながら、今から7千年以上も前の遺跡において、農耕・牧畜の有無を考古学的資料から確認することはしばしば困難であり、農耕・牧畜が広い地理的範囲で同時に始まったわけでもないかもしれない。

また、アフリカ大陸北東部においては、磨製石器、土器、および農耕と牧畜でさえも同じタイミングで出現してはいない。磨製石器や土器は終末期旧石器時代の比較的早い段階から北アフリカの広い範囲に普及し、農耕と牧畜は、いまだにその開始の時期が明瞭ではない。本書では、農耕・牧畜の存在がはっきりしている前6千年紀以降を新石器時代とよぶことにしたが、このアフリカ大陸北東部における段階的な新石器化の過程と問題を明らかにするために、以下に土器、農耕、牧畜の場合を分けて記述してみたい。

4 土器使用の始まり

アフリカ大陸北部の広大な地帯に広がり、狩猟・採集・漁撈を生業とし、基本的に移住生活を送る人びとによって営まれた終末期旧石器文化のなかで、その比較的早い段階から土器の使用が始まった（Close 1995）。世界最古の土器は、日本の縄文土器に代表される東

アジアの土器であるが、北アフリカの土器は、それに次ぐ最古の土器として位置づけられる。

北アフリカ最古の土器は、ナイル河とホガール山脈（アルジェリア）の間に広がる南サハラおよびサヘル地区で検出されており、放射性炭素年代測定法によって今から9000年あまり前以降に年代づけられている。エジプトでは、ナイル河西方砂漠中にあるビール・キセイバとナブタ・プラヤおよびナイル河中流(現在のスーダン中部)のカルトゥームに近いソロウラブ、サッガイ、アブ・ダルバインなどの「カルトゥーム中石器文化」の遺跡において、古い段階の土器が検出されている。最古の土器が出土する地域のうち、どこで土器の使用が最初に始まったのか、あるいは複数の地域で同時に土器の使用が始まったのかについては、これまでのところ不明である。

エジプトやスーダンから出土する最古の土器は断片的で、完形品はほとんど検出されていない。したがって、完形の器形がわかるものはないが、いずれも単純な形態をしていたようである。たとえば、西部砂漠にあるナブタ・プラヤから出土した土器には、口縁部がやや外反するものがあり、胴部の断片からは直径が30cmを超える大型の器形が復元されている。器壁は、4〜6mmと比較的薄い（Banks 1980; 近藤 1984）。

初期の土器は、通常ていねいに成形され、良好に焼成されている。たいていその地域で採取される粘土を用いてつくられており、土器製作のセンターが存在したわけではない。ナブタ・プラヤの場合、岩屑を混和した胎土が用いられ、巻き上げで成形されている。焼成は、おそらく700度を超える温度の酸化炎で行われたという。

最古の土器群の顕著な特徴は、その装飾にある。多くの装飾は、棒状や櫛状の工具、爪あるいは紐を器表面に押しつけたり引きずったりして付けられた、押圧文と刻文である。パターンは多様である

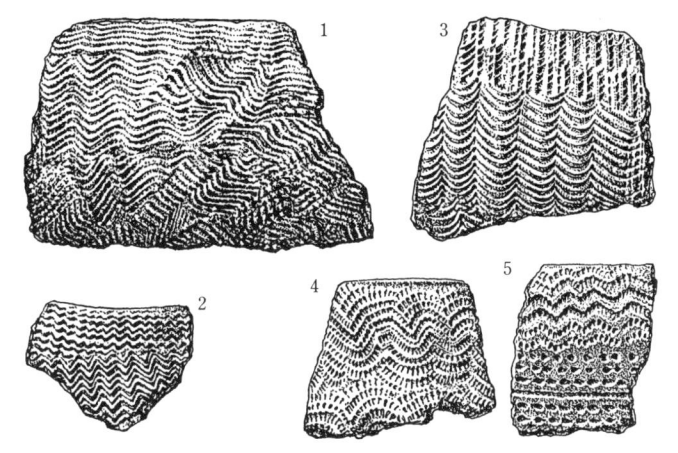

図9 「カルトゥーム中石器文化」の土器（Arkell 1975 より）
1・2：初期、3-5：中期

が、波文、縄文、格子文などが含まれる。こうした装飾は、しばしば一見すると縄文土器と見紛うような外観を土器に与えている（図9）。

断片となって、少数しか出土しない土器が、どのように用いられたのかは明らかではない。西部砂漠においては、出土土器の量がきわめて限られていることから、調理などの実用的な目的ではなく、社会的あるいは象徴的な目的で用いられた可能性も指摘されている（Close 1995）。

エジプトやスーダンにおける土器が、その後どのように変化していったかについて、おおよその傾向が明らかになっている。最初期の土器は器面全体に装飾が施されることが特徴であるが、時期が下るにつれて装飾部の面積が少なくなる。また、時期が新しくなるに従って、器表面が研磨された土器が頻出するようになる。後述する前5・4千年紀の土器は、この研磨・無装飾の土器の延長線上に位

終末期旧石器時代の後半に、アフリカ大陸北部の広い範囲に土器が普及するようになった後でも、すべての遺跡で土器が使われていたわけではないようである。エジプト北部に位置するシワ・オアシスのシワ文化やファイユームのカルーン文化は土器を有さず、エジプト・ナイル河やや上流のエルカブ文化、第2急湍付近のアルキン文化とシャマルク文化からも土器は出土しない。ナイル河流域において、土器が普遍的に使用されるようになるのは、前6千年紀後半以降のことであった。

5　最古の農耕と牧畜

　西アジアでは、前8000～7500年頃に麦の栽培が始まり、それより約1000年遅れた前7000～6500年頃に、ヤギの家畜化が始まったといわれる（藤井　1998；2001）。エジプトを含むアフリカ大陸北東部の農耕の始まりはそれより遅い時期に年代づけられるが、牛に関しては、アフリカでも古い時期に家畜化が始まった可能性が論じられている。アフリカ大陸北東部において、いつ、どこで、どのように農耕と牧畜が始まったのかは、実際のところ現在もはっきりとはわかっていない。そこでまずは、農耕と牧畜の場合を分けて考えてみる必要がある。

（1）　穀物栽培の始まり

　1920年代にG. ケイトントンプソンとE.W. ガードナーが、ファイユーム湖畔において今から約7000年前に年代づけられる新石器時代の遺跡を検出して以来、長い間アフリカ大陸の穀物栽培は、この遺跡で始まったと考えられてきた（第3章参照）。しかし、1980年、

ナブタ・プラヤの「新石器時代」の層から穀物が検出されたことにもとづいて、F. ウェンドルフと R. シルドらが、アフリカ大陸北東部において、すでに今から8000年あまり前に穀物栽培が行われていた可能性を提示した（Wendorf & Schild (eds.) 1980）。それまで人類最初の農耕は西アジアにおいて始まったとする説が普及していたなかで、それよりもやや新しいとはいえ、ファイユーム遺跡の例を凌ぐアフリカ大陸最古の栽培穀物として、脚光を浴びた。

エジプト南部アブ・シンベルの西方約100kmに位置するナブタ・プラヤのE-75-6遺跡（今から約8100年前）および E-75-8遺跡（今から約7200年前）から穀粒が検出され、植物学的な考察の結果、穀粒2つは六条大麦、ひとつは裸大麦、そして花序の断片も栽培種の小麦、おそらくはそのうちでもエンマー小麦であろうと推測された。したがって、この年代と同定が妥当であるならば、ナブタ・プラヤの「新石器時代」初期から、麦が栽培されていたことになる。

しかしながら、麦栽培の古い起源については、その後、否定的な見解が優勢を占めるようになっているように思われる。たとえば、W. ウェッターストロムによると、まず出土穀粒が栽培種のものかあるいは野生種のものか、特定は困難であるという。また、環境的な要件についても疑問があるという。当時のナブタ・プラヤでは、湿気をもたらす降雨は夏季に限られており、地中海一帯に適応していた麦は冬に生育するため、成長期に十分な湿度を得られない。さらに、出土数があまりに少ないので、後世の穀粒が古い層に混入した可能性もあるかもしれない（Wetterstrom 1993）。結局、今日までに、考古学的証拠から確認される最古の栽培穀物は、やはりファイユーム出土の麦である。

麦類の栽培を別にして、アフリカ大陸に原生する穀物が栽培化された可能性も考慮されている。その筆頭候補に挙げられているのが、

ソルガムとミレットである。ソルガムはアフリカに自生し、夏雨に対応して成長する点が麦とは異なり、今日ではアフリカ各地で栽培されている。ナブタ・プラヤ E-75-6 遺跡からは実際にソルガムの穀粒が出土しており、赤外線を用いた形態の分析結果は、それらが現在の野生種よりも栽培種に似ていることを示したものの、栽培された確実な証拠は認められていない（Wasylikowa *et al.* 1993; Wendorf *et al.* 1992）。ソルガムの存在は、前5～4千年紀に年代づけられるナイル河中流域の「カルトゥーム新石器」の遺跡からも出土が報告されているが、やはり野生種の可能性が高いという（Mohammed-Ali 1987）。したがって、これまで知られるかぎりでは、麦の栽培よりも古いソルガムの栽培についても確実な証左が欠けている。ただし、20世紀の終わり近くに、ファラフラ・オアシスの発掘調査でも新たにソルガムとミレットがまとまって検出されており（Barich & Hassan 2000）、これらのアフリカ起源の栽培についての議論が再燃するかもしれない。

(2) 家畜化の始まり

ファイユームの新石器時代の遺跡発掘調査によって、羊と山羊（および豚？）の獣骨が検出され、長らくファイユームがナイル河周辺最古の確実な家畜化をも示す遺跡として知られてきた。後にこのリストにF. ウェンドルフらが家畜化された牛を加えたので、ファイユームにおいて主要な家畜動物が出そろったことになった（第3章参照）。アフリカ大陸最古の確実な家畜化された牛の例は、アルジェリアのカペレッティから出土した例で、前7～6千年紀に年代づけられるが、これをやや控えめに見積もってか、従来家畜化も西アジアから導入されたという説が主流を占めてきた。

しかし、アフリカ大陸北東部における牛の家畜化が、今から9000

年くらい前、すなわち西アジアにおける家畜化に匹敵するくらい古くに始まっていたという説が、1980年代にウェンドルフらから提示された（Wendorf *et al.* 1984）。西アジアにおける牛の家畜化は前6千年紀に年代づけられるので、この説は、アフリカ大陸において独自に家畜化が始まったことを意味する点でも重要である。

その根拠は、ナブタ・プラヤやビール・キセイバなどのサハラ砂漠東部の遺跡において、少数ながら今から9000年前よりも早くから今から5000年前頃まで連続的に大型の牛科動物の骨が出土することであった。断片的な資料から牛の種類を特定するのは困難であるが、さまざまな可能性を検討した結果、野生の牛（*Bos primigenius*）もしくは家畜化された牛（*Bos primigenius f. taurus*）であろうと推測されている。いずれの遺跡においても出土数が少なく、形態的特徴からは野生種か家畜種かが判別できないために、こうした資料は牛の家畜化を確証するものではないと、この説に否定的な研究者も少なくない。

しかしながら、肯定的な研究者たちは当時の環境を重視する。この頃のサハラ砂漠東部は、現在よりも湿潤であったとはいえ、少なくとも2日に1回は飲み水を必要とする牛にとって、十分な環境ではなかった。実際、これらの遺跡において出土する他の動物骨は、野ウサギ、ガゼル、オリックスなどの乾燥に強い動物に限られる。野生の牛が独自に到達しにくい場所に形成された遺跡からつねに牛の骨が出土することは、その牛の移動に人間が関与したことを示す可能性が高いという。前9千年紀の後半には、プラヤの低いところに深い井戸が掘られた例が知られており、その傍らに浅い窪みが掘り込まれていた例もある。後者は、井戸から汲み上げた水を入れ、家畜に飲ませるための施設である可能性がが推測されており、こうした施設は、今日でも砂漠地帯で用いられているという。また、牛

の骨が少量しか出土しない現象は、牛が肉食のために飼育されていたのではなく、血とミルクのために飼育されていた場合にも生じ得る。こうした飼育方法は、現在のサハラ砂漠以南のアフリカにおける民俗例がある。

もしもウェンドルフらが推測したように、砂漠から出土した牛の骨が家畜化された牛のものであり、その牛が人間によって西部砂漠に連れてこられたものならば、それより古い段階に、牛が自然に生息していたどこかの地域で馴化されていたことになる。砂漠の遺跡との直接の関係は明らかではないものの、ナイル河流域では、すでに後期旧石器時代から人びとが牛を重視していたようであり、牛の家畜化がさらに古くまでさかのぼるかもしれない(高橋 1999 a; b)。

一方、羊と山羊については、西アジア起源がほぼはっきりしている。エジプトのファイユーム出土例は前6千年紀後半以降に年代づけられ、それ以外のアフリカ大陸最古の確認例は、リビアのハウア・フテーで、前5千年紀に年代づけられる。しかし、20世紀の終わりになって、1987年に始まる B.E. バリッチと F.A. ハッサンを中心とするイタリア・ローマ大学の調査隊が、ファラフラ・オアシスから前6千年紀前半に年代づけられる羊もしくは山羊の獣骨が出土したと報告している (Barich & Hassan 2000)。この年代は、おおむねナブタ・プラヤの「中期新石器時代」と同時代であるという。同じ層からは、円形の住居址や炉などの施設や両面加工の石器、およびミレットとソルガムも出土した。現在予備報告の段階であるが、この見解が妥当であるならば、ナイル河流域よりも西方の砂漠地帯において、先に動物の家畜化が始まったという説が別の意味で再燃するであろう。

（3） 農耕と牧畜の起源

　こうして農耕と牧畜に関する諸説を概観すると、だいぶ錯綜した状況がうかがわれるが、論議の焦点を整理すると、いつ、何が最初にアフリカ大陸で栽培・家畜化され、それはどのような経緯で始ったのか、に疑問の焦点があるといえるであろう。そこには、とくに植物栽培や動物の家畜化が、アフリカ大陸において独自に発生したのか、あるいは西アジアからの影響を受けて始まったのかという点に、大きな関心が寄せられている背景があった。前者のアフリカ大陸独自発生説は、アフリカ大陸における農耕と牧畜は、大麦・小麦と羊・山羊（あるいはそれに牛と豚を加えて）のセットとして西アジアから導入されたという、旧来の説へのアンチ・テーゼでもあった。そしてその問題は、最古の農耕・牧畜はいつ始まったのかという問題と、最古の栽培種および家畜種は何かという問題の解決によって、ある程度解き明かされるはずである。

　前述のように、植物栽培については、確実なかぎり最古の例は今から7000年前頃のファイユームの麦であるが、ソルガムやミレットが今から約8000年前という、西アジアから伝来した栽培穀物が確認されるより前の古い時代に西部砂漠で栽培されていた可能性がある。また、動物の家畜化については、確実なかぎり最古の例はファイユームの羊／山羊および牛であるが、牛は今から約9000年前という西アジアよりも古い時期から家畜化されていた可能性が認められる。したがって、農耕と牧畜のアフリカ起源説を支持する研究者たちによれば、アフリカ最古の農耕と牧畜は、ソルガムやミレットの栽培と牛の家畜化という、アフリカに自生する動植物を独自にドメスティケーションしたことに始まったことになる。一方、西アジアからの導入を支持する研究者たちによれば、大麦・小麦と羊／山羊というファイユームに始まる西アジア起源の栽培植物と家畜動物が

セットとして導入され、アフリカ大陸の農耕と牧畜が始まったことになる。

現時点では、これらの両極端な可能性についてどちらが正しいともいいがたい。また、先述のファラフラ・オアシスの調査を行ったバリッチとハッサンは、アフリカ起源のミレットやソルガムと西アジア起源の羊もしくは山羊が出土していることから、従来のセットで農耕と牧畜がアフリカ大陸北東部に導入されたという説を見直す必要があると指摘している（Barich & Hassan 2000）。もっと複雑な独自発展と導入の過程が考えられるかもしれない。

さらに、ある程度西アジアからの影響を考えた場合でも、その経路について複数の考え方がある。ファイユームのようなナイル河下流域に直接西アジアから農耕と牧畜が達した可能性もあれば、ファラフラ・オアシスで出土した前6千年紀前半の羊・山羊の骨が確かならば、先に西部砂漠に普及した農耕と牧畜が、気候変化にともなってナイル河流域に移行した可能性もあるであろう。

アフリカ大陸北東部における農耕と牧畜の開始については、将来もっと多くの調査資料が提供されてからでなければ結論は得られそうにない。

第3章　ナイル河下流域における農耕・牧畜の定着——前6・5千年紀

1　気候の乾燥化

　今から12000年前頃に始まった湿潤な気候のなかで、アフリカ大陸北東部の砂漠地帯においてたくさん遺跡が形成された頃、ナイル河下流域では散発的にしか同時期の遺跡が検出されておらず、目立った人間活動が行われていなかったように見える。しかし、今から8000〜7000年前頃から、アフリカ大陸北東部は徐々に気候が乾燥化に向かっていた。砂漠化しつつある環境のなかで、しだいに文明形成への最終舞台は、砂漠地帯からナイル河畔へと移っていった。

　西アジアからずいぶん遅れて、ナイル河下流域に農耕・牧畜を生業とする文化が定着するのは、ようやくこの頃、すなわち前6千年紀の半ば過ぎになってからのことであった。進行する乾燥化のなかで、生活用水と食糧に恵まれた環境を求めた人びとが、しだいにナイル河畔に集まってくる時期であった。ナイル河下流域に現れた最古の農耕・牧畜文化は、上エジプト北部のナイル河より西側に位置する遺跡で検出されたファイユーム文化とメリムデ文化である。ただし、前6500〜5500年頃には、ようやくデルタにシルトが堆積して、農耕が可能な状態になっていたので、初期の農耕・牧畜をともなう遺跡が、まだデルタの沖積土の下に眠っているかもしれない。

〈コラム〉ファイユーム地方の発掘調査

　ファイユーム地方の考古学的調査は、1924年にケイトントンプソンとガードナーが発掘調査を行ったことから本格的に始まる（Caton-Thompson & Gardner 1934）。彼らは2つの新石器時代に分類される文化を検出し、カルーン湖の水位は先史時代からプトレマイオス王朝時代までしだいに低下しつづけていった、という仮定にもとづいて、高い標高に遺跡が築かれていた「ファイユームA文化」が「ファイユームB文化」よりも古いと考えた。

　しかし、その後の地質学的調査の進展と物理化学的年代測定法の発展が、この年代観に変更を迫った。湖の水位は、実際には上下変動を何度かくり返すもっと複雑なものだったのである。その結果、ケイトントンプソンらがファイユームBと呼称した文化は、じつは新石器時代のファイユームA文化よりも古く、終末期旧石器時代に年代づけられることが明らかになった（Wendorf & Schild (eds.) 1976）。さらに、ファイユーム地方には、ファイユームA文化よりも新しい、もうひとつの新石器文化が存在することも明らかになった（Kozlowski & Ginter 1989）。この第3番目の文化は、おおむねナカダ文化と並行する時期に年代づけられる。

　本書ではコズロウスキとギンターに従って、これらの文化にそれぞれ、カルーン文化（"Qarunian"、ケイトントンプソンらの「ファイユームB文化」、終末期旧石器時代）、ファイユーム文化（"Fayumian"、ケイトントンプソンらの「ファイユームA文化」、新石器時代）、およびモエリス文化（"Moerian"、ナカダ文化と同時期）の名称を使用した。

2　ファイユーム文化

　ナイル河下流域最古の農耕・牧畜を有する文化は、ナイル河下流西方の砂漠中約30kmに位置するファイユームとよばれる地方で検出されている。ファイユーム地方には大きなハート形の緑地帯が広がり、その北端には東西約40kmの規模をもつカルーン湖がある。中王国時代に大規模な干拓事業が行われて以来、エジプトの穀倉地帯になり、現在も一帯に豊かな農地が広がっている。

　この湖は、後期旧石器時代の乾燥した時期には干上がっていたが、湿潤期が始まると、ハワラ水路からナイル河の水が流れ込んで、湖が形成された（Wendorf & Schild（eds.）1976）。その後一万年の間に湖は、降水量や地下水位の変動の影響を受けて、何度も水位と規模を変えていた。現在の湖水面は標高が海水準下40mあまりに位置し、湖の規模も小さいが、前6千年紀に農耕・牧畜の知識をもつ人びとが住み着いた頃には、現在よりもはるかに水位が高く、最高時には標高15m以上のあたりに岸辺があり、現在の緑地帯一帯に湖が広がっていたという。新石器時代初期の遺跡は、当時の湖の岸辺近くに位置していた。

　終末期旧石器時代に年代づけられるカルーン文化が消失した後、いくらか時間をおいて、ここにファイユーム文化（Fayumian）の遺跡が形成された。ファイユーム文化は、1920年代にG. ケイトントンプソンとE.W. ガードナーの発掘調査によって発見され（Caton-Thompson & Gardner 1934）、当初「ファイユームA文化」と呼称されていた（コラム：ファイユーム地方の発掘調査）。放射性炭素年代測定法によれば、この文化は前5230年頃から約1千年という長い期間継続したようである。

図10 前6・5千年紀の遺跡分布

　これまでに、ファイユーム文化の集落址が、カルーン湖の北と南西で計10カ所以上検出されている。ポーランド–ドイツ合同調査隊のJ.K.コズロウスキとB.ギンターによれば、これらの集落址は、次のような3つのタイプに分類され、それぞれ違う機能をもっていた（Kozlowski & Ginter 1989）。①大型の集落址は、比較的高い標高に形成され、多数の炉址や穀物貯蔵穴があり、ほぼ年間を通じて使用された。その代表的な例であるコムWは、200m×175mの規模をもつ小丘

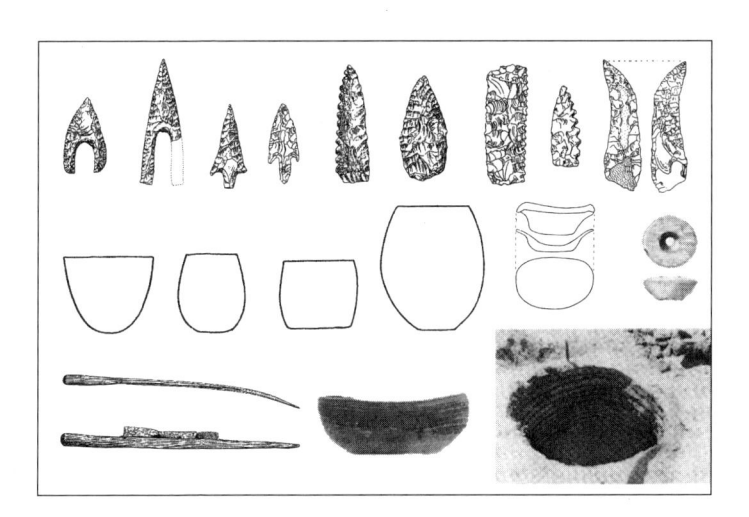

図11 ファイユーム文化の遺構と遺物

陵で、最大の厚さ1.5mの堆積をもち、約250基の炉址が検出されている。②人工遺物を含む大型の遺跡は、湖の近くに位置し、千点近い石器や土器からなる。しばしば石皿もしくは石臼が出土し、近くに動物の解体を行った場所も検出されている。これらの遺跡は季節的に冠水するため、乾燥した季節の終わりには放棄される季節的集落であった。③少数の遺物をともなう炉址は、付近から魚骨が出土することが多い。おそらく一人が数日程度の短い期間に滞在して残されたキャンプの跡で、②のキャンプの近くに形成されている。すなわち、①はおもに湖の水位が高い季節に居住された農耕・牧畜を行うための集落であり、②と③は、狩猟や漁撈のために湖の水位が低い時期に使用されたキャンプであったらしい。ただし、大型集落の遺跡でさえも、炉址と貯蔵穴以外の恒久的な構造物は検出されていない。

　ファイユーム文化は、農耕・牧畜が導入されたナイル河下流域最

古の文化であるが、いまだに狩猟、採集および漁撈が生業のなかで重要な役割を果たしていた（Wetterstrom 1993）。コム K 付近で検出された合計150基を超える貯蔵穴、貯蔵穴から出土した炭化穀粒、および鎌刃の出土などは、穀物が食糧として重要であったことを示す。貯蔵穴に残された植物遺存体の分析から、エンマー小麦、六条大麦、二条大麦および亜麻が栽培されていたことが明らかになった。野生植物はほとんど検出されていないが、おそらく根茎類や果実も食されていたであろう。

　出土獣骨を分析した結果、ガゼル、ハーテビースト、カバ、ワニ、カメを含む野生動物が認められたのに加えて、家畜化された羊と山羊が確認された。牛の骨も出土しているが、野生か家畜化されていたかは判別できていない。また、ケイトントンプソン等が報告した豚についても、同様である。ナマズやナイル・パーチを含む魚類の漁撈と、湿地における水鳥の狩猟も、出土骨から知られた。

　ファイユーム文化の石器（Kozlowski & Ginter 1989；白井 2000）は、近年の調査結果によれば、道具の90％以上が剥片から作成される基本的に剥片インダストリーである。抉入石器、鋸歯状石器、サイド・スクレイパーおよび調整剥片が主要な道具の種類である。かつてケイトントンプソンらによって両面加工石器の存在が強調されていたが、実際には稀に含まれるにすぎない。両面加工石器のなかには、基部に抉りをもつ石鏃、鎌刃および石斧が含まれる。また、石材を研磨加工する技術も用いられていた。

　ファイユーム文化の遺跡からは、土器も比較的多量に出土している（Caton-Thompson & Gardner 1934；近藤 1984）。おもにシルトに麦藁を混和した胎土で製作されており、しばしば表面が赤色あるいは黒色で、研磨もしくは軽く研磨された例が含まれるが、装飾は施されない。器形は平底が多いことが特徴であり、半球形の鉢形

土器や長方形の皿形土器などが出土している。

　石器と土器のほかに、大型集落からは紡錘車や骨製の針など、多様な生産活動を示す道具も出土している。

　ファイユーム文化の出自については、現在もいくつかの説が併存している。羊や山羊という西アジアで家畜化が始まった動物の存在や石器製作技術にもとづいて、西アジアとの関係を指摘する説もあれば、石器組成から西方砂漠の文化の影響を唱える説もある。また、石器組成からは、後述するメリムデ文化から派生した可能性も指摘されているが、これまでのところいずれの説とも決着していない。

　ファイユーム文化の生業は、家畜動物と栽培植物が新たにレパートリーに加わったものの、そのほかは終末期旧石器時代のカルーン文化と大きく変わらないようである。したがって、ファイユーム文化は、狩猟・採集・漁撈に農耕・牧畜が付加され、生業が多様化したことが特徴であるが、本格的な生産経済に基盤を置く文化ではなかったのかもしれない。ファイユームは地理的には、砂漠内のオアシスあるいは水たまりに近いとはいえ、カルーン湖の水位はナイル河と連動して変化していたらしく、この頃に王朝時代のような晩秋から冬にかけて麦類の栽培を行う農耕パターンが定着した蓋然性が高いであろう（コラム：ナイル河の定期的増水と王朝時代の農耕）。

〈コラム〉ナイル河の定期的増水と王朝時代の農耕

　雨がほとんど降らない王朝時代のエジプトにおける農耕は、用水を完全にナイル河に依存していた。ナイル河の水源ははるか南方の赤道付近のアフリカ東部モンスーン地帯にあり、ナイル河は水源地帯の多雨期に対応して、毎年ほぼ定期的に、夏季にいちじるしく流水量が増加する現象、すなわち「増水」を引き起こした。毎年6月下旬頃になるとナイル河の水位がゆっくりと上昇しはじめ、9月頃に最高水位を迎える。やが

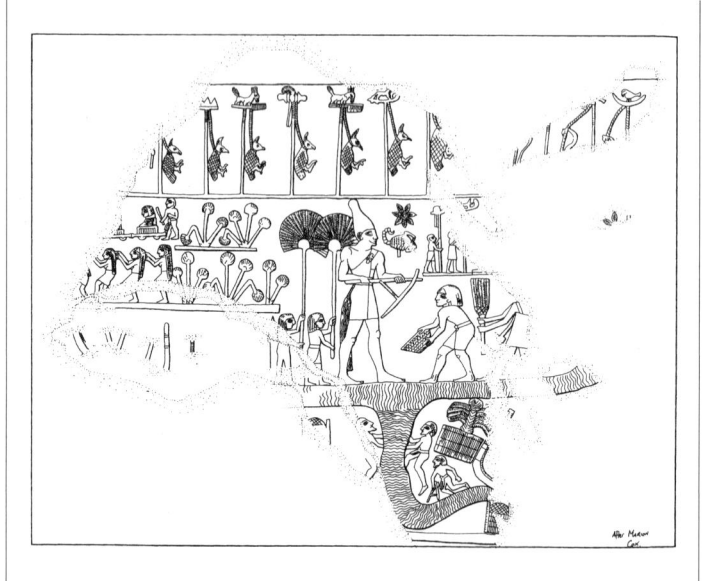

図12 サソリ王の棍棒頭―農耕の儀式を行う王
　　　（Spencer 1993 より）

て水位が下がりはじめて、11月頃にもとの水位に戻ることをくり返した。ナイル河の水位が上がると、耕作地であった河谷の沖積低地は微高地の頂部を除いてほぼ冠水し、水が引いた後には、水分で潤い、沃土に覆われた肥沃な耕作地が残される。増水の間に土壌の塩分も洗い流されるため、王朝時代の人びとは、そこに麦の種を播いて、豊かな稔りを得ることができた。

　こうした増水のシステムは、今から12000年前頃には確立していたという。ナイル河の増水と減水の時期は、冬に生育する麦にちょうどタイミングが合っていたのはナイル河下流域に住む人びとにとって、いつの時代にもさいわいであった。まさにこの現象によって、比較的労せずして豊かな穀物の収穫を得ることができたのであり、麦とナイル河の関係

を軸に人びとの生活のリズムが規定されることになった。

　乾燥地における灌漑の目的は、第1に水分を補給すること、第2に土壌の塩分を洗い流すことである。このような意味で、ナイル河の定期的な増水は、「自然灌漑」とよんでもよいような現象であったが、当地の人びとは、人工的な灌漑を行って、さらに農作物の収穫量を向上させようとした。先王朝時代もしくは王朝時代に始まったと考えられるエジプトの伝統的な灌漑システムは、「貯留式灌漑（Basin irrigation）」の名称でよばれる（中島 1977；1983）。

　この灌漑方法は、完全にナイル河の自然増水と連動していた。沖積低地すなわち耕作地を堤防で区切り、ナイル河からつづく運河を築いておく。増水の時期に堤防の一部を開いて、ナイル河の水を耕作地に流し込む。耕作地に水が溜まると、堤防を閉じて水を蓄える。ナイル河が減水する時期になると、ふたたび堤防を開いて耕作地から水を流し出した。こうすることによって、自然状態よりもより長期間、比較的高い標高位置の耕作地まで十分に水を行き渡らせ、水分補給と脱塩の効果を高めることができた。

　貯留式灌漑は20世紀中葉までつづいていたが、上流にアスワン・ハイダムが建造され、水量がコントロールされるようになって、今日ではエジプトから姿を消した。

3　メリムデ文化

　カイロの北西約45kmのナイル河西岸にあるメリムデ・ベニ・サラーム（マリムダ・バニ・サラーマ）遺跡は、ファイユーム地方と並ぶナイル河流域最古の新石器文化が検出された遺跡である。北に向かって流れるナイル河の両岸に細く帯状に広がる沖積地が、デルタに達して扇状に広がりはじめる地点の西側、現在ワルダーンとよ

ばれる村の近くにメリムデ遺跡がある。沖積地を臨む低位砂漠の縁辺に接した丘陵上に位置し、近年の耕地拡張にともなってすでに大半が破壊されてしまったらしいこの遺跡で、エジプト・ナイル河流域最古の定住的農耕村落が検出された。

H. ユンカーが率いるオーストリア・ウィーン自然科学アカデミーの調査隊は、1929年から1939年にかけてこの遺跡で発掘調査を実施した (Junker 1929-1940)。厚いところで約3mに達した新石器時代の集落堆積は、3層の文化層に分かれたという。集落の跡を検出し、ここが最古の定住的農耕村落であることを確認するなど貴重な成果を得たが、層位を追った変化については十分に観察されておらず、第二次世界大戦で資料が失われたために、最終報告が刊行されることもなかった。その後、1977年からJ. アイヴァンガーが率いるドイツ考古学研究所の発掘調査が実施され、5層（古い方から第Ⅰ～Ⅴ層と呼称される）の文化堆積を検出した。この調査については、概報と出土遺物の最終報告が刊行された (Eiwanger 1984; 1988; 1992; 1999) が、遺構に関する最終報告はまだ出版されていない。

アイヴァンガーによれば、第Ⅰ層は薄い遺物の堆積で、柱穴、炉址、浅いピットなどの遺構が検出されている。土器は、混和剤を加えない胎土でつくられ、赤褐色を呈する（図13）。概して鉢形、半球形、楕円形などの単純な器形で、しばしば表面が軽く研磨されている。底部は通常平底であるが、稀に環状の底部をもつ例があり、装飾は、口縁部下に帯状に施された杉綾文が特徴である。石器は、石刃と剥片を加工したものが主体で、背面調整石刃、舌付きの石鏃、錐などのほか、少数の両面加工石器が検出されている。こうした出土遺物は、この層の文化がレヴァントと接触があったことを示しているという。

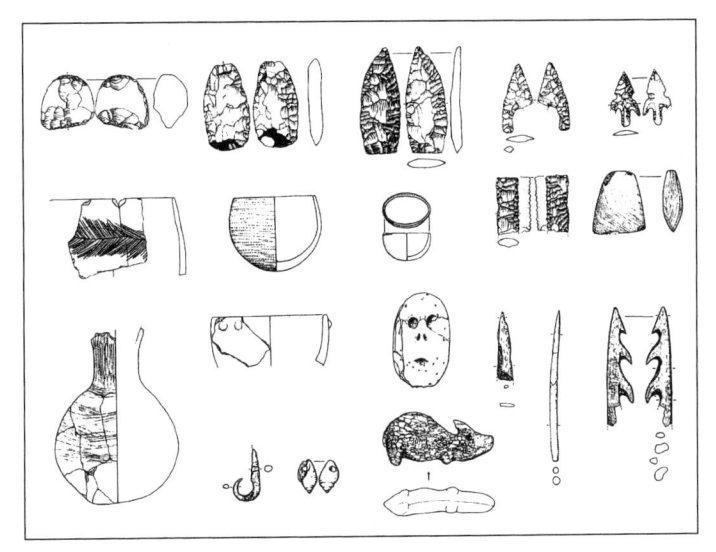

図13 メリムデ文化の遺物

　第Ⅱ層は、第Ⅰ層との間に風成の砂層を挟んで形成され、簡単な構造物しか出土しない点は第Ⅰ層と同じであるが、その他の点で第Ⅰ層とは大きく異なる。土器の胎土には、刻んだ麦藁が混和剤として加えられるようになり、複雑な器形も現れるようになった。しだいに円錐形の器形が優勢になってきて、楕円形に近い壺形土器や盤形土器が特徴的な器形になる。装飾は施されず、新たに灰色を帯びた胎土が加わった。石器は、石刃と剥片の頻度が低くなり、大型の両面加工石器が普及する。両面加工石器のなかには、ナイフ、石斧、錐、尖頭器が含まれ、はじめて鋸歯状の刃部をもち、穀物の刈り取りに使用されたと思われる大型の鎌刃が現れた。石皿や石臼も、たくさん出土するようになる。ナイフや石斧には、研磨と剥離を組み合わせて調整する技法が用いられた。第Ⅱ層は、骨製の銛、貝製の

釣針、石斧などの存在から、アフリカ起源が推測されている。

　第Ⅲ層から第Ⅴ層は、もっとも遺跡が広範囲に使用された時期で、遺構が豊富に検出されている。ユンカーが検出した集落も、これらの層に属していたらしい。当時の家屋は、2×4m程度の楕円形で、地面を浅く掘り窪め、ナイル沖積土の塊で築いた低い壁をもっていた。上部は残存していないが、細木や植物の枝葉で築かれていたと推測されている。内部に葦で編んだ籠を据えた貯蔵穴も出土している。土器は、鉢形と壺形が優勢で、やや頸部の括れた壺形土器が普及する。これらの層では、新たに黒色で器面がやや研磨された土器もつくられるようになり、添付装飾や刺突装飾に加えて、わずかに彩文装飾も認められる。石器は、大型の両面加工石器が主流で、基部に抉りの入った石鏃も出土する。これらの層の遺物は、ファイユーム文化と共通する特徴を示している。

　メリムデからは、土器や石器のほかにも豊富な遺物が出土している。石製容器、石製棍棒頭、ビーズ、骨製の銛、釣針、縫針、土製の人像や動物像がそうした例である。

　メリムデ遺跡においては、これまでに少なくとも約480基の埋葬が検出された。いちおう墓地区があったらしいが、集落内のピットにも埋葬が行われており、埋葬が集落から離れた墓地ではなく、住居ときわめて近接した位置に行われていたことが特徴である。メリムデの墓は円形もしくは楕円形の土壙墓であり、遺体の多くは、頭を南東に置き、顔を東に向けた屈葬で葬られている。ときに貝類が、稀に穀物や土器が副葬されることを除いて、ほとんど副葬品は埋納されない。

　メリムデの生業については、出土した植物残滓から分析されている。エンマー小麦や六条大麦、豆類、亜麻などの栽培植物のほか、スゲや豆類を含む野生植物が出土している。第Ⅱ層以降しだいに大

きくなる貯蔵穴と、第Ⅴ層で出現する籠を敷いた貯蔵穴は、おそらくしだいに農耕が重要になっていった様子を反映するのであろう。また、動物遺存体には、牛、羊、山羊および豚の骨が含まれていて、家畜動物の経済的な重要性が知られる。アンテロープ、ガゼル、カバ、ワニ、水鳥をはじめとする野生動物の骨は、狩猟が砂漠や水辺で行われていたことを示し、20種類以上の魚類の骨やナイル河産の貝類が多量に出土しているため、漁網、釣針および銛を使って行われた漁撈や貝類の採集が生業の重要な部分であったことがうかがわれる。メリムデはナイル河の増水システムを利用した農耕が行われた最古の遺跡であるが、生業は農耕と牧畜を基盤としながらも、野生植物の採集、野生動物の狩猟および漁撈にも大きく依存していたと推測される。

　アイヴァンガーらの調査の結果、メリムデ遺跡における文化変化の様相は層位的に明らかになったものの、絶対年代に関しては疑問が残る。これまで入手されたかぎり、放射性炭素年代測定の年代は前4750〜4250年頃を示し、最下層からの資料でさえ前5千年紀より古くはさかのぼらない。アイヴァンガーは、この年代は新しすぎ、実際には前6千年紀までさかのぼると考え、前6千年紀中葉の年代を示唆したこともあった。そこで、1980年代から1990年代初頭にかけて、メリムデ文化がファイユーム文化よりも古いとする説が一時的に普及した。石器の研究からは、ファイユーム文化の石器がメリムデの第Ⅲ〜Ⅴ層と類似し、ファイユーム文化がメリムデ文化から派生した可能性が指摘されている。しかし、年代の確認を欠いた文化関係の推測は危険であるかもしれない。

4　オマリ文化

「オマリ文化（Omari culture）」は、メリムデ文化やファイユーム文化の最終段階と同時期に位置づけられる初期の新石器文化である。カイロの南方20kmあまりのナイル河東岸、ヘルワン近郊にあるオマリ遺跡は、石灰岩の河岸段丘を抉り込んで形成された大きな谷ワディ・ホフの南縁を中心に、南に向かっておよそ5kmの範囲の低位砂漠上に位置する。背景に100mあまりの高い断崖を控えたこの一帯は、現在軍事基地やセメント工場あるいは住宅によって占められ、ほとんど遺跡は破壊されてしまっている。この遺跡からは、ナトゥーフ文化に類似する終末期旧石器時代の石器も出土しているが、1925年にP. ボヴィエラピエが、1943年にF. デボノが率いるエジプト考古庁の調査隊が、新石器時代のオマリ文化の遺構を発掘した。

オマリ遺跡の発掘調査についてはかつて概要しか公刊されていなかったため、最終報告書（Debono & Mortensen 1990）が出版された1990年代になって、ようやく文化の内容と他の文化との関係がはっきりしてきた。放射性炭素年代測定の結果、オマリ文化はおおむね前4600〜4400年頃を示すことから、メリムデ文化の最終段階（第Ⅳ・Ⅴ層）とほぼ同時期であり、バダリ文化、ナカダ文化およびマーディ・ブト文化よりも古いと知られた。

オマリ文化の集落は、A地区およびB地区で検出されている。集落址で検出されたおもな遺構は、ワディ底部の礫層に掘り込まれたピットであり、円形、楕円形もしくは隅丸方形を呈し、直径50〜250cmの規模をもつ。大型のピットの深さは90〜110cm、小型のピットは約50cm程度であった。底部は凸凹があり、壁はときに粘土

や石灰のプラスターで塗られ、マットに覆われていた例もある。ピットの用途ははっきりしないが、おもに貯蔵用であったらしい。1基の大型ピットといくつかの小型ピットからなるユニットが集落内にいくつか散らばって検出されることから、それぞれのユニットを家族が使用した可能性が推測されている。人為的遺物の散布を除くと堆積物はほとんどなく、ピット内の堆積にもとづいて、A地区では4時期の居住が認められたという。

　A、B、C、D、F、GおよびHの各地区では、オマリ文化の埋葬が検出されている。集落と同じ範囲から検出されているとはいえ、堆積を詳細に見ると、墓は集落もしくは家族ユニットの外側につくられていたらしい。墓は円形あるいは楕円形の土壙墓で、屈葬の形にした遺体が、通常頭を南に、顔を西に向けて埋葬されている。遺体には男女の成人と子供が含まれている。副葬品は乏しく、黄色の砂を入れた土器がもっとも一般的であった。

　当時の生業について、出土した動植物の遺存体と遺物から推測されている。植物遺存体には、エンマー小麦、クラブ小麦、アインコーン小麦、大麦および亜麻といった栽培植物や、シカモア・イチジク、豆類、その他の野生植物が出土している。冬作の麦類が湧き水と天水を利用して栽培されていたらしいが、数種類の穀物がいっしょに生育していたことや、石皿・磨石が小さく数も少ないことから、穀物栽培がそれほど発達していなかったと推測されている。動物遺存体には、豚、牛、羊もしくは山羊の家畜動物に加えて、ワニ、カバ、カメ、ガゼル、アンテロープ、ウサギなどの野生動物が含まれており、ナマズおよびナイル・パーチを主体とする魚骨が比較的豊富であった。これらのうちでも、魚類と豚および牛を中心とする家畜が、主要な蛋白源であったらしい。

　土器には、それぞれ明るい灰色、黄褐色、赤褐色および暗灰色を

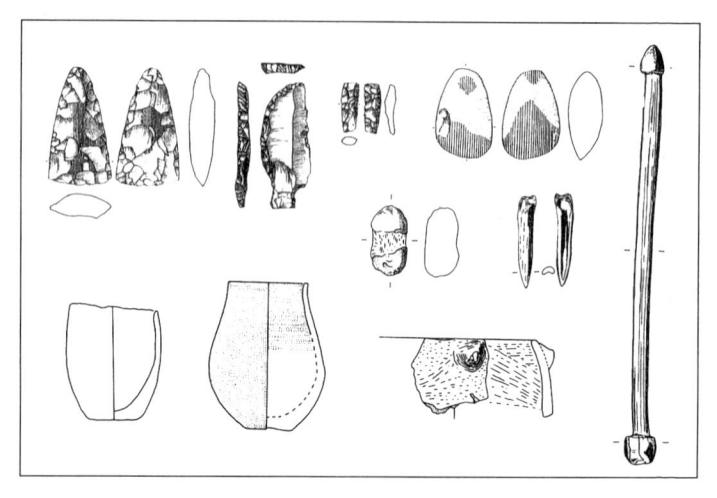

図14 オマリ文化の遺物

呈する4タイプの胎土が用いられているが、ナイル沖積土起源の土器は稀であり、石灰分が多い泥灰土のような胎土と由来不明の地域産の胎土が多用されていた。混和剤は、藁やパピルスなどの植物質が主体であった。土器はいずれも手作りで、たいていゆがんでいる。器面は平らに撫でられ、ときに化粧土を使用したり、研磨した例が見られる。器形は比較的限られていて、内湾あるいは外反する口縁をもつ浅い鉢形の土器、および頸部をもたず口縁部がやや閉じた壺形の土器が顕著であり、平底も丸底も存在する。装飾が施された例は報告されていない。

　オマリ文化の石器は、おもに在地のフリントを用いて剥片から製作されているが、少数ながら終末期旧石器時代の石刃技法、両面加工、大型石刃を用いる技法も認められる。小型で不規則な剥片に簡単な加工を施した石器が多く、両面加工の石器には、石斧、石鏃、三角形石器、鎌刃など限られた形態が含まれる。その他、貝、ダチ

ョウの卵殻、骨、石材からつくられたビーズなどの装身具、錐やピンなどの骨製品、パレット、磨石、石錘などが出土しているものの、概して出土品は乏しく、装飾的要素はほとんど欠落している。

オマリ文化は地理的に近接するメリムデ遺跡の最終段階とほぼ同時期であり、共通する文化的特徴も多いが、違いもまた小さくはない。したがって、オマリ文化はメリムデ文化の一分派であるか、もしくは同時期ではあるが異なる起源をもつ文化である可能性が考えられる。また、オマリ文化は、マーディ文化とも似ているものの、直接は連続しないようである。

5 ターリフ文化

ターリフ文化 (Tafirian) は、エジプト南部でもっとも古い土器をともなう文化である。1978年にテーベ西岸のアル=ターリフ遺跡において、B. ギンターらが率いるポーランドとドイツの合同調査隊が最初の集落址を見出し、その後、テーベからアルマントにかけてのナイル河西岸低位砂漠縁辺部で、5カ所の遺跡を検出した (Ginter & Kozlowski 1994; Ginter *et al.* 1979; 1998)。放射性炭素年代は、この文化を前5200年頃に年代づけている。

ターリフ文化の集落のもっとも良好な例は、アル=ターリフにおいて古王国時代のマスタバ墓の間に設定された狭い調査区のなかで検出された。炉址および石器と土器が出土したが、それ以外の構造物は検出されていない。

ターリフ文化の土器は、検出例がいずれも小断片であるため、器形についての情報が少ないが、半球形の鉢形土器、ほぼ垂直の頸部をもつ小型の容器、皿形の容器などが認められた。胎土は通常褐色あるいは灰色を呈し、有機物、砂、稀に破砕した貝殻を混和剤に加

えていた。装飾の存在は報告されていない。

石器は、大半が剥片から製作され、石刃の比率は10％程度である。調整剥片とサイド・スクレイパーのほかに、抉入石器、鋸歯状石器、エンド・スクレイパー、錐、彫器などが含まれる。石刃インダストリーから剥片インダストリーへの移行は、前6千年紀初頭のアフリカ大陸北東部における一般的な傾向であり、わずかに含まれる細石刃が旧石器時代との、両面加工石器が新石器時代との関係を示唆する。

ターリフ文化の遺跡では、これまでのところ農耕と牧畜を示す証左は得られていないため、土器を有する終末期旧石器の文化として位置づけられる。炉址以外の構造物が検出されていないのは、おそらく当時の人びとが移住生活を送っていたためと考えられるであろう。ギンターらは、ターリフ文化をスーダン北部のポスト・シャマルク文化の北方ヴァージョンととらえた。

ターリフ文化とほぼ同時期もしくはやや新しい遺跡が、近年P.M. フェルメルシュが率いるベルギー・ルーヴェン大学の調査隊によって、上エジプト南部ソハーグからケナにかけてのナイル河両岸でも検出された（Vermeersch *et al.* 1992）。検出遺跡はいずれも炉址と人工遺物を含む堆積からなり、放射性炭素年代測定の結果、ケナの西南西約20kmのナイル河西岸に位置するナズレット・サファ1遺跡と、ケナの北西約25kmのナイル河東岸砂漠中に位置するマカドゥマ4遺跡では前6～5千年紀の、ソハーグの東北東10kmあまりのナイル河東岸に位置するアル=サラムニでは前5千年紀の年代が得られている。こうした遺跡はおそらく移住生活を送る狩猟採集民によって形成された可能性が高いが、アル=サラムニでは前4600年に年代づけられる家畜化された牛の骨が出土しており、これが報告されたかぎり上エジプト最古の確実な家畜の例である。出土

遺物が少ないため、周辺諸文化との関係は、いまだに明らかではない。

6　バダリ文化

　上エジプト最古の農耕・牧畜文化は、前5千年紀の終わりに始まったバダリ文化（Badarian culture）であり、前4千年紀のナカダ文化の先駆となる文化として重要である。1922年からG.ブラントンとG.ケイトントンプソンによって実施された発掘調査の結果、バダリ地区において最初の遺跡が検出されたことから、この名称でよばれる。その後の調査によって、バダリ文化の遺跡が北はマトマールから南はハマミーヤまでのナイル河東岸約35kmにわたる地域でまとまって検出された（Brunton & Caton-Thompson 1928; Brunton 1937; Brunton 1948）ほか、ナカダ近くのアル=カッタラ、アルマントおよびヒエラコンポリスなど、それより南部のナイル河沿いの遺跡や、東部砂漠を横切るワディ・ハンママートにおいて、散発的なバダリ文化の遺物の出土が報告されている。かつてブラントンによって「タサ文化（Tasian culture）」がバダリ文化に先行する文化であると主張された（Brunton 1937）が、後にこれはバダリ文化の古い段階であるという見解が主流になり（Baumgartel 1955）、現在にいたっている。

　バダリ文化がナカダ文化に先行することは、ハマミーヤ、アルマント、ヒエラコンポリス遺跡における発掘調査の結果、層位的にも確認され、熱ルミネッセンス法と放射性炭素年代測定法で測定された年代がおおむね前4500〜4000年を示すことからもそれが裏づけられている。

　バダリ文化の集落は、上エジプト中部の沖積地に接する低位砂漠

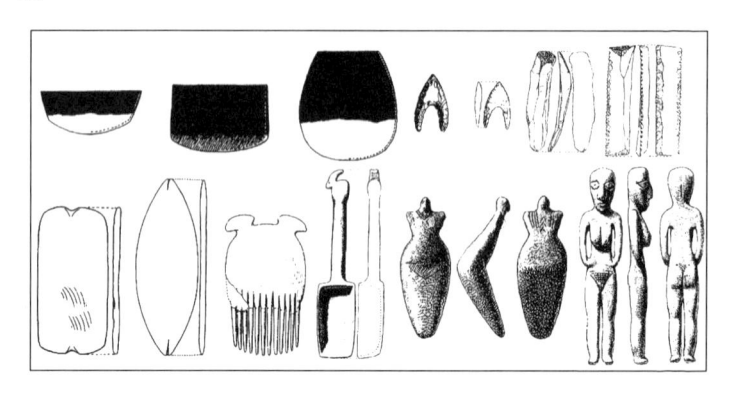

図15 バダリ文化の遺物

縁辺部で約40カ所検出された。多くは土器、石器、骨角器などの人工遺物を含む灰や炭化物をまじえた薄い堆積であり、しばしば土器をはじめとする遺物が原位置のまま発見されている。貯蔵穴と考えられるピットが比較的頻繁に検出され、底部近くに籠が置かれていた例があるが、ほかに粘土を貼った楕円形の穴や竈と思われるドーム形の粘土製施設が出土した例を除くと、ほとんど構造物は検出されていない。

バダリ文化の人びとは、低位砂漠の縁辺部に集団墓地を形成し、そこに多数の副葬品とともに死者を手厚く葬る風習を始めた上エジプト最古の人びとであった。これまでに、上エジプト中部マトマールからハマミーヤにかけてのナイル河東岸各所において、合計約600基の埋葬が検出されている。バダリ文化の墓地は、通常100基未満の墓から構成される。墓は、円形もしくは楕円形の土壙墓で、マットや獣皮に包んだ遺体を屈葬の形で埋納したが、遺体はたいてい頭を南に置いて埋葬され、遺体の周囲には、土器をはじめとして、装身具、パレット等の多様な副葬品が納められた。バダリ文化の埋葬からは、すでにこの頃社会階層が分化していた様子が認められる

という。

　生業についてのデータは非常に不完全であるが、エンマー小麦、六条大麦および亜麻といった栽培植物が検出されている。野生のヒマとカラスノエンドウが出土しており、後者はアクを抜けば食用にすることができた。家畜化された牛、羊、山羊の骨が集落や墓地から出土していて、これらの動物を埋葬した墓も検出されている。野生のガゼル、カバ、魚類、カメおよびワニの骨が認められている。バダリ文化の生業は、農耕・牧畜を主体としながらも、狩猟、採集および漁撈に補完されて成り立っていたと考えられている。

　バダリ文化の土器は、しばしば器面が櫛状の工具を用いて削って整形されており、波状の凹凸が生じている点が顕著な特徴である。また、この文化のなかで、土器の頂部のみを帯状に黒く焼き上げる「黒頂」の技法が、上エジプトにはじめて現れた。胎土にはナイル沖積土を用い、ときに藁が混和されているが、概して緻密である。器面には鉄分を含む赤褐色の化粧土がかけられ、平坦に仕上げられたり、ていねいに研磨された。ブラントンはおもに全体の質と仕上げにもとづいて、バダリ文化の土器を、「黒頂褐色研磨土器」、「赤色研磨土器」、「平滑褐色土器」、「粗製褐色土器」、「黒色土器」、「その他」の 6 種類に分類している（Brunton & Caton-Thompson 1928）。器形は浅〜深鉢形の口縁部が開いた単純な形が主流で、稀に口縁部がやや閉じた壺型の器形も見られる。底部は丸底を呈し、底部上に稜をもつ鉢形土器も一般的であった。

　石器は、かつてブラントンらによって両面加工石器の存在が強調されていたものの、実際には基本的に剥片と石刃を両方用いて製作されている。剥片もしくは石刃からつくられた石器の主体は、エンド・スクレイパー、錐および調整剥片であり、両面加工石器として、鎌刃、基部に抉りのある石鏃、三角形石器、石斧、ナイフなどが挙

げられる (Holmes 1989)。

　バダリ文化では、その他の遺物も実に豊富である。化粧用の石製パレット、骨角製の釣針や縫針、象牙製の腕輪、ビーズおよびスプーン、土製人形像などが頻繁に出土する。ナイル河下流域最古の銅の使用が認められるのもこの文化であり、銅製のビーズや針が検出されている。

　バダリ文化の出自については、現在もよくわかっていない。発掘調査直後から、バダリ文化を営んだ人びとはナイル河の外部からやってきたと推測されており、いくつかの地域が故郷の候補に挙げられてきた。そのうちでも、東部砂漠と南方ヌビアの影響は古くから指摘されている。バダリ文化の遺跡が東岸に集中し、紅海産の貝やアイベックスなどの東部砂漠に由来する遺物が含まれることは、東部砂漠起源あるいは経由を示すと考えられてきた。一方、黒頂土器の製作技法はすでにカルトゥーム新石器文化のなかで見られ、バダリ文化は南方からこの技法を受け継いだ可能性がある。また、剥片や石刃の技法、磨製石斧、基部が凹状を呈する石鏃といった、いくつかの石器の要素は西方の砂漠地帯との関連が強いという。さらに、麦や羊・山羊は北方の西アジア起源である。気候の乾燥化の結果、西方の砂漠地帯をはじめとする周辺からやってきた人びとが、混合してバダリ文化を形成したのかもしれない。

　また、最初の発見者であるブラントンが提唱したように、バダリ文化が直接ナカダ文化に発展したという説にも、疑義が提示されている。W. カイザーは、少なくとも部分的には、バダリ文化とナカダ文化が同じ時期に存在していた可能性を指摘し、タサ文化の独自性を認めて、ナカダ文化はタサ文化から発展したと考えた(Kaiser 1985)。近年バダリ地区の再調査を行った D.ホルムズも、一時的にバダリ文化とナカダ文化が並行していた可能性に肯定的である

(Holmes 1999)。

7 周辺地域

 ファイユーム以北のエジプト北部ナイル河最下流域において、ゆっくりとした農耕・牧畜集落の定着が起こっていた頃、西部砂漠やエジプトよりも南方の地域においても、人びとの活動の跡が見られる。これらの周辺地域について、簡単にふれておきたい。
 湿潤な終末期旧石器時代に人間活動の中心であった西部砂漠には、乾燥化が進んだ前6千年紀以降にも、数が少なくなったとはいえ人びとが住みつづけていた。西部砂漠の遺跡とナイル河下流域の遺跡の年代的な関係は、これまで放射性炭素測定年代の記述方法が違っていたためにわかりにくかったが、近年資料も増えてしだいに明らかになりつつある。たとえば、終末期旧石器時代に活発な遺跡形成があったナブタ・プラヤの「中・後期新石器時代」は、年代補正を行うと前6千年紀から前5千年紀に相当し、部分的にナイル河下流域における本章で扱った諸文化と同時期であるらしい。「後期新石器」の文化は、ファラフラ・オアシス、ダックラ・オアシス（バシェンディ期）、カルーガ・オアシスなどでも検出されている。この時期の西部砂漠の文化は同時期のナイル河下流域の文化と、土器の使用、牛や小型獣の家畜化、大型の剥片を基礎とする石器製作技法、多様な両面加工石器といった新石器文化の特徴や、いくつかの石器の形態を共有しており、両者が密接に交流し、あるいは両者間に頻繁な人間の移動があったことが推測されている。西部砂漠の遺跡から得られた放射性炭素年代測定の結果は、今から6000年前（前5千年紀の初め）頃、すなわちファイユーム文化やメリムデ文化が営まれた頃にギャップがあることを示し、極度の乾燥化のため

に、一時的に西部砂漠からナイル河下流域に人びとが移動を強いられた可能性が指摘されている(McDonald 1996)。「後期新石器」の文化のなかでは、家畜動物の存在は確認されているが、穀物栽培については決定的な証左が得られていないようである。

エジプトよりも南方のスーダン中部においては、前5〜4千年紀に「カルトゥーム中石器文化」から発展した「カルトゥーム新石器文化(Khartoum Neolithic)」が普及していた(Marks & Mohammed-Ali (eds.) 1991; Mohammed-Ali 1987)。シャヘイナブ、シャカドゥド、カデロ、ゲイリ、ウム・ディレイワ、ザカイブなどが、これに該当する遺跡である。この文化のなかでは確実に牧畜が重要な位置を占めていたが、やはり穀物栽培については、ソルガムやミレットが候補に挙がっているものの、野生種である可能性が排除できていない。また、第2急湍付近のワディ・ハルファ地域においても、前6千年紀に年代づけられ、土器と家畜をともなう「カルトゥーム・ヴァリアント文化(Khartoum Variant)」、前5千年紀に年代づけられ、シャマルク文化から発展した「ポスト・シャマルク文化(Post-Shamarkian)」、前5千年紀から前4千年紀初頭に年代づけられ、土器と家畜をともなう「アブカン文化(Abukan)」が検出されている。

総じてこれら周辺地域の新石器文化は、牛を含む家畜が生業の重要な部分を占めること、および土器が使用されていることなどの新石器時代的な特徴をもつ一方、麦の栽培は認められていないようである。ソルガムやミレットなどのアフリカに自生する植物がしばしば検出され、石皿や磨石も出土するが、これまでのところ栽培化が確認できていない。したがって、西アジアとかなり共通する麦の栽培と牛、羊、山羊、(豚)を組み合わせた農耕・牧畜様式をもつエジプトのファイユーム文化、メリムデ文化およびバダリ文化とくら

べると、周辺地域は別のパターンの生業様式をもっていたといえるであろう。

第4章 前4千年紀のナイル河下流域

1 前4千年紀の諸文化

　エジプト北部のファイユーム地方とメリムデ遺跡において、ナイル河下流域最古の新石器文化が現れてから、およそ1千年たった前5千年紀の終わりになると、エジプト南部の各所に農耕・牧畜を生業とする文化の集落が定着していた。この1千年の間に形成された遺跡がきわめて少ないことを見ると、それまでナイル河下流域に農耕・牧畜文化が普及した過程は非常にゆっくりとしたものであったと思われる。しかし、ナイル河畔にいったん農耕・牧畜を生業とする集落が定着した前4千年紀には、そのなかで文化・社会的な変化がきわめて急速に進行した。そして、紀元前3100年頃までのわずか1千年間という短い期間に、初期国家の誕生を見ることになるのである。すなわち前4千年紀は、文明誕生のもっともホットな部分が凝縮された時期といえるであろう。

　後で詳細に述べるように、この初期国家形成の主役を担った文化は、上エジプト南部に発祥したナカダ文化であったが、初期国家誕生までの過程には、周辺諸文化との交流が重要な役割を果たした。上エジプト北部からナイル・デルタを含む地域に分布したマーディ・ブト文化、エジプト南方に分布した下ヌビアのAグループ文化および金石併用時代以降のパレスチナの諸文化との緊密な交流のな

かで、初期国家形成までの急速な変化が起こったのである。

前5千年紀終わり以降に形成された遺跡からは銅製品が出土していて、バダリ文化以降の文化は金石併用時代から初期青銅器時代に分類される。

2 前4千年紀の編年

前4千年紀のナイル河下流域にもっとも普及した文化はナカダ文化であり、当時の諸文化の年代的関係は、しばしばナカダ文化の編年体系を用いて表される。そこで、まずナカダ文化の編年と周辺文化の編年との関係について説明してみたい（図16）。

ナカダ文化の遺跡の多くは低位砂漠上に平面的に形成された墓地であるため、編年は基本的に墓と副葬品のセリエーション（コラム：ペトリーのS.D.法とナカダ文化の編年）にもとづいて構築されている。最初の編年はW.M.F.ペトリーが考案したS.D.法とそれにもとづく時期区分であったが、その後W.カイザーがアルマント1400-1500墓地の資料にもとづいて改良した「段階（Stufen）」とよばれる編年体系の方が、今日の研究者の間に普及している。

カイザーの編年体系では、主要土器にもとづいて、ナカダ文化は「黒頂土器」が主体となるⅠ期、「粗製土器」が主体となるⅡ期、「後期土器」が主体となるⅢ期に大きく区分され、さらにⅠ期はⅠa、Ⅰb、Ⅰcの3時期に、Ⅱ期はⅡa、Ⅱb、Ⅱc、Ⅱd1、Ⅱd2の5時期に、Ⅲ期はⅢa1、Ⅲa2、Ⅲb1、Ⅲb2、Ⅲc1、Ⅲc2、Ⅲc3の7時期に細分される。第1王朝の開始は、ナカダⅢc期の初め頃に年代づけられる（Kaiser 1957; 1990）。

下ヌビアに普及したAグループ文化の遺跡は、やはり低位砂漠縁辺部に形成された墓地が主体であるため、層位的資料を欠いて

放射性炭素測定年代(補正) BC	下ヌビア	上エジプト		王朝	下エジプト						南パレスチナ
		ペトリーのS.D.	ナカダⅢの段階		マーディ	ブト	テル・アル=イスウィド	テル・イブラヒム・アワド	テル・アル・ファルカ	ミンシャト・アブ・オマル	
3000	末期		ナカダⅢc3期	第1王朝				フェイズ5	第Ⅲ層	グループ4	初期青銅器時代Ⅱ
			Ⅲc2								
3100		78	Ⅲc1	第0王朝		第Ⅳ層	第Ⅶ-Ⅹ層(フェイズB)	フェイズ6	第Ⅱ層	グループ3b	
	古典期		Ⅲb2							グループ3a	初期青銅器時代Ⅰb
			Ⅲb1			第Ⅲd-f層					
3300		63	Ⅲa2			第Ⅲa-b/c層	ギャップ	フェイズ7	ギャップ	グループ2	
			Ⅲa1								
			Ⅱd2			第Ⅱ層					
			Ⅱd1			第Ⅰ層	第Ⅰ・Ⅵ層(フェイズA)		第Ⅰb層	グループ1	
3650	初期	45	Ⅱc		墓地				第Ⅰa層		初期青銅器時代Ⅰa
			Ⅱb		集落						
		38	Ⅱa								
			Ⅰc								金石併用時代
			Ⅰb								
3900		30	Ⅰa								

図16 前4千年紀の編年対応（Gophna 1995; Hendrickx 1996; Köhler 1998 ほかより）

いる。Aグループに独自の編年を用いた例はあるが、Aグループ文化の遺物を用いたセリエーションが行われていないため、その編年はおもにナカダ文化からの搬入遺物に依存し、通常ナカダ文化の編年体系を用いて年代を表すことができる。

　一方、マーディ・ブト文化の編年は、デルタ地方において層位的な発掘調査が行われているため、各遺跡の層位にもとづいた編年が構築されている。ブト遺跡などでは、各層からナカダ文化の搬入品が検出され、ナカダ文化との編年的対応関係も明らかになっている。また、下エジプトの遺跡ではパレスチナからの搬入品も豊富に出土しているので、パレスチナとの編年関係を構築することも可能になった。

〈コラム〉ペトリーのS.D.法とナカダ文化の編年

　前4千年紀の遺跡調査が始まった頃、ナカダ文化の遺跡はほとんどが墓地であり、平面的に多数の墓が掘り込まれていたため、層位的な資料が欠けていた。こうした状況のなかで、墓とそこに納められた副葬品というわずかな資料を手がかりに考案された編年が、ペトリーのS.D.法（Sequence Dating 順序年代）である（Petrie 1901；張替 1986）。

　ペトリーは、S.D.法考案に際して、モンテリウスが提示したような型式学を踏まえており、生物の進化と同じように、考古学的な遺物の変化も少しずつ形を変えるように起こったこと、および痕跡器官の存在が考古学的資料の新旧関係を示すことを重視した。そこで、連続的な遺物の変化と痕跡器官、および遺物の供伴関係を手がかりとして、ナカダ文化の墓と遺物をあれこれ並べ替え、これらの仮想形成順序を復元して編年を構築することを試みた。

　彼はまず、ナカダ文化の土器を特徴的な9つに分類し（本文参照）、さらにそれぞれの土器を、浅く開いた皿形から深く口縁部が閉じた壺形へ、という順序に並べてタイプ番号をつけた土器集成をつくった。一方

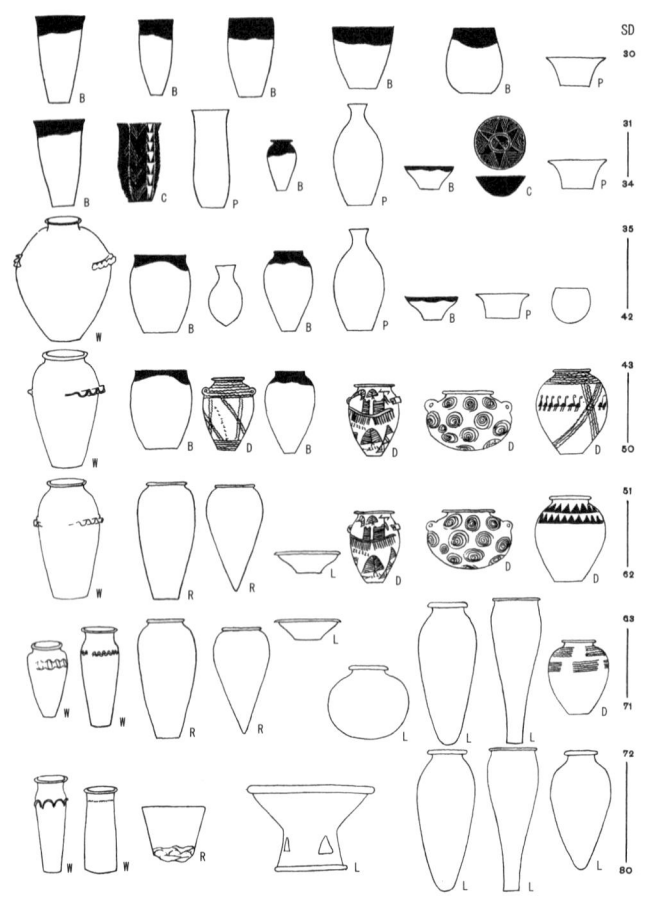

図17 ナカダ文化の土器と S.D.法（Petrie 1901 より）
B：黒頂土器、P：赤色磨研土器、C：白色線文土器、W：波状把手土器、D：装飾土器、R：粗製土器、L：後期土器

で、ナカダ遺跡、アバディーヤ遺跡、フー遺跡で検出された約4000の墓のなかから、5タイプ以上の土器を含む墓900基を編年の資料として選び出し、900基の墓について1枚ずつ、土器をはじめとする副葬品のタイプ番号をクラス別の欄に書き込んだ横に長い短冊形の紙を準備した。この短冊形の紙を並べ替えることによってできあがったのが、S.D.法である。

ペトリーは最初に波状把手土器を含む墓の短冊を選び出した。波状把手土器には、胴部が張った太鼓形をして明瞭に突き出した把手をもつタイプから、円筒形をして飾りの役割しか果たさない退化した把手をもつタイプまでの間に、中間的なタイプが連続的に存在する。彼は、円筒形のタイプを太鼓形のタイプから退化したものと考え、太鼓形の波状把手土器を含む墓から円筒形の波状把手土器を含む墓までを順番に並べ、古い方から新しい方へという編年の主軸をつくり出した。

つづいて、波状把手土器と同じ墓から出土する他のクラスの土器に着目した。波状把手土器を含まない墓の短冊を取り上げ、波状把手土器以外のクラスに属す同じタイプの土器がなるべく近くに配置されるように、波状把手土器を含む墓の短冊の間に、取り上げた短冊を挟み込んでいった。できるかぎり各タイプの土器の存続時期が短くなるように（短冊の位置が離れないように）調整した結果、最終的に900基の墓を1列に並べることができた。この順序は、おおむね墓の形成順序を反映すると見なすことができ、ナカダ文化の編年軸が完成したのである。

さらに、この900基の墓を、順番に従って機械的に51のグループに分けた。各グループに古い順に30から80までの番号を付すことによって、墓の年代あるいはそこに含まれる遺物の年代を、番号で表せるようにするためである。こうして、ペトリーが集成に盛り込んだ遺物や、資料として用いた墓に副葬されていた遺物は、S.D.の番号を用いて時代が表せるようになった（図17）。

S.D.法は、層位的資料が欠落している状況から歴史の再構成に不可欠な編年を構築できた点で画期的であったが、ペトリーがこの編年に用いた資料と操作過程をすべて公開しなかったことは惜しまれる。後に、追加資料が増えて、他の研究者たちがS.D.法を検証・修正しようとし

たとき、これが障害となってしまい、カイザーの「段階（Stufen）」など、新たな資料と同じような方法を用いた編年が試みられることになったのである。

　1970年代になって、コンピュータを使って、ペトリーが行ったようなセリエーションをつくり出す研究が進展した。最初にナカダ文化の編年にコンピュータ・セリエーションを試験的に適用したのは、B.J. ケンプと統計学者の A. ケンドールであり、後に T.A.H. ウィルキンソンがナカダ文化の複数の遺跡の資料を用いた本格的な編年研究を行った。セリエーションを行うためのコンピュータ・プログラムも改良が重ねられ、現在はボン大学が開発したソフト（Bonn Seriation Package）がもっとも普及している。コンピュータ・セリエーションは、かならずしもペトリーとまったく同じ方法を用いているわけではないが、そこから導き出された結果は、おおむねペトリーが人力で行った結果と合致することが認められており、あらためてその非凡な才能が評価されている。

3　マーディ・ブト文化──下エジプト

（1）　デルタの地形

　アフリカ大陸東部を北上してきたナイル河は、地中海に注ぐ手前でデルタ、すなわち三角州を形成している。古代からナイル河はデルタのなかをいくつもの支流にわかれて流れており、砂漠が凌駕するエジプトのうちで、ここだけは広大な地域一面に緑が広がる異質な空間であった。そこで王朝時代の人びとは、メンフィスから北のデルタ地帯「下エジプト」を、メンフィスより上流の「上エジプト」とは別の国土と考えていた。前4千年紀頃、デルタには、第3紀に形成された砂層堆積をナイルの支流が流路を変えながら網目状に削り込んだためにできた、楕円形の微高地がいくつも点在していた。今日「ゲジラ（島）」と称されるこの微高地の周辺に、当時の集落

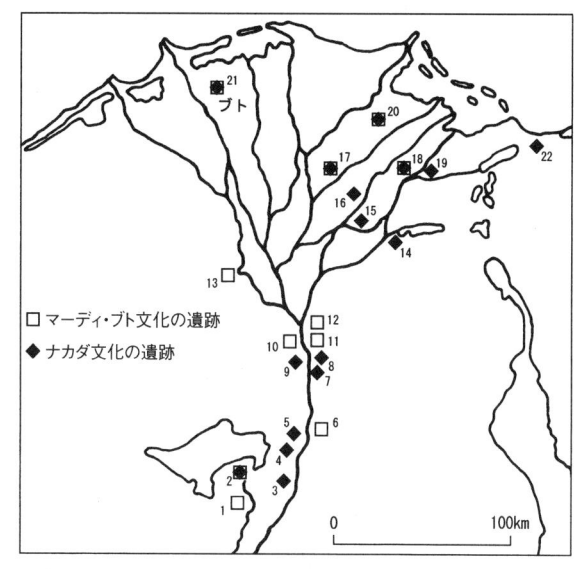

図18 前4千年紀下エジプトの遺跡分布
1:セドメント 2:ハラゲー 3:アブシール・アル=マレク 4:ゲルゼー 5:タルカン 6:アル=サフ 7:ヘルワン 8:トゥラ 9:サッカラ 10:ギザ 11:マーディ 12:ヘリオポリス 13:メリムデ 14:イズバト・ハッサン・ダウド 15:ベニ・アミル 16:カフル・ニグム 17:テル・アル=ファルカ 18:テル・アル=イスウィド、テル・イブラヒム・アワド 19:ミンシャト・アブ・オマル 20:メンデス 21:ブト 22:アル=ベーダ

と墓地が形成されていた。

1930年以降、カイロ市の南方に接するマーディにおいて、O. メンギーンと M. アメルが率いるカイロ大学の発掘調査が検出した文化は、遺跡名にちなんで「マーディ文化（Maadi culture）」と呼称された（Menghin 1936; Menghin & Amer 1932）。その後1980年代に、T.v.d. ヴァイが率いるドイツ考古学研究所の調査隊が西部デルタのブト遺跡において同じ文化の遺跡を検出した（Köhler 1998; Way 1997）ことから、近年「ブト・マーディ文化（Buto-

Maadi culture)」とよばれるようになったが、遺跡形成と文化認定の順序を考えると、「マーディ・ブト文化」とよぶ方が妥当であろう。そのため本書では、後者の名称を用いることにした。

当初、マーディ・ブト文化はマーディ遺跡とその周辺でしか知られていなかったところ、20世紀の後半になって、南はファイユーム地方の入口付近までのナイル河谷両岸から、北はデルタの地中海沿岸部までこの文化が分布していることが明らかになった。新たにマーディ・ブト文化の遺物出土が確認された河谷の遺跡として、セドメント、ハラゲー、アル=サフ、トゥラ、ギザ、メリムデ・ベニ・サラームが挙げられる。また、デルタでは、西部のブト、イズベト・アル=カルダヒ、コナシェトアル=サラドゥヒ、東部のメンデス、テル・アル=イスウィド、テル・アル=ファルカなどにおいて遺跡が検出されている (Brink(ed.) 1988; 1992)。

マーディ・ブト文化は、おそらくメリムデ文化やオマリ文化などのエジプト北部の文化から発展したと考えられている。最初期の様相はマーディ遺跡に認められ、その開始はナカダⅠ期後半に年代づけられる。マーディ遺跡や他の河谷の遺跡形成はナカダⅡ期半ば頃までに途絶するが、デルタの遺跡はそれより遅くまで継続し、ブトをはじめとするデルタのいくつかの遺跡において、王朝初期までの連続的な集落の発展が層位的にとらえられている。デルタでは、ナカダⅡ期の終わり頃（ブト第Ⅲb層以降）に、マーディ・ブト文化の独自性が消失し、それ以降は上エジプト中・南部のナカダ文化と共通する特徴を備えた文化が普及することが明らかになった（第9章参照）。

(2) マーディ・ブト文化の内容

マーディ文化の集落は、マーディ遺跡と上述のようなデルタの諸

第 4 章　前 4 千年紀のナイル河下流域　73

平地式住居　　　　　　　　　半地下式住居

マーディ遺跡　　　　　　　　ブト遺跡

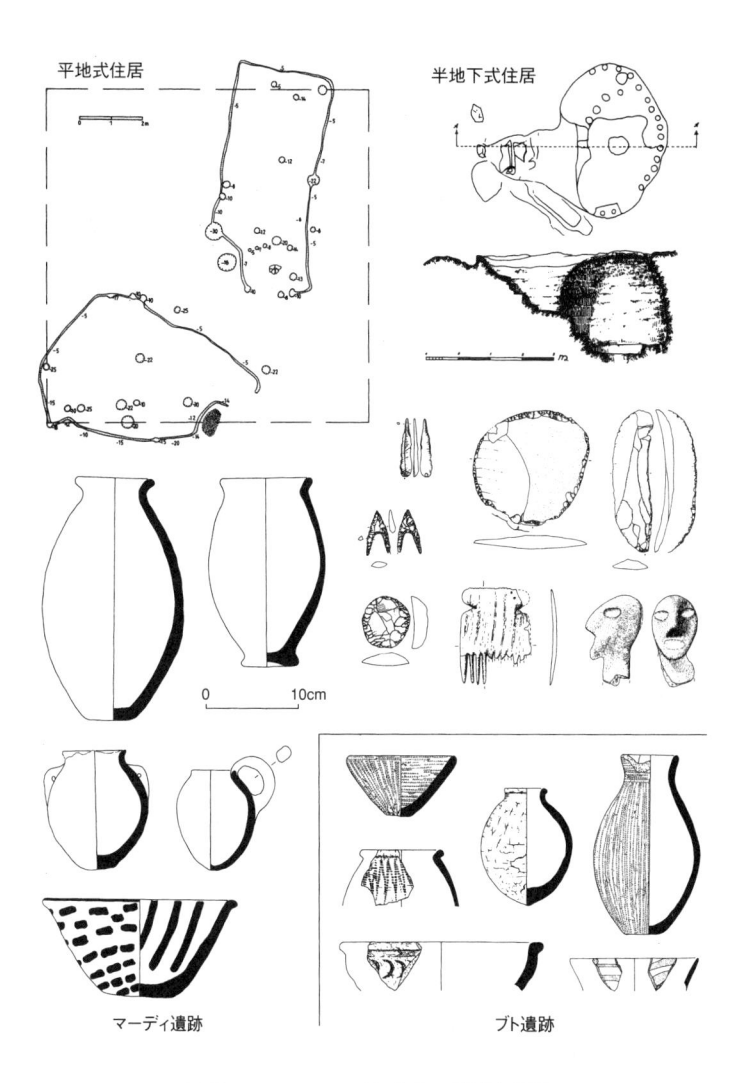

図19　マーディ・ブト文化の遺構と遺物
（Rizkana & Seeher 1987-1990 ; Way 1997 より）

遺跡で検出されている。そのうちもっとも広い範囲が発掘調査されたマーディ遺跡の集落は、ワディ・ディグラの北岸、東西約1300m、南北約100-130mの範囲を占める（Rizkana & Seeher 1989）。この集落からは、3種類の家屋が検出された。そのうち、円形のプランと方形のプランをもつ平地式の住居は、おそらく上部構造が小枝や植物の葉などでつくられ、ナイル河下流域に一般的な形態であり、デルタの遺跡においても類似の構造物が検出されている。一方、マーディ遺跡で検出された3番目の半地下式住居はやや特異である（図19）。直径数メートル、深さ約3mの楕円形をした半地下部には、地面に掘り込んだ階段を通じて入れるようになっており、木製の柱で支えた屋根が付けられ、内部には炉や埋瓶も設置された。これと類似する半地下式の住居が、パレスチナ南部金石併用時代の遺跡から検出されていて、パレスチナとの密接な関係を示している。そのほか、柵のような囲いが築かれていたことを示す柱穴列、貯蔵穴、炉址なども検出された。

　マーディ・ブト文化の墓地は、マーディ、それに近接するワディ・ディグラ（Rizkana & Seeher 1990）およびマーディの北東約15kmのナイル河東岸に位置するヘリオポリス（Debono & Mortensen 1988）で検出されている。集落と離れた位置に墓地が営まれる点で、マーディ・ブト文化は下エジプトのメリムデ文化やオマリ文化よりも、上エジプトのバダリ文化やナカダ文化に類似する。マーディの墓は、ナカダ文化の墓と同じように、直径1mたらずの楕円形の土壙墓であり、遺体は屈葬の形で、獣皮もしくは布に包んで墓壙に納められた。遺体の多くは、頭を南に置き顔を東に向けて埋葬されている。しばしば複数個の土器、貝、石器などが副葬されるが、ナカダ文化の埋葬にくらべると、副葬品が貧弱であることが特徴で、副葬される土器も集落から出土する土器と大きく変わらない（馬場

1999)。

　マーディ・ブト文化の生業について、マーディ遺跡出土の動物遺存体と植物遺存体の分析が行われている (Rizkana & Seeher 1989)。サンプリングされた動物遺存体のうち86％は家畜動物の骨で、ロバ、牛、羊、山羊、豚、犬が含まれていた。そのうちおそらく牛がもっとも重要な蛋白源であり、豚の重要性は低かった。野生動物には、ほ乳類が14種類、鳥類が13種類含まれ、狩猟が行われていたことは明らかであるが、食糧としての重要性は限られていたようである。一方、ナマズ、ナイル・パーチなどの魚類の骨が豊富に出土し、漁撈が盛んに行われていたことを示す。植物遺存体にはエンマー小麦と大麦が含まれ、これらが主要食糧であったと考えられる。豆類も少数検出されたが、栽培されていたかどうかは明らかではない。

　遺物については、マーディ遺跡からの出土資料とデルタの諸遺跡からの資料があるが、前者についてはサンプルが偏っており、後者については最終報告がほとんど未刊行である。おそらくは、この文化のなかにも、時期差や地域差があるであろう。

　マーディ遺跡から出土した土器（Rizkana & Seeher 1987）は、ナイル沖積土を用いて作られ、多くが黒色もしくは赤褐色で、器面がていねいに撫でられるか軽く研磨して仕上げられている。いずれも、砂、砕いた岩石、藁などの有機物が混和剤として加えられた。サンプリングされた器形の多くは、外反する口縁をもつ多様な壺形土器であり、底部には丸底、平底、環状が見られる。稀に刻文装飾と刺突装飾が施された例がある。また、ナカダ文化の「黒頂土器」や「装飾土器」を模倣した土器も出土している。

　一方、ブト遺跡の第Ⅰ層および第Ⅱ層から出土した土器（Way 1997）は、ナイル沖積土に石英や石灰岩など鉱物砕片を混じた胎土が一般的であり、しばしば細い有機質の繊維を混じた例があること

が顕著な特徴的である。概して色調は褐色であるが、暗い褐色を呈する土器は、焼成が比較的低温かつ不完全に行われたことを示す。器形は、浅い鉢形、マーディ遺跡出土の土器と類似する外反した口縁を備えた壺形、小さな尖底の壺形土器などが認められ、刻線もしくは刺突装飾を施した土器が特徴的である。

　石器は、マーディ遺跡（Rizkana & Seeher 1988）において、小型の核から剥離された石刃もしくは小型石刃を用いて製作された石器（彫器、錐、エンド・スクレイパー）、やや大型のフリント塊から剥離された石刃を用いて製作された石器（エンド・スクレイパー、彫器）、剥片から製作された石器（スクレイパー）のおもに製作技術にもとづく3種類の石器が認められた。両面加工石器は稀であり、尖頭器、剣、鎌刃などが含まれる。こうした傾向は、細かい点を除くと、基本的にブトの第Ⅰ～Ⅱ層と共通している（Schmidt 1993）。マーディ・ブト文化の石器は基本的に石刃インダストリーであるが、その石刃に捻りが加わっていることが特徴である。

　土器や石器以外の遺物として、マーディ遺跡からは土製人形像、石製容器、貝製品、石製ビーズ、縫針、ビーズ、箆を含む骨製品、角製の櫛、木製品、銅製品などが出土している（Rizkana & Seeher 1989）。とくに銅は、釣針、鑿（?）、斧などの製品のほかに鉱石が出土し、かつてマーディが銅交易の拠点であるという説の普及を促したが、実際の出土量は少ないようである。

　マーディ遺跡からは、パレスチナおよび上エジプト中・南部のナカダ文化との交流を示す搬入品や、その模倣品が豊富に出土している（第7章参照）。

　マーディ・ブト文化は、ナカダⅡ期の終わり頃に大きな変化を迎え、エジプト・ナイル河流域にはナカダ文化の系譜を引く単一の文化が分布するようになった（第9章参照）。

4 ナカダ文化──上エジプト

(1) ナイル河谷の地形

　ナカダ文化の遺跡は、1896年に W.M.F. ペトリーが文化名称の由来となったナカダ遺跡（図21）において大型の墓地を発掘して以来約100年の間に、エジプト・ナイル河流域の各地で検出されているが、その発祥地は、上エジプト南部のアビュドスからナカダ付近

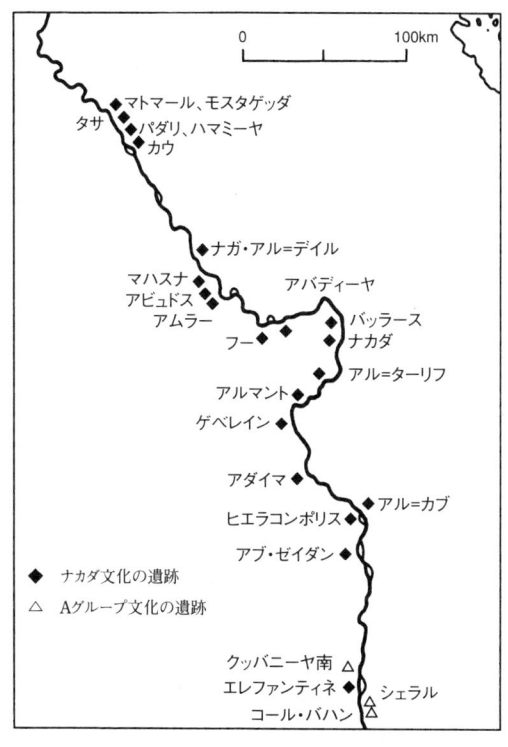

図20　前4千年紀上エジプトの遺跡分布

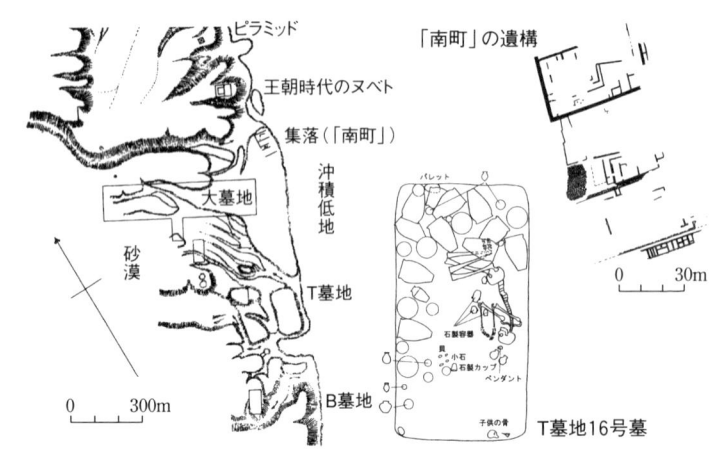

図21 ナカダ地区の遺跡分布と遺構（Petrie 1896 より）

を中心とするナイル河谷であった。ナカダ文化は、上エジプト中部のバダリ文化もしくはタサ文化から発展したと考えられている。

　赤道アフリカに水源を発するナイル河は、エジプトに入ってからデルタよりも南では、砂漠のなかをほぼ1本の川筋を成して流れている。第1急湍があるアスワンより北、メンフィス以南のエジプトは、王朝時代には、「上エジプト」に区分されていた。この地域でナイル河は、緩やかに地中海に向かって傾斜する石灰岩盤の上を、ゆったりと北上しながら流れている。現在2km前後の川幅をもつナイル河の両岸には、夏季の増水の際に冠水し、上流から運ばれた肥沃な沖積土が厚く堆積した沖積低地が、ナイル河に沿って帯状に伸びている。この沖積低地の幅は、広いところで約20km、狭いところでは10kmたらずであり、古代以来、耕作地として利用されてきた。そして、ナイルの増水が及ばない沖積低地の外側は、ほとんど植物が生えない不毛の砂漠になっている。砂漠のなかにいくつもの河岸段丘がナイル河とほぼ平行に形成されており、沖積低地に近

い「低位砂漠」とよばれる低い河岸段丘は、ほとんど低地と標高が変わらないが、やや離れたところには、しばしば高さ100mに達する高い段丘崖が聳え立っている。この高い段丘崖は、ときに沖積低地に近づき、ときにやや離れて、上エジプトにおけるナイル河の景観をその外側の広大な砂漠地帯から区切っている。古代から現代まで、ナイル河と両岸の沖積低地、その外側の低位砂漠縁辺部を中心とする水に恵まれた一帯が、人びとのおもな生活圏であった。前4千年紀の気候は、現在よりもやや湿潤で、稀に降る雨と湿度が、低位砂漠にもわずかな植生をもたらしていたという。

　ナカダ文化の遺跡は、南は第1急湍のエレファンティネから、北は地中海沿岸部までの広い地域で検出されている。その数は、おそらく主要なものだけでも50カ所を超えるであろう。

（2）　ナカダ文化の内容

　発祥地である上エジプトにおいて、いくつかの例外を除くと、ナカダ文化の遺跡はたいてい沖積低地に接する低位砂漠の縁辺部で検出されている。たくさん遺跡が分布しているにもかかわらず、ナカダ文化の集落が検出された例はこれまでのところ少ない。おそらくもともと沖積低地の内部あるいはその近くに営まれていたと思われる集落は、5000年あまりにわたるナイル河の河川活動の結果、地中深く埋もれてしまったり、あるいは破壊されてしまったりしたらしい。ナカダ文化の集落については後に詳述する（第5章参照）が、初期の住居は円形もしくは方形の平面形態をもち、小枝、植物の葉およびナイル河の沖積土で築かれた単純なもので、後に日乾レンガを用いた家屋が建てられるようになった。

　これまで検出されたナカダ文化の遺跡のほとんどは墓地である。バダリ文化と同じように、ナカダ文化の墓地は、低位砂漠の縁辺部

に形成された尾根上で検出される（図21）。ナカダ文化初期の墓は単純な土壙墓で、屈葬にした遺体を多様な副葬品とともに墓壙のなかに納めていた（第6章参照）。

ナカダ文化の生業は、バダリ文化にくらべて、農耕と牧畜にいっそう重きが置かれるようになっていた。植物遺存体のうち、エンマー小麦と六条大麦はもっとも頻繁に集落址から出土する穀物であり、亜麻の出土例も報告されている。豆類、シカモア・イチジクの果実、ドムヤシ、ユリ科植物の種子、根茎類などの野生植物も出土している。動物質の食糧について、山羊、羊、牛、豚の家畜動物が飼育され、食糧にされたことが知られている。ガゼルやカバの骨も出土しており、野生動物の狩猟が行われたことを示すものの、重要性は低かったようである。そのほか、多様な魚類も捕獲されていた。

ナカダ文化の土器は、非常にヴァリエーションに富んでいることが特徴である。発祥以来、主体は手近なナイル河の沖積土（ナイル・クレイ）から製作され、酸化空気中で焼成された赤褐色から茶褐色を呈する土器であるが、ナカダⅡ期になると、泥灰土（マール・クレイ）で製作された鈍い黄色からオレンジ色を呈する土器がつくられるようになる。ナカダ文化の土器には、混和剤の含有が少ない胎土でていねいにつくられた精製の土器と、日用のために混和剤を多量に含む胎土で粗雑につくられた粗製の土器が存在する。概して、精製土器にはていねいに器面調整やスリップが施されたり、研磨されたり、あるいは装飾が施されたりする土器が多いが、粗製土器にはそうした技法が稀にしか認められない。墓地から出土した美しい土器が精製土器に属するのに対して、集落址から出土する土器はたいてい粗製土器である。ナカダ文化の土器は、通常手ごねおよび紐作りで成形されるが、ナカダⅡ期頃から、口縁部付近の整形に回転台が用いられるようになった。また、ヒエラコンポリス遺跡からは

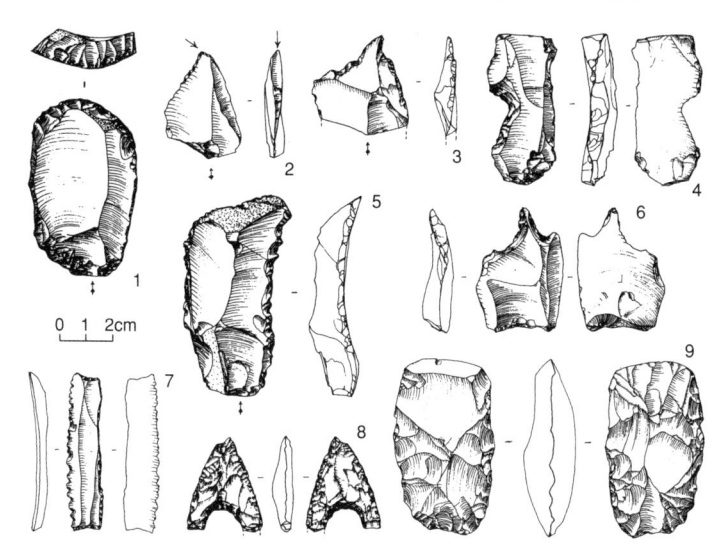

図22 ナカダ文化の集落址出土石器（Holmes 1989 より）
1：エンド・スクレイパー、2：彫器、3・6：錐、4：抉入石器、5：鋸歯状石器、7：鎌刃、8：鏃、9：斧（ナカダ遺跡出土）

窯が出土しており、ナカダⅠ期のうちから窯を用いた焼成が行われていたことが知られる（第8章参照）。

ペトリーは、ナカダ文化の墓地から出土した土器を、9つのクラスに分類した。それが、「黒頂土器（Black-topped pottery）」、「赤色磨研土器（Polished-red pottery）」、「白色線文土器（White cross-lined pottery）」、「異形土器（Fancy forms）」、「黒色線刻土器（Black incised pottery）」、「波状把手土器（Wavy-handled pottery）」、「装飾土器（Decorated pottery）」、「粗製土器（Rough pottery）」、「後期土器（Late pottery）」である（図17）。この分類体系に従ってペトリーが作成した土器集成（Petrie 1921）が普及しているため、これらの名称はたいていの研究書に登場するが、これらの土器は墓

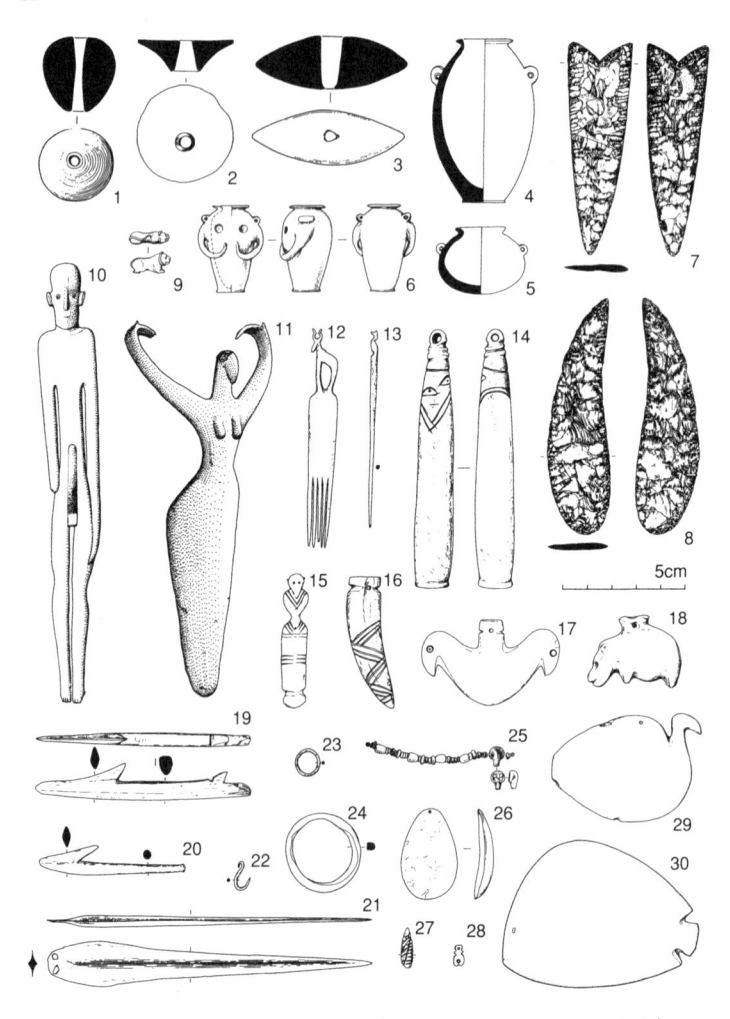

図23 ナカダ文化の墓地出土遺物（Payne 1993; Ucko 1968 より）
1-3:棍棒頭　4-6:石製容器　7・8:大型ナイフ形石器　9:石製彫刻　10・11:人形像　12:櫛　13:ヘアピン　14:牙製品　15-18:護符　19:骨製銛先　20:銅製銛先　21:銅製短剣　22:銅製釣針　23:指輪　24:腕輪　25-28:ビーズとペンダント　29・30:化粧用パレット

から出土した精製土器が主体であり、ナカダ文化の土器組成全体を表していない点には注意する必要がある。

ナカダ文化の石器（Holmes 1989）は、地域的にも時期的にも変異があって一様ではなく、また、これまで全体像を認識できるような資料にも恵まれていない。とくに、ナカダⅡ期後半以降の集落址が検出されていないことは、石器研究に大きな制約を課している。知られるかぎりでは、概してナカダⅠ期の上エジプトの石器は、剥片を主体とし、比較的小型の石刃を加えたインダストリーであり、ナイフ、石鏃、石斧などの一部の石器に両面加工の技法が見られる。エンド・スクレイパー、彫器、抉入石器、および調整剥片の出土頻度が高く、主要な両面加工石器は石斧であった（図22）。やがてナカダⅡ期になると、大型の規則的な石刃を製作する技法が導入され、おそらくしだいに石刃の比率が高くなっていったと思われる（第8章参照）。

ナカダ文化の土器や石器以外の遺物は、前4千年紀の諸文化のなかでもっとも豊かである。櫛、ヘアピン、腕輪、ビーズなどの装身具、パレットや顔料などの化粧用具、歯牙・骨角製あるいは石製の護符、石製容器、銅製品、粘土製あるいは象牙製の人形像など、生業活動に直結しない多様な品々が、とくに墓から豊富に出土している（図23）。比較的安定した定住生活と発展しつつある階級化社会のなかで、盛んに奢侈品が製作されるようになった結果であろう。

〈コラム〉ナカダ文化は墓地文化？

従来、新石器時代以降のエジプトでは、北部（下エジプト）にはファイユーム、メリムデ、オマリ、マーディ・ブトという一連の北部系の文化が普及し、南部（上エジプト）にはタサ、バダリ、ナカダという南部系の文化が継起した、という見解が広く受け入れられてきた。こうした

南北の違いは、生態学的な違いにもとづいて、王朝時代にも顕著であった。近年、前4千年紀における北部のマーディ・ブト文化と南部のナカダ文化という文化認識の構図は改めるべきである、と提案された(Köhler 1995)。C. ケーラーによれば、そのおもな理由は、集落址から出土する遺物をくらべると両者の間には共通点が多く、同じ文化的総体に属す可能性が高いという。たとえば、かつてマーディ・ブト文化の特徴と考えられていた刺突装飾を施した土器は、ナカダ文化の集落址からも検出例があり、石材を熱してから捻りのある石刃を剥離する技法も、両者に共通する。一方、ナカダ文化のなかにも地域差があり、上エジプトでも南部と中部では文化伝統が異なるという。

たしかに、従来の文化認識の基礎となる資料には、エジプト北部と南部で大きな違いがあった。下エジプトでしばしば集落址が検出されているのに対して、上エジプトでは墓地の検出例は多いが、集落址の資料は貧弱である。そのため、上エジプトのバダリ文化やナカダ文化は、おもに墓地の資料から認識されてきたので、これらの文化はいわば墓地文化であり、あるいは集落の資料から見れば別の文化区分が必要になるかもしれない、という疑問が拭えない。

いずれ集落址の資料を加味して、文化概念や区分を再考しなければならないことはほぼ確かであるが、これまでのところ新しい文化区分を設定するための資料はまだ不十分である。本書ではとりあえず従来の「文化」の枠組みを踏襲した記述を行った。

この問題は、じつはナカダⅡ期末以降のナカダ文化のデルタへの拡張をどのように理解するか、という問題と深くかかわっている。ナカダ文化内部の地域差とデルタの文化的変化については、第9章を参照のこと。

5　Aグループ文化——下ヌビア

アスワンの近くでは、ナイル河周辺に硬い花崗岩の岩盤が露出して、「急湍」とよばれる早瀬をつくり出している。これより南にもいくつか点在する急湍は、つねにナイル河の船の航行を妨げ、しば

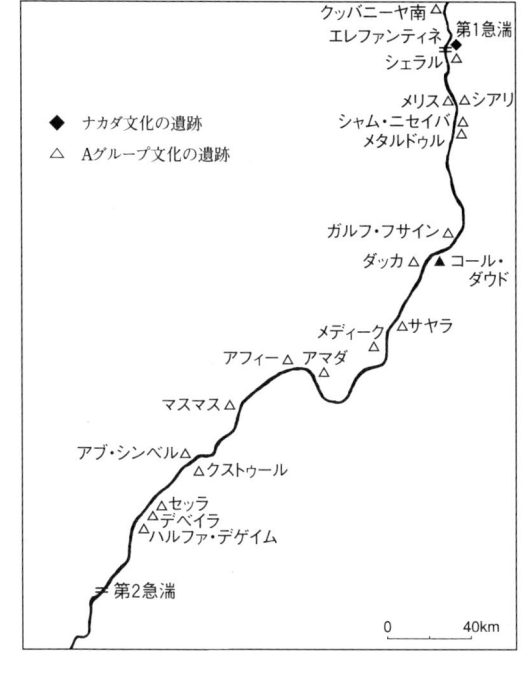

図24 前4千年紀下ヌビアの遺跡分布

しば地理的にもそして文化的にも、その上流と下流で断絶を生じさせてきた。

　アスワン付近の第1急湍より南から、現在のエジプトとスーダンの国境付近に位置する第2急湍までの「下ヌビア」と呼称される地域は、王朝時代のエジプトの範囲には含まれていなかった。この地域は、同じナイル河の流域でありながら、北に隣接する上エジプトとは地理的に異なっている。石灰岩盤の上をナイル河が流れる上エジプトと違って、下ヌビアの岩盤はおもに砂岩からなり、ナイル河の両岸に伸びる沖積低地も、下流域よりははるかに狭かった。王朝

時代の下ヌビアには「ネハシュ」とよばれる人びとが居住し、エジプトとは別の文化を営んでおり、前4千年紀にも、下ヌビアには上エジプトのナカダ文化とは別の文化が普及していた。下ヌビアの地は、1960年代にアスワン・ハイダムが建設されると広大な貯水池になり、現在はナセル湖とよばれる湖の底に沈んでしまっている。

1907年から下ヌビアの発掘調査を組織的に行ったG.A.ライズナーは、いくつか検出された下ヌビアの文化のうち、もっとも古い文化に「Aグループ（A-Group）」の名称を与えた（Reisner 1910）。Aグループ文化の遺跡は、北は第1急湍北方のクッバニーヤ南から、南は第2急湍付近までの地域で検出されており、その数は100カ所以上にのぼる。これらの検出遺跡は、ナイル河両岸の低位砂漠縁辺部に位置している。

Aグループ文化の集落は、約40カ所で検出されている。そのうち大半は、炉址や堆積物が検出されているが、恒久的な構造物をともなわない一時的なキャンプであるという。一方、アフィー、アル=リカ、ダッカ、アルギンなどでは恒久的な構造物が検出されている。アフィアで検出された遺構は、石材を粗く積み重ねた壁をもっており、2〜6室の矩形の部屋を備えていた。集落からはしばしば柱穴が検出されることから、通常の住居は植物の枝や葉でつくられていたと思われる。集落からはやや移住的な生活様式が推測されるものの、この文化の墓地は比較的長期間継続して使用されており、同じグループが一定の領域に暮らしつづけていたことを示している（第5章参照）。

Aグループ文化の生業は、農耕、牧畜、狩猟、採集、漁撈を組み合わせたものであったらしいが、資料が乏しいために、それぞれがどの程度の重要性をもっていたのか、あまり明らかではない。おそらくエジプトと同じようなナイル河の沖積低地と増水を利用した

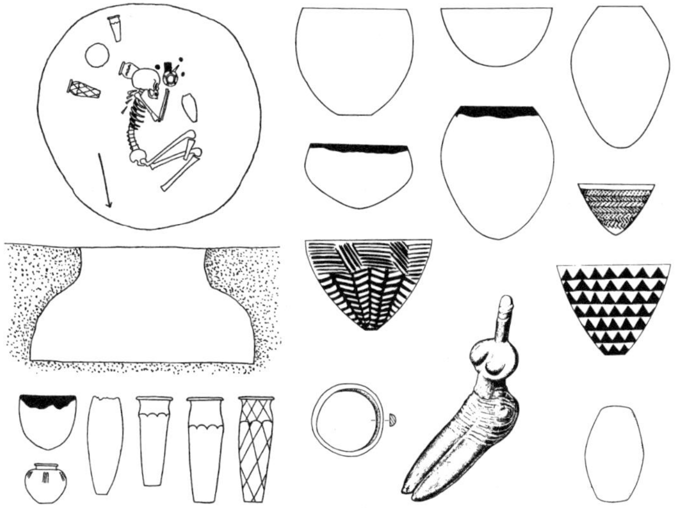

シャム・ニセイブの墓と副葬品　　　　下ヌビア南部の墓の副葬品

図25 Ａグループ文化の遺構と遺物（Reisner 1910 ; Nordstrom 1972 より）

穀物栽培が行われていたと推測され、栽培種と思われるエンマー小麦と大麦、豆類が出土しているが、沖積低地の幅が狭く、集落の規模も小さいので、エジプトほど規模の大きな沖積地農耕は行われていなかったようである。羊、山羊および牛の骨が出土しており、皮革製品が出土することや土器の混和剤に動物の糞が用いられることと合わせて、家畜化が推測されている。ただし、王朝時代の下ヌビアは牧畜が盛んであったといわれるものの、Ａグループ文化が牧畜主体の経済を営んでいたことを示す資料は希薄である。墓から出土するガゼル、ワニ、アンテロープ、カバなどの野生動物の骨は狩猟が、ナツメヤシ、貝類、ダチョウの卵殻の出土は採集が行われていた証左である。魚骨の出土は少量であるが、釣針や銛などの漁撈具の存在からも、ナイル河で漁撈が行われていたことが知られる。

こうした独自の生業活動に加えて、Aグループ文化の人びとは、交換を通じてエジプトから食糧を入手していた可能性もある。

Aグループ文化の土器については、おもに墓地から出土した資料から知られている。ナイル沖積土を用いてつくられ、しばしば混和剤として牛の糞が含有されている。通常赤褐色～褐色を呈し、器壁はていねいに撫でられるか研磨され、ときに櫛状の工具を用いた器面調整が見られる。手で成形されているが、なかには卵殻のように器壁の薄い土器もある。器形は多くが浅鉢形もしくは深鉢形で、尖底あるいは丸底が主流であり、稀にやや口縁部が閉じた器形が認められる。口縁部付近を黒色に焼き上げる「黒頂」の焼成技法も一般的であった。もっとも特徴的なのは、器壁が非常に薄い黒頂土器の外面に、赤色の顔料を用いて、籠を模した文様を描いた土器である。刻線および刺突装飾が施された土器も出土している。

石器については資料が乏しいが、大半がチャート、碧玉、瑪瑙などのナイル河付近で採取できる小礫あるいは小石からつくられ、したがって小さいものが多い。もっとも出土頻度の高い道具はスクレイパーであり、グルーバー、尖頭器、抉入石器、鋸歯状石器、錐、彫器、三日月石器などがつづく。石鏃などの両面石器も含まれている。

土器と石器以外の遺物も豊富に墓から出土し、そのおもなレパートリーは、やや見劣りするとはいえ、ナカダ文化のものとほとんど変わらないであろう。

Aグループ文化の出自については、従来ナカダ文化から派生したという説と、独自に周辺地域から下ヌビアに定着した人びとがナカダ文化の影響を受けて成立したという説があって、いずれとも決着していない。後述するように、Aグループ文化はナカダ文化と密接な接触をもっていて、初期王朝時代の途中から、ほとんど遺跡

形成が途絶した。近年、Aグループ文化の遺物が西部砂漠中でも検出され、分布がナイル河流域に限らないことが認識されつつあり、ナイル河中流域との密接な関係についても情報が増えつつある。

6 パレスチナの文化

 本書は基本的にナイル河下流域を扱っているので、パレスチナの文化について詳細は割愛したいが、前4千年紀のパレスチナ南部はエジプトと密接な交流をもっていたため、おもにエジプトと関連する部分についてまとめてみる。

 前4500年頃からパレスチナは金石併用時代に入り、農耕と牧畜を生業とする文化の遺跡が、それまでのように地中海沿岸や天然の湧き水があるところだけではなく、周辺の半乾燥地にも広く分布するようになった。集落のなかには大小の規模の違いが認められることから、社会的、経済的、宗教的行為の地域的中心となるセンターが現れていたことが知られる。パレスチナの金石併用時代の文化は、エジプトよりも一歩先んじて銅生産の技術をもち、銅生産や象牙製品製作などに早くも専門分化が起こっていたらしい。

 前3500年頃になると、南パレスチナにおいて金石併用時代の文化がいったん途絶える。その原因は明らかではないが、これ以降、別の遺跡分布パターンを示す初期青銅器時代の文化が普及することになった。初期青銅器時代の前半は、レバント地域で最初の都市化が進行した時期と位置づけられており、パレスチナ南部やシナイ半島まで集落が分布するようになった。

 この初期青銅器時代最初期（Ⅰa期＝ナカダⅡb期）から、エジプトに近い南パレスチナにエジプト人が存在したことを強く示唆する考古学的資料が検出されている。ナハル・ベソル沿いのH遺跡

とタウル・イクベイネ、ナハル・ラチス沿いのテル・エラニなどの遺跡からは、最初期からエジプト産の土器をはじめとする遺物が比較的豊富に出土している。初期青銅器時代Ⅰ期の初め頃に、南パレスチナから出土するエジプト製の土器およびパレスチナ製のエジプト様式の土器は、マーディやブトなど、下エジプトから出土する土器と似ており、マーディ・ブト文化との接触が推測されている。その後、南パレスチナではエジプトの影響を受けた遺跡が増加し、ナカダⅢ期にはデルタにナカダ文化が普及するため、パレスチナとエジプトとの関係は様相を変えたかもしれない。

近年N. ポラトが行った土器の胎土分析と製作技術の分析の結果、南パレスチナから出土する土器には、パレスチナ製のパレスチナ様式の土器、エジプト製の土器、パレスチナ製のエジプト様式の土器の3種が含まれることが明らかになった（Porat 1992）。このうちパレスチナ製のエジプト様式の土器は、在地の粘土を用いながら、エジプト製の土器と同じ器形をした土器をときにエジプト風の技法を使って製作したもので、多様な器形の日用品が含まれている（ただし、その後、この時期のエジプト様式の土器は、エジプトの技法を用いて在地の土器の特徴をまねて製作されたものが多いことも指摘されている）。こうした土器がエジプトからの搬入品の土器よりも多いため、南パレスチナで伝統的な土器を製作する陶工の傍らに、現地でエジプト様式の土器を製作するエジプト人の陶工が存在したと推測された。また、土器と同じように石器の場合も、パレスチナとエジプトの要素が含まれており（Rosen 1988）、石器をつくるエジプト人の工人の存在も推測される。

ポラトはまた、南パレスチナにおいて在地の胎土で製作されたエジプト様式の土器が出土する遺跡を検出して、地図上にプロットした（Porat 1992）。この分布図（図26）は、当時のエジプトの強い

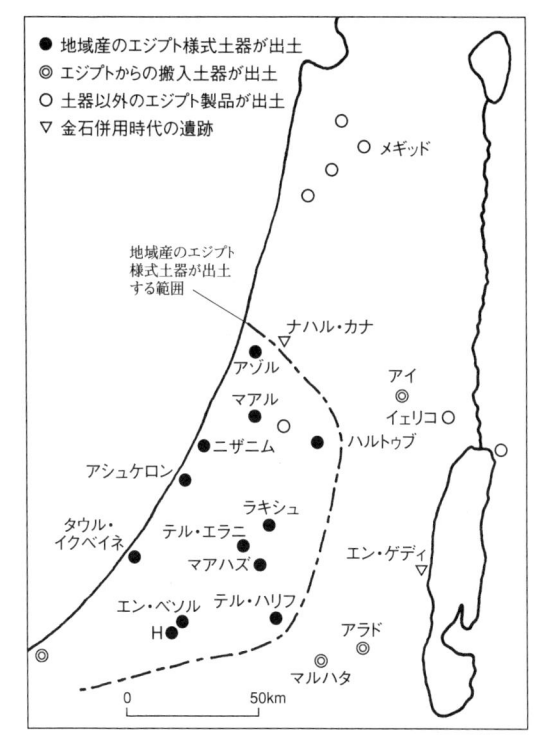

第4章 前4千年紀のナイル河下流域 *91*

図26 初期青銅器時代Ⅰ期南パレスチナの遺跡とエジプトの影響（Porat 1992 ほかより）

影響の範囲あるいはエジプト人が多数居住する範囲を表すであろう。エジプトの強い影響は、南パレスチナの地中海沿岸部を中心に、北はアゾルまで、東はテル・ハリフおよびハルトゥヴまで達していた。この範囲の外側でも、土器をはじめとするエジプト製品が出土することはある。

ナカダⅢ期以降の南パレスチナからは、土器や石器のほかにも、エジプトの王名が記された土器、エジプト様式の印章および印影を

もつ粘土封、エジプト風の日乾レンガ建造物が検出されている。これらのうち、ナルメル等、エジプト第1王朝開闢期の王名あるいはセレク（王名を表す記号）が焼成前に刻まれた土器は、エジプト製の搬入品だけではなく、パレスチナ製のエジプト様式の土器にも認められ、パレスチナでもエジプトの王名を刻んだ土器が製作されていたことが明らかになった。また、エジプト様式の円筒印章と印影をもつ粘土封が、エン・ベソルやテル・エラニなどから出土しており、エン・ベソル出土の粘土封に用いられた土がパレスチナ産であることから、パレスチナでエジプト風の封印が押されたこともわかった。さらに、日乾レンガを用いた古代エジプトの建築技法が、初期青銅器時代I期後期に用いられるようになっている。

このような南パレスチナにエジプトの影響が強く存在する現象をどのように解釈すべきか、多くの議論が重ねられてきたところである。これまでに、「軍事的征服説」、「交易拠点説」、「植民地説」の3つが論じられてきた。

「軍事征服説」は、Y. ヤディンによって1955年に唱えられた説であり、第1王朝開闢前後のエジプト王ナルメルの治世に、パレスチナがエジプトによって短期間に軍事的に征服されたという説である（Yadin 1955）。この説は、その後、エジプト人のパレスチナ滞在期間が初期青銅器時代Ia期以降150年以上の長期にわたっていたことが明らかになり、資料が増えた今日では支持を失っている。

「交易説」は、1980年代にA. ベントール（Ben-Tor 1982）やR. ゴフナ（Gophna 1987）によって唱えられ、南パレスチナのエジプトの遺物が出土する遺跡は、エジプトの交易拠点であり、そこでエジプト人の商人が近隣のカナーン人と交易を行っていたという説である。ゴフナは、エン・ベソルにエジプト王家が日乾レンガ建造物を建てて交易拠点を設け、交易を行う隊商に食糧等の供給を行

っていたと考えた。

　しかしながら、1980年代以降の発掘調査資料の増加にともなって、近年もっとも支持を集めている説が、「植民地説」である。とりわけ前述のポラトが、土器の胎土分析にもとづいて、南パレスチナにおいてエジプトの陶工が土器生産を行っていたことを明らかにしたために、ベントールやゴフナを含めて多くの研究者がこの説を支持するようになった。エジプト人陶工の存在が示すように、南パレスチナにおけるエジプト人の滞在は長期的であり、おそらくその数も少なくなかった。また、両者の関係は、エジプトの王名を刻んだ土器の出土や、エジプト風の印章や印影の出土から、少なくともナカダⅢ期には、エジプト人の方が優勢であったことがうかがわれる。エン・ベソルなど、エジプト製あるいはエジプト様式の土器が多数を占める遺跡は、中心的なエジプト人の駐留地あるいは「行政中心地」と考えられている。

　こうしたパレスチナとの関係は、南パレスチナの遺跡やシナイ半島の遺跡から、エジプトの王名を刻んだ土器やエジプト様式の円筒印章と印影をもつ封泥が出土するため、遅くとも第1王朝開闢頃にはエジプトの王たちの管轄下で組織的に行われていたという見解が優勢である。そして、このような状況は、しばしば「第0王朝（Dynasty 0）」と称されるナカダⅢ期の途中までさかのぼる可能性がある。ただし、印章と封泥は、これまで南パレスチナと同じものがエジプトから出土しておらず、印章や封泥を用いて管理された物品が、はたしてエジプトに送られたのか、あるいはパレスチナ内部で消費されたのかについては、明らかになっていない。

第5章　前4千年紀の集落

1　ナイル河下流域の集落

　集落は、過去の人びとの生活の場として、新石器時代以降にはほぼ普遍的に残される遺跡である。そして通常、集落の考古学的調査と研究は、当時の社会についての基本的知識である衣・食・住を中心とする生活に関して、豊富な資料を提供する。

　しかしながら、ナイル河下流域において、前4千年紀の集落が検出された例は他地域にくらべるとだいぶ少ない。その原因は、当時の集落がナイル河の沖積低地あるいはその周辺に築かれていたため、後世の沖積作用の結果、地中深くに埋没してしまったり、あるいは破壊されてしまったことにある。実際、20世紀末に試みられたボーリング調査では、カイロの北西に位置するメンフィス付近において、初期王朝時代の集落堆積が現地表面下約6mで検出され、東部デルタのミンシャト・アブ・オマルにおいては、前4千年紀の集落堆積が現地表面下約6〜8mで検出されている。さらに、20世紀の後半になるまで、研究者の関心が、おもに低位砂漠に築かれた墓の調査に向けられてきたことも、集落検出例が少ない原因であった。ようやく近年、プロセス考古学の興隆以降、集落址研究の必要性を認識した研究者たちが積極的に集落址の調査に乗り出し、しだいに集落に関する情報が増加しつつある。そこで、新しい視点か

ら前4千年紀の集落を見ることができるであろう。

　これまで、前4千年紀の集落は、マーディ・ブト文化のマーディ、ブト、メンデス、テル・アル=イスウィド、テル・アル=ファルカ、ナカダ文化のバダリ地区、ハマミーヤ、アビュドス、マハスナ、ナカダ、アル=カッタラ、アル=ターリフ、アルマント、アダイマ、ヒエラコンポリス、エレファンティネ、Aグループ文化のアフィー遺跡等で検出されたが、集落全体が十分に調査された例はほとんどない。大型の集落であるヒエラコンポリスやナカダの場合、すでに発掘調査された地区は集落の一部であるにすぎない。また、従来上エジプト中・南部および下ヌビアにおいて集落の調査が行われたのは、低位砂漠の縁辺部のみであり、全体が発掘されたかに見える集落も、付近の沖積低地のなかが調査されていない以上、はたしてそれが集落の全貌であるか否かは明らかではない。

　これまでの調査の結果、概して上エジプト中・南部におけるナカダⅡ期前半までの集落は低位砂漠上で検出される傾向にあるが、それ以降の時期の集落はほとんど検出されていない。おそらくこの時期の集落はもっとナイル河に近い位置に形成されていたため、沖積作用の影響で埋没し、検出が困難であるらしい。

　したがって、前4千年紀のナイル河下流域における集落の研究は、いちじるしい資料的制約のなかで行われていることが前提である。

2　集落と初期国家の形成

(1) 集落の研究

　集落は、過去の人びとの生活について豊富な資料を提供するだけではなく、さらにその構造のなかに、しばしば当時の社会の構造を反映することが知られている。そこで、複雑な社会の研究では、集

落から社会の構造やその複雑化の過程を理解しようとする研究が進められてきた。各種のセツルメント・パターンの研究がその代表であるが、西アジアやエジプトを含む古代オリエント地域においては、とくに「都市化（urbanization）」の問題が、国家レベルの複雑な社会と密接な関係をもつ要素として、大きな関心を集めてきた（近藤編 1999；古谷野 1998；金関・川西 1996）。

新石器時代以降、初期国家形成までの複雑な社会が形成される過程で、都市の存在が大きな役割を果たしたことは、メソポタミアをはじめとする他地域の考古学研究の結果、周知の事実となっている。たとえばG. チャイルドは、人類史の重要なできごととして「新石器革命」に次いで「都市革命」を挙げており（Childe 1936）、しばしば文明の定義のなかには都市の存在が含まれている。おそらく都市とは、複雑化した社会システムのなかで、核となる部分が物理的に特定の狭い地域のなかにやみがたく具現化したものなのであろう。ただし後述するように、どの程度それが集約的であり、考古学的に見えやすいかは、都市の形や構造と同様に、地域や文化によって違うのかもしれない。

そこでこの章では、集落の研究のうちでも、都市と都市化を中心に話を進めてみたい。

（2）「都市」の定義

都市の定義は研究者によってまちまちであるものの、1979年にM. ビータクが示した都市の定義（Bietak 1979）は、古代西アジアの都市を念頭においているため、初期の段階の都市を扱う際には有効である。ビータクによれば、都市の条件あるいは特徴として、9つの点が挙げられる（表1）。

ただし、初期の都市がこれらすべての要件を満たしているとはか

表1 ビータクの都市の条件（Bietak 1979 より）

	ビータクの都市の条件	ナカダⅠ期～Ⅱ期前半のヒエラコンポリス
①	ある程度の規模をもち、人口密度が高いこと（人口が2000人以上、人口密度が500人／km²が目安）	＋
②	コンパクトな居住形態をもつこと	＋
③	作業・社会階層の違いによって、地区が分化していること	＋
④	行政・商業・司法・交通の地域的中心であること	？
⑤	非農業的共同体であること	－
⑥	物資と生産業の中心であること	＋
⑦	労働・職業・社会階層が分化していること	＋
⑧	ときに宗教の中心地であること	？
⑨	ときに避難や防御の中心であること	？

ぎらないかもしれない。第8と第9の条件には、「ときに」の用語が用いられているので、これらがかならずしも必要条件ではないとビータクは考えていたようである。

(3) ナイル河下流域の都市研究

　ナイル河下流域の研究において、都市に焦点を当てた研究は後発であった。1960年にJ.A. ウィルソンがエジプトは王朝時代になってもしばらくの間「都市なき文明」であったと主張して以来、この見解が広く受け入れられていたのである（吉成 1985；高宮 1999）。たしかに王朝時代初期の文献資料からは都市の存在を読みとることはできず、また、エジプトではメソポタミアのように政治的に独立した都市や都市国家は発展しなかったため、この説はその意味で妥当であるかもしれない。

しかし、1970年代以降、考古学的資料を見ると、前4千年紀から都市が存在するらしいことが明らかになりはじめた。最初に前4千年紀の都市化に着目したB.J.ケンプやビータクは、遺跡の規模から、他地域の都市に匹敵する規模の集落が存在することを指摘した（Kemp 1977; Bietak 1979）。たとえば、ヒエラコンポリス遺跡は低位砂漠縁辺部だけでも600×600m（約36ha）あまりの規模をもち、西アジアの都市と比較しても（大津ほか 1997; 小泉 2001）、十分に都市といえる規模である。したがって、おそらく前4千年紀のうちにナイル河下流域にも都市が存在したが、エジプトの都市は、同時期の西アジアや古典期以降の西洋の都市とは異なる特徴と性格をもっていたようである。エジプトにおける都市と都市化の過程を明らかにするには、エジプト独自の都市のあり方を念頭に置く必要がある。

3 都市化の過程

（1） ヒエラコンポリスの都市化の仮説

都市は比較的大きな人口規模が要件であるため、都市の発生を探るためには、大型の集落に目を向けなければならない。ナカダ文化最大規模を誇るヒエラコンポリス遺跡（図27）は、前4千年紀の都市化した集落の例として重要な遺跡である。1960年代から、W.A.フェアサーヴィスとM.A.ホフマンが率いるアメリカの調査隊が行った分布調査の結果、大型ワディの出口周辺の低位砂漠縁辺部とワディ奥部、および沖積地中の微高地（王朝時代のネケン）に、ナカダ文化の集落址が検出された（Hoffman (ed.) 1982）。検出遺構の詳細については〈コラム：ヒエラコンポリス遺跡〉に譲るが、ホフマンは、調査結果にもとづいて、ヒエラコンポリス地域の集落の

表2 ヒエラコンポリスの都市化仮説（Hoffman 1986より）

段階	時期	内容
第1段階	ナカダⅠa-b期	移住：北方からの移住者がヒエラコンポリスに到来して、農耕・牧畜村落を形成する。
第2段階	ナカダⅠc〜Ⅱa期	成長：人口が増加し、集落が拡大する。
第3段階	ナカダⅡb-d期	集約化：気候の乾燥化と、ナイル河の水位低下のために、人口がネケンに集中し、集約化が起こる。記念物的建造物が出現し、この終わり頃に厚い市壁が建造される。ヒエラコンポリスが上エジプトの大型国家の首都となる。
第4段階	ナカダⅢ期	政治的覇権：国内の政治的統一が達成される。ネケンに人口が集中し神殿や王宮が建造される。
第5段階	第1王朝〜	地方化：統一エジプトの首都がメンフィスに移動して、ヒエラコンポリスは地方の一中心地になる。

発展、すなわち都市化の過程について仮説を提示した（Hoffman 1986、表2）。

この仮説では、第3段階のナカダⅡ期中葉以降に都市化を認めており、その原因として、気候の乾燥化とナイル河の水位低下という環境の変化と、それにともなう沖積地中の微高地ネケンへの人口の集約化を挙げている点が特徴である。

（2） 都市化の程度

ナカダ文化最大の規模をもつヒエラコンポリスの集落は、前4千年紀の集落のうちでもいち早く都市化した可能性が高いが、実際にどの程度都市化していたのだろうか。低位砂漠の上に集落址がもっとも良好に残されているナカダⅠ〜Ⅱ期前半頃までの様相について、先に挙げたビータクの都市の条件から測ってみよう。

表1に、ビータクの条件と、ナカダⅠ期～Ⅱ期前半のヒエラコンポリスがどの程度その条件を満たしているかを表してみた。第5の非農業共同体である点と、資料不足のために（おそらくはそうであろうが）確認できない第4の行政・商業・司法・交通の地域的中心である点を除いて、第1から第7までの重要条件の多くを満たしている。当時の農業生産高を考慮すると、ヒエラコンポリスの集落構成員のほとんどは自ら食糧生産を行う農民であって、第5の条件の非農業共同体に完全に該当するとは思われないが、間接的資料からは、第7の条件はおおよそ該当するようである。したがって、ナカダⅠ期のヒエラコンポリスは、都市とはいえないまでも、すでにその一歩手前の段階に達していたと考えてよいであろう。ただし、第1の条件である人口規模については、後にあらためて検討してみたい。

〈コラム〉ヒエラコンポリス遺跡

ヒエラコンポリスはナカダ文化最大の遺跡であり、当時の集落が低位砂漠の広い範囲で検出された希有な遺跡である。20世紀の初頭以来、多

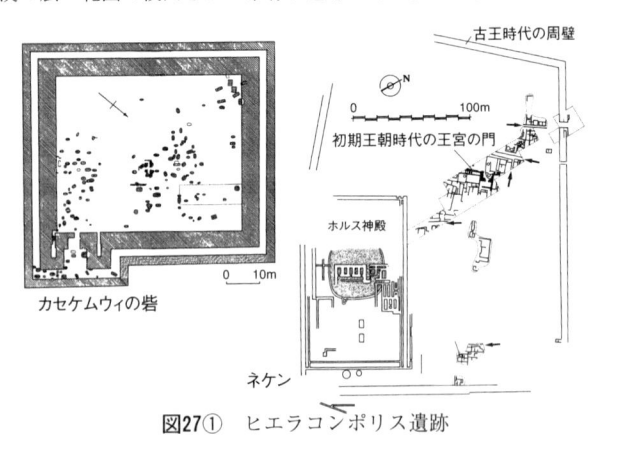

図27① ヒエラコンポリス遺跡

数の研究者がこの遺跡の部分的な発掘調査を行い、1960年代から始まった調査が都市化した集落の様子を明らかにした（Hoffman (ed.) 1982）。

ヒエラコンポリスでは、沖積低地に近い砂漠縁辺部に広がる集落址と墓地のほかに、大型ワディ（ワディ・アブル・スフィアン）奥部の集落

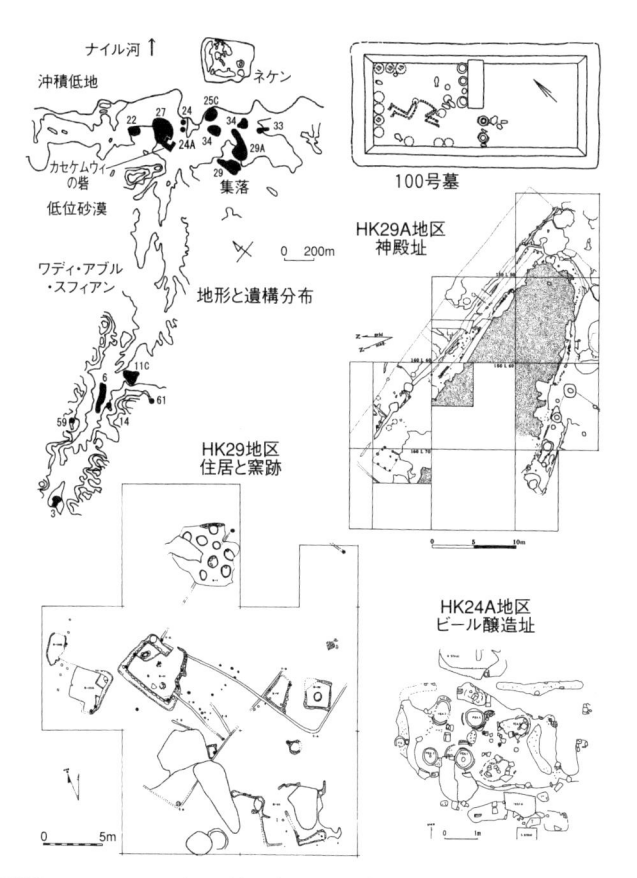

図27② ヒエラコンポリス遺跡（Hoffman (ed.); Kemp 1989 ほかより）

址と墓地、および沖積低地中の微高地上に築かれた古代の都ネケンの跡が検出されている。ナカダⅠ期以降人びとがここに住み着き、大きな人口を抱えた集落は、ナカダⅡ期の半ば以降に他集落に先がけて都市化した。

　ヒエラコンポリスの最大の特徴は、集落域において住居址、生産址、神殿址などの多様な遺構が検出されていることである。いくつかについては復元図が作成され、当時の集落の様子がわかりやすく描き出されている（図47、49、51）。当時の住居には、ワディ奥部で検出された円形プランのものや低位砂漠縁辺部で検出された隅丸方形を呈する半地下式のもの（図27、49）があり、ナイル沖積土、葦、植物の枝、小石などを用いて建てられていた。ワディ奥部と低位砂漠縁辺部で検出された土器製作址、HK24A地区で検出されたビール醸造址、HK29A地区で発掘された神殿とそれに付属する工房址など、生産活動に関する稀な資料が明らかにされている（第8章参照）。また、各所で墓地も検出されている。合計3000基におよぶ墓が形成され、「100号墓」とよばれる砂漠縁辺部に掘り込まれた大型墓（図27）は、ナカダ文化の彩色墓の唯一例である。ワディ奥部の墓地にはナカダⅠ期から大型墓が営まれ、ナカダⅢ期にも富裕な副葬品を納めた当時の支配者たちの墓が形成された。

　王朝開闢前後にヒエラコンポリスは、統一王朝の重要な宗教中心地になった。ネケンに、小高くなった円形の中心部をもつ神殿が築かれ、そこからサソリ王の棍棒頭（図12）やナルメル王のパレット（図3）をはじめとする記念物的な遺物がたくさん出土している。付近からは、第1王朝初期に年代づけられる巨大な王宮の入口部分をなす日乾レンガ建造物も検出された。また、第1王朝後半に低砂漠縁辺部に日乾レンガを用いて建造された巨大な「カセケムウィの砦」（口絵）は、今日もこの遺跡のメルクマールになっている。

（3） 都市化仮説の問題点

　ナカダⅡ期前半という早い段階にヒエラコンポリスがほぼ都市の要件を満たしていたとすると、ホフマンが仮説で述べたように、ナカダⅡ期中葉以降に年代づけられる第3段階において都市が出現したという説は、十分妥当性がある。しかしながら、この発展仮説には、都市の出現に関連して、実際にこの遺跡では確認されていない、あるいは非常に間接的にしか証明されない、いくつかの推測が含まれていることも認識しておかなければならない。それらは、①ナカダⅡ期に人口が増加した、②ナカダⅡ～Ⅲ期に人口の集約化が起こった、③ナカダⅡ期に町が城塞化した、という3点である。

　①ナカダⅡ期の人口増加については、当時の遺跡数の増加から全般的な人口増加は推測できるものの、ヒエラコンポリスにおける人口増加を裏づける証拠は希薄である。むしろ、これまで検出された墓の数は、ナカダⅡ期後半よりもナカダⅠ～Ⅱ期前半のものの方が多く、低位砂漠に残された集落の面積も後者の方がはるかに広い。また、②ナカダⅡ～Ⅲ期の人口の集約化は、ヒエラコンポリスにおいて、砂漠縁辺部の集落の縮小および住居構造の集約化から推測されているが、集落のほとんどは現在も沖積土に埋もれているため、全貌が明らかになっているわけではない。さらに、③ナカダⅡ期の町の城塞化については、アバディーヤ遺跡出土のナカダⅠ期の町の模型（図28）やナカダⅢ期のパレットに描かれた城塞（図29）がその根拠になっているものの、ナイル河流域を通じてこの時期の城塞遺構の検出例はない。

　こうした未確認点は、都市の発生はナカダⅡ期後半以降に年代づけられているが、とくにこの時期の集落がほとんど検出されていないために検証できない問題点である。

〈コラム〉周壁をもつ集落とエレファンティネ遺跡

　ヒエラコンポリスの本格的発掘調査以前から、ナイル河下流域の都市化と関連して言及されてきたのが、町を囲む周壁あるいは城塞の存在であった。最古の資料は、ナカダⅠ期に年代づけられるアバディーヤB83号墓から出土した粘土製の町の模型であり、囲いの内側に立って、上から外部をのぞき見る人物が何人か表現されている（図28）。また、王朝開闢前後の図像資料には、しばしば楕円形もしくは長方形の図柄が描かれていて（図29）、古くから周壁をもつ集落あるいは城塞が存在したことが推測されていた。長らく実際の周壁や城塞址は見つかっていなかったが、1980年代に、エレファンティネにおいて、第1王朝初期に建造された城塞が検出された（図30）。この城塞は完成された形態をもっていたため、たしかにこの時期以前に、ナイル河下流域のどこかに城塞が出現した蓋然性が高い。

　エレファンティネ遺跡は、第1急湍があるアスワン近くのナイル河中洲の島にある。アスワンは、王朝時代にはエジプトの南部国境の町であり、上エジプト第1ノモスの州都が置かれていた。1969年に始まるドイツ考古学研究所の調査隊が行った発掘調査の結果、エレファンティネでは、ナカダⅡ期中葉にさかのぼるナカダ文化の遺跡が存在することが明らかになった。この遺跡が、知られるかぎりもっとも南に位置するナカダ文化の遺跡であり、下ヌビアとの交易の拠点になっていた可能性がある。

　エレファンティネでは、ナカダ文化の集落址と墓地が検出されている。王朝時代のサテト女神を奉った神殿近くにある集落址では、炉や柱穴をともなう住居址などの施設が発掘された。やがて第1王朝の始まり前後には、天然の花崗岩の大岩を利用した小さな祠が築かれ、日乾レンガ造りの施設がその周辺に建てられた。

　初期の頃のエレファンティネ最大の特徴は、第1王朝のはじめに「城塞」が築かれたことである（図30）。知られるかぎり、これがエジプト最古の城塞址である。この城塞は日乾レンガ造りで、島の東端のナイル河を見下ろす地点に建てられている。一辺約50mの四角形の平面形態

をもち、厚さ数メートルの周壁の外側には半円形の望楼がいくつも設けられている（Ziermann 1993）。この頃、王朝ができあがったエジプト

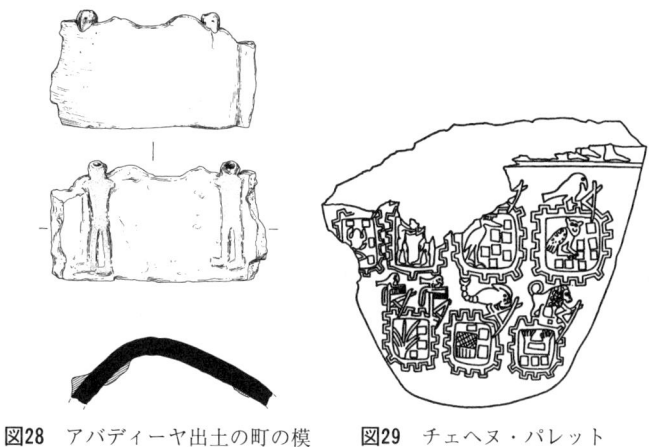

図28 アバディーヤ出土の町の模型（Payne 1993より）

図29 チェヘヌ・パレット（Emery 1961より）

図30 エレファンティネの城塞址復元図（Ziermann 1993より）

> と下ヌビアとの関係は悪化していたようであり、第1王朝初期のエジプト王たちはたびたび下ヌビアに軍事遠征を行っていた。エレファンティネの城塞は、おそらく敵対する下ヌビア人たちから、ナイル河沿いの国境を防御する目的で築かれたのであろう。第1王朝の半ば頃から、城塞周辺の集落も周壁で囲まれるようになり、第3王朝の終わりまでには、集落全体を取り囲む大きな楕円形の周壁ができあがっていた。

4　セツルメント・パターン

(1)　セツルメント・パターンの研究

　たいてい複雑な社会のなかでは、集落の間に規模の違いがあり、大型の集落がその地域の中心となる傾向が知られている。数ある集落のなかでも、こうした大型の集落が最初に都市化し、地理的に広い範囲が政治的に統合されて初期の国家ができるときには、統合の中心的な役割を担ったことが推測されている。したがって、初期国家の誕生以前に、ナイル河下流域に大小の集落がどのように分布していたのか、またそうした集落の分布が時間とともにどのように変化していったのかを知ることは重要である。

　ある地域にどのように集落が分布しているのかを明らかにするマクロ・レベルのセツルメント・パターンの研究は、他地域における初期国家形成過程を解明する際に大きく貢献してきた。そして、集落址の資料は少ないながらも、これまでに前4千年紀のナイル河下流域に関しても、セツルメント・パターンとその変化に関する研究が行われている。地理学の分野で開発された集落階層（settlement hierarchy）とよばれる集落の規模のばらつきを重視する考え方は、第9章で述べるような政体の中心地の所在を推測する方法を提示した。

（2）集落規模の階層

1970年代以降、エジプト初期の都市化の問題を考える潮流と相まって、セツルメント・パターンの研究の必要性が認識されてきた。1977年、ケンプは、それまでほとんど考察の対象とならなかった前4千年紀の集落の規模と階層について論じた。それによれば、ナカダ文化の集落を規模が大きい順に並べると、ヒエラコンポリスとナカダという2カ所の突出した大型集落以外は小型の集落からなり、地理学者のB.J.L. ベリー（Berry）によって提示されたパターンのうち「プライメイト・パターン（primate pattern）」に該当するという（Kemp 1977）。一方、F.A. ハッサンはさまざまな規模の集落が存在する「ログ・ノーマル・パターン（log-normal pattern）」であると別の見解を提示している（Hassan 1988）。ケンプが指摘するように、ヒエラコンポリスとナカダという2つの集落が突出して規模が大きかったとすると、この2つの集落がいち早く都市化したであろうことが予測されるだけでなく、後の政治的な地域統合に際して、両者が圧倒的に優位に立っていた蓋然性が高いことになる。それに対して、ハッサンが指摘したようにさまざまな規模の集落が存在したとしたら、都市化や政治的な地域統合の過程はもっと複雑だったかもしれない。

先に述べたように、当時の集落はほとんど検出されていないため、集落の資料を利用してこの問題をはじめとするセツルメント・パターンの問題を決着できない。しかし、墓地の資料が豊富なナカダ文化やAグループ文化については、むしろ墓地資料の利用が有効である。前述のように、集落は時期によって形成位置が変わり、全貌が低位砂漠の上に検出されないのに対して、墓地はそれより好条件で低位砂漠の上に残されている。また、たいていの墓地は、低位砂漠に残された集落よりも長期間継続して営まれている。そこで、

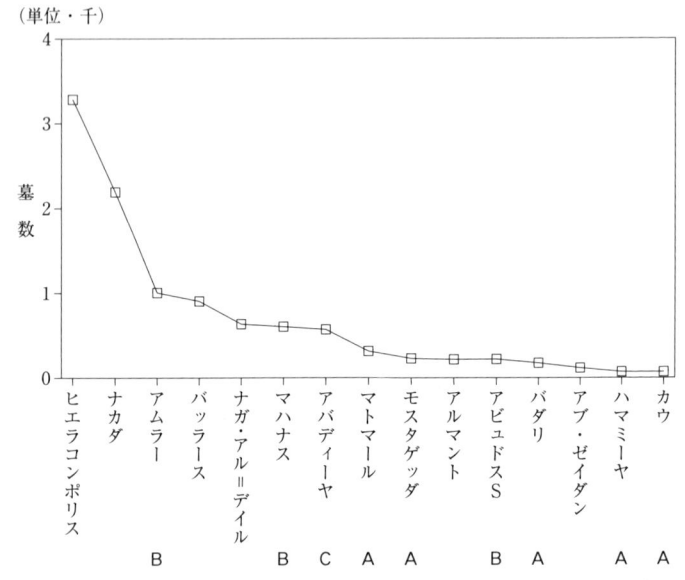

図31 上エジプト中・南部における墓地の構成墓数（高宮 1999より）
A：バダリ地区　B：アビュドス地区　C：フー地区

墓地がある程度集落の位置や規模を反映すると仮定できれば、当時の墓地から集落の分布を推測できる。実際、当時の集落が検出された遺跡では、付近に付属する墓地が検出されていて、両者が近接した位置に築かれていた蓋然性は高い。そこで、ここでは墓地の資料を使って、前4千年紀のセツルメント・パターンを考えてみる。

図31には、おおむねナカダⅠ期からⅢ期まで継続的に墓が形成された上エジプト中・南部のナカダ文化の墓地を選んで、検出墓数の大きい順から並べてみた。これまで検出されたかぎり最大の墓地はヒエラコンポリス遺跡で3000基あまりの墓を有し、それに次ぐナカダ遺跡には2000基あまりの墓が形成されており、これらは超大型墓地とよぶことができる。それにつづいて、アムラー遺跡の約1000基

およびバッラース遺跡の約900基という約1000基の墓からなる大型墓地があり、ナガ・アル=デイル遺跡の約650基、マハスナ遺跡およびアバディーヤ遺跡の約600基と、500基前後の規模の中型墓地が存在する。さらに、構成墓数が300基前後のやや小型の墓地や、200基以下の墓からなる小型の墓地は、もっとも数多く存在する。したがって、墓地の規模から見るかぎり、たしかにヒエラコンポリスとナカダが最大規模を誇るものの、それ以下にも規模に段階的なヴァリエーションをもつ墓地、すなわちそれを形成した集落があったことがうかがわれる。

多様な規模の集落があるなかで、都市化はどの集落でも起こったわけではなかった。ハッサンによれば、現代以前のエジプトにおいて、町と農村の比率は1対65であり、この数値は古代のエジプトにも当てはまるという（Hassan 1993）。つまり、古代社会のなかで都市はごく一部の集落に限られ、その他多くは農村であった。前4千年紀のナイル河下流域においても、都市とそれを取り巻く農村の風景を思い浮かべることができるであろうし、都市と農村の相互関係が重要であった。

（3） 集落階層化の始まり

図31が示すような規模の違いは、いつ頃生じたのであろうか。

ケンプが1989年に提示した集落発展のモデル（Kemp 1989）は、集落がナイル河下流域に定着した頃には、まだこうした階層化が生じていなかった可能性を暗示する。ケンプのモデルは、ホフマンが提示したヒエラコンポリスの都市化モデルをはじめとする従来の集落研究を総合して、ナイル河下流域における集落の発展と、それらがしだいに政治的に統合されていく過程を描いた地域的なモデルである。集落の発展は3段階に分けられ、第1段階の「小規模な平等

的共同体」には、ナイル河流域に小規模かつ等規模な農耕・村落が
たくさん形成され、第2段階の「農耕町邑」には、それらが統合し
つつ、やや大型の集落が現れて、集落の規模と相互の間隔が不均等
になり、第3段階の「初期の都市国家」には、城塞をともなう大型
集落が出現して、周囲の集落を支配するようになるという。このモ
デルでは、各段階がいつ頃起こったのか、正確な時期は明示されて
いないが、おそらく前5千年紀の終わりから前4千年紀の初めまで
に集落の間に規模にばらつきが生じ、やがてナカダ文化の間に、支
配・被支配の関係ができあがったであろうことが示唆されている。
集落同士の支配・被支配関係は、後述するナイル河下流域の政治的
な地域統合と重要な関係がある（第9章参照）。

　墓地のデータを見ると、検出墓数150基程度の小規模な墓地では、
時期によって形成墓数のいちじるしい増減は認められず、おおむね
等規模の小さな集落が継続したと考えられる。それに対して、ナカ
ダ遺跡やヒエラコンポリス遺跡などの大型墓地では、時期が報告さ
れた墓を数えたかぎりでも、ナカダⅠ期のうちから、小規模な墓地
の墓の総数を凌ぐほど多数の墓が形成されている。したがって、集
落規模の格差は、おそらくはナカダⅠ期のうちから始まっていたに
違いない。

5　集落の人口規模

　集落の階層化の一方で、各集落の人口規模に関する情報も重要で
ある。ビータクの定義によれば都市は2000人以上の人口を有すると
考えられているが、はたして前4千年紀のナイル河下流域の集落は、
どの程度の人口規模をもっていたのだろうか。

　ナカダ文化の集落人口規模を推定する方法として、従来3通りの

方法が考慮されてきた。①集落の占有面積からの推定、②墓地の埋葬人口からの推定、および③生態学的な人口推定であるが、これらの方法はそれぞれ利点と問題点があり、それらから推定された人口はかならずしも一致していない。

（1）集落面積からの人口推定

　他地域においては、集落の人口規模は集落の面積から推定されることが多いが、ナイル河下流域の場合、集落の面積が明らかになった例は少ない。

　このような条件のなかでも、ヒエラコンポリスの発掘調査を行ったホフマンの人口推定は、集落の面積だけではなく、発掘された地域の居住密度を考慮して行われているため、比較的信頼できる稀な例である（Hoffman (ed.) 1982；張替 1989）。ホフマンは、人口推計に際して、発掘調査によって住居が検出されたいくつかの地区の居住密度を考慮している。居住密度は1 m²あたりの住居址数で測られ、もっとも散逸的に住居が形成されていたHK 29地区では0.00167〜0.00333/m²であり、稠密に住居が形成されていたHK 49 A地区では0.00549〜0.00754/m²であった。1軒の住居に約5人からなる核家族が居住していたと仮定すると、ナカダⅠ〜Ⅱ期前半の集落が占める総面積は300,860m²であるから、ヒエラコンポリスの人口は最小2544人から最大10,922人と推計された。また人口密度は、最小の場合でも1 km²あたり8000人を超える高い人口密度を示す。この人口は、すでにナカダⅠ〜Ⅱ期前半のうちに、ヒエラコンポリスは都市とよべるほどの人口を備えていたことを示す。

（2）墓地からの人口推定

　一方、同じヒエラコンポリスで検出された墓の数は、これよりは

るかに少ない。総計3000基を超える墓のうち、1119基の墓がホフマンによってナカダⅠ期に年代づけられている。ナカダⅠ期の長さが約300年、平均的な当時の人びとの寿命を約30年と仮定して、ここから一時期の居住人口を推計すると、111人にしかならない。これをホフマンが集落の面積から算出した最小の推計人口と比較しても、わずか1/20にしかならないことがわかる。

　こうした推定人口の矛盾を説明するために、いくつかの方法が考えられる。ホフマンは、基本的にすべての人口が埋葬されたと考え、埋葬人口が少ない理由を、後になんらかの原因で考古学的資料に残らなくなった埋葬が多数存在したと推測した。一方、ハッサンは、特権的な階層の人びとのみが埋葬されたためと考えた。いまだ沖積低地の発掘調査はほとんど手つかずであり、集落址と墓地の全貌が検出された例がない以上、この議論に決着をつけることはできない。

(3)　生態学的な人口推定

　もうひとつの方法として、環境と農業生産高を考慮した生態学的な人口推計方法がある。生態学的見地から人口について研究したハッサンによれば、先王朝時代後期のナイル河流域において、自然灌漑を用いた農耕が行われ、沖積低地の25％が耕作されていたと仮定すると、民族例を考慮して計算した結果、1 km^2 あたり61人分の食糧を得ることが可能であるという（Hassan 1981）。通常農耕村落の耕作範囲と考えられる半径5kmの耕作地を想定すると、低位砂漠縁辺部に形成された集落の場合、半円形の耕作地の範囲のなかで、農耕によって約2400人の人口が養えることになる。ただし、ヒエラコンポリス地域においては、ナイル河と低位砂漠との距離が5kmよりも短いので、この環境収容能力を考慮して、ハッサンは1500～2000人と、ヒエラコンポリスの人口を見積もった。

表3 ナカダ文化の墓地の規模と人口

	集落の規模	構成墓数	該当遺跡	推定人口
a	超大型集落	2000基以上	ヒエラコンポリス、ナカダ	1000〜2500人
b	大型集落	1000基程度	アムラー、アバディーヤ、バッラース	800人程度
c	中型集落	500基程度	ナガ・アル=デイル、マハスナ	400人程度
d	やや小型集落	300基程度	マトマール	200人程度
e	小型集落	200基以下	モスタゲッダ、アルマント、アビュドスS、バダリ、アブ・ゼイダン、ハマミーヤ、カウ、その他多数	100人以下

　生態学的な見地から推定された人口は、実際の集落人口と等しいとはかぎらない。本来、各集落のミクロな周辺環境を考慮する必要があること以外にも、さまざまな要因が実際の集落人口を左右する。たとえば、可耕地がすべて耕作されたわけではないかもしれないし、食糧が他の集落からもち込まれた場合は、環境収容能力以上の人口を養うことができるであろう。とくに後者は、複雑化しつつある社会のなかでは重要な観点である。もしも、ヒエラコンポリスのような大型集落が、食糧以外の製品との交換や徴税などの行為を通じて外部から食糧を調達していたとしたら、環境収容能力の限界を超えた人口を養うことができたからである。ホフマンが推計したナカダⅠ〜Ⅱ期前半の最小人口は、この自給自足が可能な臨界点を超えてしまっていることは興味深い。

（4） 各集落の人口

　これまで述べてきたように、集落の人口規模を推測することはむずかしいが、試みにホフマンが提示したヒエラコンポリス遺跡ナカ

ダⅠ～Ⅱ期前半の最小規模人口と環境収容能力を仮定して、約5％の人口が低位砂漠状に埋葬された、もしくは残されたとすると、各集落の人口規模は表3のようになる。

　ここでは考慮していないが、もちろん時期によって人口に増減があったかもしれない。しかし、d以下の小型の墓地では、時期による形成墓数の大きな違いは認められていないし、また、そもそも同時期に年代づけられる墓の数が少ないため、大きな人口の増減を認める余地もない。

　この目安となる人口は、都市化の重要な条件である大きな人口規模（ビータクによれば、2000人以上）を満たす集落は、おそらくaの構成墓数が2000基程度の超大型集落だけであり、甘く見積もったとしても、bの構成墓数が1000基程度の大型集落以上が候補に挙がるにすぎない。つまり、検出された墓地から推測されるかぎり、上エジプト中・南部において都市化した可能性のある集落はせいぜい5ヵ所程度である。先に、前4千年紀のセツルメント・パターンがプライメイトであるかログ・ノーマルかというケンプとハッサンの見解の違いを述べたが、集落規模にログ・ノーマルのような段階的な分布があったとしても、都市化という観点からは、超大型集落とそれより小さい集落との間に断絶が生じることがわかる。

　ただし、ここではナカダⅠ期から墓地の形成が始まった上エジプト中・南部の集落しか扱っていないが、上エジプト北部には、ナカダⅡ期後半以降、とくにナカダⅢ期から新たに形成が始まったトゥラ、タルカン、ヘルワンなどの大型墓地が存在した。こうした墓地を形成した集落のいくつかは、都市の要件を満たす人口規模を備えていた可能性がある。

6 セツルメント・パターンと地域差

　ホフマンとケンプの仮説は、ナカダ文化のうちでもっとも大きな集落であるヒエラコンポリスを念頭に置いて考案された都市化の仮説であったが、はたして、ナイル河下流域はどの地域でも同じような都市化の道をたどったのであろうか。

　D.A. パッチは、1980年代から上エジプト南部アビュドス地区の分布調査を実施して、同地区におけるマクロ・レベルのセツルメント・パターンを考察しようと試みた（Patch 1991）。パッチによれば、アビュドス地区において、ナカダⅠ〜Ⅱ期前半の間、小規模な集落がほぼ等間隔に分布する状況であったが、ナカダⅡ期後半になって、いくつかの墓地の使用が途絶するので、集落の集約化が起こ

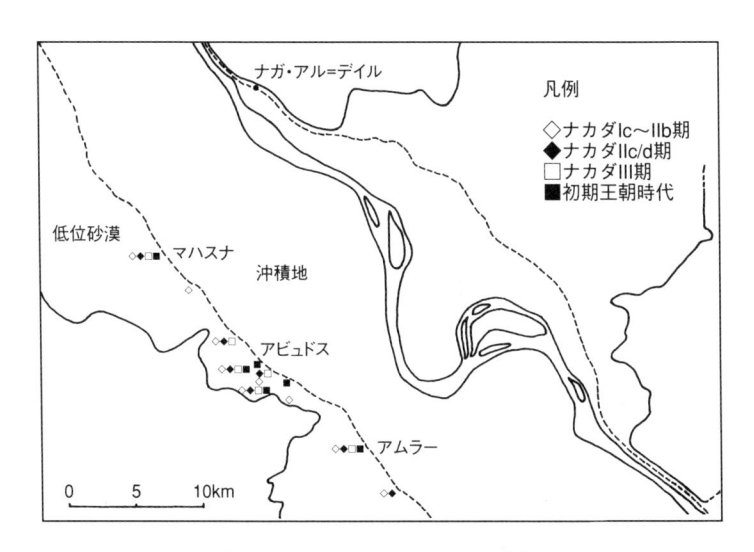

図32 アビュドス地区の墓地分布

ったこと、およびその結果として、不等規模の集落が不等間隔で分布するようになったことが推測できるという（図32）。また、ナカダⅢ期以降第4王朝時代まで、ナカダⅡ期後半のパターンが継続したという。すなわち、基本的にヒエラコンポリスでホフマンによって検出されたパターンや、ケンプによって提示された集落発展の仮説がアビュドス地区でおおむね追認されたことになった。

　しかしながら、ヒエラコンポリスとアビュドスで認められたセツルメント・パターンの変化は、ナイル河下流域のどの地域にも当てはまるわけではない。やはり、そこには地域差が認められる。

　図31からは、集落の規模に地域差が存在したことも読みとることができる。パッチが調査を行ったアビュドス地区には、構成墓数が500基を超える大型あるいは中型の墓地が多数存在するのに対して、上エジプト中部バダリ地区周辺には、構成墓数300基以下の小型の墓地ばかりが集中している。こうした集落規模の地域差は、おそらく都市化が進行した地域とそうでない地域が存在したことを示すのであろう（高宮 2000）。

　また、小型墓地が集中する上エジプト中部バダリ地区のセツルメント・パターンとその時間的な変化も、ヒエラコンポリス遺跡周辺やアビュドス地区などの大型集落密集地区とは違う傾向を示す（図33）。表4に、アビュドス地区とバダリ地区の墓地＝集落の間隔とその時期的変化を示した。アビュドス地区では、ナカダⅠ～Ⅱ期前半に等規模の集落がほぼ等間隔で分布する状態から、ナカダⅡ期後半以降に集落が集約化するために数が少なくなる現象が認められているのに対して、バダリ地区では、時期が下ると墓地の数が増加し、集落が集約化する様子をうかがうことはできない。むしろ、ヒエラコンポリスやアビュドスの「集約化パターン」に対して、小規模な集落の数が増加し、集落が分裂したことを想起させる「分散化パター

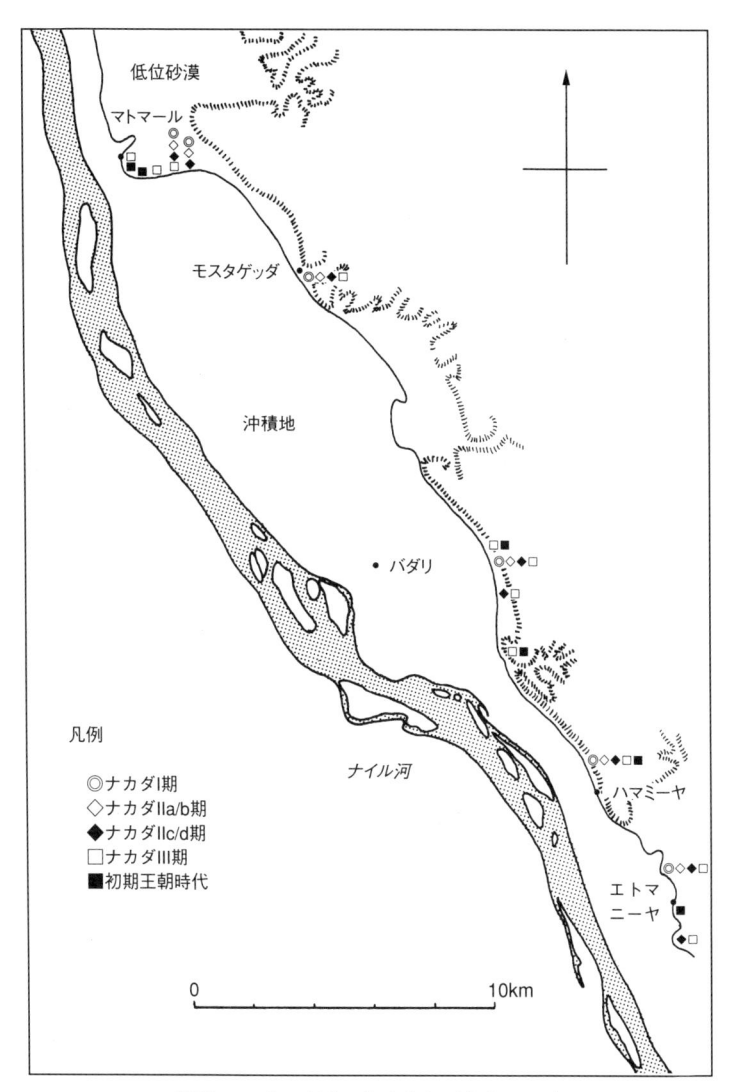

図33 バダリ地区の墓地分布（高宮 2000）

表4 バダリ地区とアビュドス地区のセツルメント・パターン比較（高宮 2000より）
（数：墓地数、間隔：平均墓地間隔）

	ナカダⅠ期		ナカダⅡa/b期		ナカダⅡc/d期		ナカダⅢ期		初期王朝時代	
	数	間隔	数	間隔	数	間隔	数	間隔	数	間隔
バダリ地区	6	5.0km	6	5.0km	9	3.3km	11	2.7km	6	5.0km
アビュドス地区	—	—	9	2.8km	7	3.6km	6	4.2km	6	4.2km

註：アビュドス地区については、ナカダⅠ～Ⅱa／b期までを一括して扱ってある

ン」ともよぶべき現象が起こっている。バダリ地区のように、各集落の規模が小さく、ナカダⅡ期後半以降になっても集落が分散する地域においては、都市化が起こったとは考えにくいであろう。

　ナカダ文化とほぼ同じような墓地の資料が得られている下ヌビアのAグループ文化について、これらと比較することができる（図24）。Aグループ文化の墓地はほとんどナカダⅡ期以降に形成されているが、ダッカの101号墓地が約300基の墓から、ガルフ・フサインの79号墓地が200基以上の墓から構成されているのを除いて、その他の墓地はすべて100基未満の墓しか検出されていない。形成期間の短さを考慮しても、下ヌビアの集落は前4千年紀を通じて小規模であったと結論してよいであろう。アスワンからメディーク148号墓地まで、約165kmにわたる下ヌビア北部についてみると、ナカダⅡ期頃には16カ所、ナカダⅢ期頃には18カ所、初期王朝時代には43カ所に墓地が営まれている（Trigger 1965）。ナカダⅡ期からⅢ期にかけては、平均間隔10.3～9.2kmという低い密度で集落が形成されており、初期王朝時代になって4.3kmという密な分布が出現したことになる。したがって、どちらかというと、バダリ地区の「分散化パターン」に近い。

　一方、デルタの遺跡については、ナカダ文化のものと比較可能な

墓地のデータが得られておらず、とくに集落の規模についての情報が欠落している。しかし、1993年に E.C.M. v. d. ブリンクがデルタ東部シャルキーヤ地区で行われた地表面からの分布調査にもとづいて、デルタのセツルメント・パターンの分析を試みた（Brink 1993）。それによれば、東部デルタの集落はナイル河の支流に沿って築かれており、初期王朝時代の集落の間隔は約5km、それ以前の時代（ナカダⅡ期後半以降）の分布はこれよりもまばらである。これを先のアビュドス地区やバダリ地区の分布と比較すると、デルタ東部は王朝時代以前には上エジプト中・南部よりも集落の分布ははるかに希薄で、王朝時代になってからおおむね上エジプト中・南部と同じ程度の集落密度をもつようになったことがわかる。この変化は現象的には分散化パターンに近いことになるが、後述のように、デルタでは上エジプト中・南部からの人口流入があったかもしれない。

　上記のように、前4千年紀のナイル河下流域におけるセツルメント・パターンには地域差があった。前4千年紀の中葉以降まで、大型の集落が存在したのは上エジプト南部に限られ、ケンプやホフマンによって提唱された集落の集約化が認められるのもこの地域だけである。エジプト北部のデルタ、上エジプト中部および下ヌビアにおいては、概して集落は小規模であり、当初の人口密度が低く、集落の集約化よりも分散化が起こったように見える。

　これまで述べてきたように、前4千年紀のナイル河下流域では、すでにナカダⅠ期のうちになんらかの理由で集落規模の違いが生じており、ナカダⅡ期の間に一部の大型集落が都市化した可能性が高い。こうした大型集落はとくにナカダⅡ期の間は、比較的人口密度が高かった上エジプト南部に集中し、ナカダⅢ期になって大型集落

が上エジプト北部にも現れた可能性がある。大型集落や都市化した集落の発達過程に地域差があることは、ナイル河下流域に地域的な不均等を生じさせることになった。おそらくこの地域的な不均等が、初期国家形成までの政治的な地域統合の過程に大きな影響を与えたであろう。

　都市化した大型集落は、複雑化する社会のなかでおそらく地域の中心として機能し、後述するような埋葬に見られる社会階層の分化、交易、専門化、あるいはナイル河下流域の政治的な地域統合過程のいずれの側面においても、重要な役割を果たした。

第6章　前4千年紀の埋葬

1　ナイル河下流域の埋葬

　古代エジプト文明の顕著な特徴のひとつは、厚葬の風習であろう。王朝時代の人びとは、集団墓地をつくって手厚く死者を葬り、遺体とともにさまざまな副葬品を埋葬する習慣をもち、その習慣が、文明の遺産として、ナイル河両岸の低位砂漠に無数の墓を残すことになった。美しい壁画で装飾され、豊富な副葬品を納めたおびただしい数の墓の存在は、古代エジプトの人びとがともすると現世よりも来世に大きな関心を寄せていたような印象を与える。その背景には、当時の人びとが来世の存在を信じ、来世での再生・復活のために、一連の生活必需品を残そうと努めたことがあった。こうした来世観や埋葬風習の起源は、おそらく前4千年紀、あるいはそれ以前までさかのぼる。

　前4千年紀の埋葬に関する資料は豊富であり、ナカダ文化とAグループ文化の遺跡の大半は墓地である。これまでに検出された前4千年紀の埋葬の多くは、ナイル河両岸の低位砂漠に形成された集団墓地に営まれていた。稀に集落内に遺体が埋葬された例が知られているが、たいてい小児の埋葬である。低位砂漠に集団墓地を形成する習慣は、ナカダ文化、Aグループ文化およびマーディ・ブト文化のマーディ遺跡に共通するものの、デルタにあるマーディ・ブ

ト文化の墓地はまだ十分に検出されておらず、別の埋葬習慣があったかもしれない。

デルタ以南で検出された墓地の多くは、ナイル河の沖積低地に近い低位砂漠縁辺部の、小高くなった尾根上に築かれている。集落は沖積低地のなかあるいは低位砂漠の縁に築かれているので、集落から見ると、墓地はナイル河と反対方向の砂漠に位置することになる。集落と墓地は近接する位置にあって、生者の領域から死者の領域がわかれていても、両者の親和性が保たれる距離であった。

ナカダ文化やAグループ文化の墓地では、たいてい長期間継続して墓が造営されており、長い場合は1千年近く、やや短い場合でも数百年程度に形成期間が及ぶ。それでも古い墓を壊して新しい墓が築かれた例は稀であり、古い墓の存在が後々まで人びとに認識されていたらしい。このように同じ場所に継続的に墓地が造営されていることや、古い墓を認識した上で新しい墓が占地されていることから、同じ集落あるいは共同体に所属する人びとが、共通して死者や先祖を奉る場所として墓地を認識していたと考えられる。

こうして長期間継続的に同じ共同体の人びとによって使用されつづけた墓地は、当時の文化や社会に関して実に豊富な資料を提供する。

〈コラム〉ナカダ文化の埋葬様式

前5千年紀から前4千年紀初頭にかけての埋葬施設は、ナイル河下流域を通じて、楕円形もしくは円形の比較的浅い土壙であった。やがてナカダⅠ期の途中から長方形の墓も築かれるようになり、時期が下るにつれて頻度が高くなっていく。ナカダⅡ期中葉から、墓の周囲を日乾レンガで囲んだ墓が現れ、ナカダⅢ期になると、長方形の墓の内部を壁体で区切って複数の室をつくる墓が出現した。ナカダⅡc期に築かれたヒエ

ラコンポリス100号墓には壁画が描かれていたが、王朝時代以前には、ほかにこうした壁画をもつ墓は知られていない。ナカダⅢ期頃には、大型土器のなかに遺体を埋葬する方法も普及した。一方、Ａグループ文化には、墓壙底部が袋状に広がる墓や、墓壙底部から横に向かって広がる室をもつ特徴的な形態の墓が見られた。前４千年紀の埋葬施設はこのように多様であるが、概して時期が下るにつれて造営に大きな労力を必要とする大きな埋葬施設が発展してき

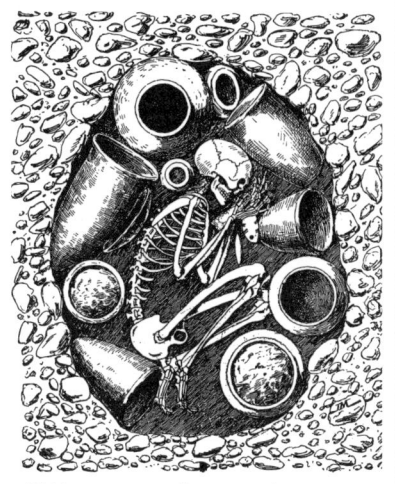

図34　アムラー遺跡の墓（ナカダⅠ～Ⅱ期初頭）（Morgan 1896より）

た。そして第１王朝初期には、１辺40m以上の規模をもつ大型日乾レンガ造りの直方体を呈する「マスタバ墓」が出現し、古代エジプト王朝時代の特徴となる巨大墳墓の伝統が幕を開けた。

　通例それぞれの墓には１体の遺体が納められたが、とくにナカダⅡ期の前半まで、少数ながら複数の遺体を納めた墓も存在する。遺体は、通常手足を胸の前に縮めた「屈葬」の姿で、葦のマットや獣皮に包んで墓壙に納められた。当時の人びとは、東西南北の方向をナイル河の流れに沿って認識しており、遺体は頭を南に、顔を西に向け、左側面を下にして埋葬されるのが一般的であった。この遺体の方向は、ナイル河の西岸の墓地にも東岸の墓地にも共通していて、頭をナイル河が流れ来る方向に置き、顔を来世のある西に向けることが、遺体の方向の意味であったのかもしれない。

　ナカダ文化やＡグループ文化の墓では多様な副葬品が墓壙のなかに納められた（図23）。副葬品は土器や装身具が主体で、棍棒、護符、パレット、顔料なども一般的である。石製容器や石器が副葬されることもあった。もっとも頻繁に副葬された土器には、しばしばパン、ビール、穀物、

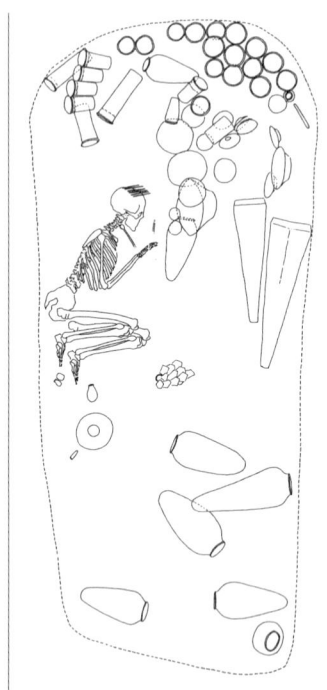

図35 アル=カブ遺跡の墓（ナカダⅢ期）（Hendrickx 1994より）

根茎類、肉、油脂もしくは香料や灰が入れられており、王朝時代と同じように、死者が来世で食べる食糧の一環であったのかもしれない。

副葬品の配置には、ある程度規則性があった。たいてい装身具はそれぞれ身体に装着したままで出土し、フリント製ナイフやパレットは遺体の上半身前方付近に置かれている。土器の配置にも、しばしば規則性が認められた。

遺体の位置、遺体の向き、墓における副葬品の配置などは、葬制のなかでも宗教や世界観を表す可能性が高い要素として指摘されている（Carr 1995）。上記のような遺体方向や副葬品の内容・配置の規則性は、少なくともナカダ文化内部におおむね共通する宗教観と来世観の上に、同じような葬制が普及していたことを示している。

2 埋葬の考古学

埋葬に関する資料が豊富な前4千年紀ナイル河下流域の考古学では、埋葬からどのようなことが明らかにできるのかが、つねに関心を集めてきた。ペトリー以来、墓地の資料は主として編年に用いられ、そこから時代を追った文化的変化が明らかにされてきた。また、当時の重要な文化的側面としての埋葬習慣についても、多くの研究

が重ねられてきた。そして1970年代のはじめから、プロセス考古学のなかで埋葬資料から当時の社会を復元する方法が提示されると、多数の研究者が社会的側面の研究に取り組み、ナイル河下流域における初期国家形成のプロセスに関する研究が大きな進展を見た。さらにポスト構造主義の時代になった今日、新マルクス主義の影響を受けたポスト・プロセス考古学的な研究も進められている。

　ここでは以下に、ナカダ文化の葬制を中心として、前4千年紀の埋葬を扱った一連の研究とその成果を取り上げながら、埋葬から見た社会の複雑化について論じてみたい。

(1) プロセス考古学の葬制研究

　古くから埋葬のなかには、当時の人びとの宗教や世界観が反映されており、埋葬からこれらを読みとれることは、多くの研究者が認めていた。しかし、1970年代以降プロセス考古学のなかで、埋葬あるいは葬制のなかに当時の社会組織が反映されていることが指摘され、埋葬資料を使用した社会組織研究が華々しく行われるようになった。この潮流に与する研究は、前4千年紀のナイル河下流域についても流行し、めざましい成果を納めている。その成果を述べる前に、そこで用いられる理論と方法について簡単に説明しておく必要があるだろう。

　1971年にL. ビンフォードが上梓した葬制に関する研究（Binford 1971）は、埋葬から社会組織を復元するという新しい可能性を開いた研究として著名である。ビンフォードは、葬制における構造の複雑さは、社会文化の複雑さと関係があるという説を唱えた。その理由は、多少乱暴にいえば、社会が複雑ならば多様な社会階層の人びとが存在するが、そのなかでも生前に複雑な付き合いの多かった身分の高い人ほど、葬制にもそれを反映した複雑さが生じると

いうわけである。この仮定にもとづけば、葬制における複雑さは、被葬者個人の社会的地位を反映するため、葬制から個人の社会的地位が推測できることになる。また、葬制全体からは社会階層の複雑さがわかることになる。アメリカの人類学者 E. サーヴィスが指摘したように、概して複雑な社会ほど社会階層の分化が進んでいるとすれば、葬制から社会階層の分化を探ることで、初期国家形成への道のりを知ることができるであろう。

その後、葬制の研究は複数の研究者たちによってより精緻な議論が行われ、具体的な方法も洗練されていく。なかでも D.P. ブラウン（Braun）、J.A. ブラウン（Brown）、J.A. テインター、J.M. オシャー（O'Shea）の研究などが代表的な例である（白井 1998）。これらの研究はいずれも前4千年紀ナイル河下流域における埋葬の研究に大きな影響を与えたが、とりわけテインターによって示された埋葬に投じたエネルギー消費量（energy expenditure）が社会階層の有効な指標になる、という考え方は重要である（Tainter 1975; 1978）。テインターは、埋葬に投じたエネルギー消費量が社会階層をよく反映する理由を、社会的身分の高い死者は、社会のなかでより多岐にわたる協力関係をもっており、これが埋葬の儀式に投じられるエネルギーの量を増加させることになるであろう、と説明している。前4千年紀ばかりではなく王朝時代の葬制研究も、この考え方を基盤に、エネルギー消費量の評価から社会階層の分析が進められてきた。

ビンフォードが提示した葬祭における構造の複雑さと社会・文化における階層構造が関連するという考え方は、1980年代に I. ホッダーをはじめとするポスト・プロセス考古学派から批判を受けた（Hodder 1982）。批判的な研究者たちによれば、葬制には社会組織だけではなく、宗教や世界観が大きな影響を与えているという。こ

のような状況を鑑みて、C. カーは、葬制が社会組織や宗教を含めたどのような要素とどの程度関連するか、豊富な人類学的データを用いて分析した (Carr 1995)。その結果、宗教と社会構造は葬制を左右する2つの大きな要素であるが、墓地の内部構造、埋葬に費やしたエネルギー消費総量、および副葬品の量を含むいくつかの要素は、しばしば社会組織と相関性が高く、その復元に役立つ可能性が高いことが明らかになった。一方、遺体の方向や位置、墓のなかにおける副葬品の置き場所などの要素は、宗教・信仰によって左右されることが多いという。

　この30年あまりの間に考古学でむずかしく議論されてきた問題は、現代社会における葬制を考えればもっとわかりやすいかもしれない。現代社会において、たしかに仏教、キリスト教、イスラム教の間で葬制の違いはあるが、同じ日本の仏教徒の墓や葬式でも、形態や規模はさまざまである。それを左右する大きな要因のひとつは、実際死者の社会的・経済的な地位、あるいは生前の付き合いの範囲であるだろう。

（2）　ナイル河下流域への適用

　カーの研究成果を見ると、ビンフォードが提示したように葬制に社会構造が反映される可能性は十分にあるが、実際によく反映されているかどうかはそれぞれの文化によって異なるかもしれない。したがって、プロセス考古学的な手法を用いる前提として、前4千年紀のナイル河下流域では、葬制に費やしたエネルギー消費量が社会階層を反映することをはじめとして、葬制が大きく社会組織を反映するような埋葬習慣をもっていたことを確認しておく必要がある。

　この点に関して、ナカダ文化とその影響を大きく受けたAグループ文化については、肯定的に考えられる。実際ナカダ文化とAグ

ループ文化の埋葬には、エネルギー消費量の多寡に大きなヴァリエーションがある。また、ナカダ文化の系譜を引く王朝時代のエジプトでは、社会・経済的な身分に合わせた規模の埋葬が行われている。これらのことを考慮すると、前4千年紀にも、エネルギー消費量を含めた葬制におけるヴァリエーションが社会的な身分の違いを反映している蓋然性は高い。さらに、後述するように、副葬品の象徴的意味もこれを裏づける。ナカダ文化に見られるような社会階層を反映した葬制は、おそらくバダリ文化までさかのぼることができる（Anderson 1992）。一方、マーディ・ブト文化の埋葬は概して簡素で、大きなエネルギー消費量のヴァリエーションがない。この原因が、はたしてマーディ・ブト文化社会が比較的身分差のない社会であったことにあるのか、あるいは社会的な身分が埋葬に反映されないような埋葬慣習をもっていたことにあるのか、埋葬のみから見定めるのはむずかしいかもしれない。

　前4千年紀の埋葬を用いた社会組織（とくに社会階層構造）の分析は、すでに多くの研究者によって試みられている。ナカダ文化の葬制については、M. アッツラー（Atzler）、J.J. キャスティロス（Castillos）、P. アッコ（Ucko）、K.A. バード、C. エリス（Ellis）、W. グリスウォルド、S. サヴェージ、T.A.H. ウィルキンソン、S. ヘンドリックス（Hendrickx）等々の研究例があり、Aグループ文化の埋葬については、H. ノードストルムとD. オコナーの研究がある。したがって、埋葬からの社会組織研究は、前4千年紀の文化研究のなかでも、もっとも充実した分野であるといえる。これらの研究では、おおむね、①各墓地の墓をいくつかの時期に区分する、②各墓の埋葬に投じられたエネルギー消費量を評価する、③各墓地・各時期ごとに社会階層構造を把握する、④社会階層構造の時期的・地域的変化を考察する、という手順が共通して用いられている。

これらの手順を経て、前4千年紀の各集団における社会階層分化の状況とその発展を考察することがおもな目的である。

(3) 葬制研究の問題点

しかし、同じようなプロセス考古学に依拠する理論と方法をベースにしていても、これらの分析の細かい方法は研究者ごとに異なっており、ナカダ文化の全部の墓地に対して同じ方法で分析が行われた例は少ない。対象とする墓地や副葬品、時期区分の方法、エネルギー消費量を評価するための方法、その評価から社会構造を把握する方法などに、多様性がある。そのため、前4千年紀の埋葬から見た社会組織について、個別に研究成果は上がっているが、一貫したナカダ文化の全体像が見えにくくなっているのも事実である。

上記のような埋葬の研究を行うに際して、ナカダ文化やAグループ文化の埋葬から、エネルギー消費量を評価するためにもいくつかの問題がある。理論的には埋葬施設と副葬品を合わせた評価が必要であるが、異なる種類の副葬品をひとつの基準にもとづいて評価したり、埋葬施設とあわせて評価することはむずかしい。また、これらの文化の埋葬の大半は発掘調査以前に盗掘を受けており、埋葬時の状況をとどめていない。したがって、残存する副葬品からの評価は、つねに盗掘による攪乱の影響を免れられない。このため、エネルギー消費量の評価に副葬品を使用した研究者たちは、一様に盗掘の影響に悩まされることになった。一方、墓の規模は、比較的盗掘による攪乱の影響が少ない要素である。墓の内容物が攪乱されても、墓の規模自体に影響が及ぶことは稀であるため、後述のように、墓の規模は安定したエネルギー消費量の指標になる。

さらに、ナカダ文化については、大型墓地の墓の情報がきわめて限られていることが大きな問題となっている。たとえばナカダ文化

最大規模の墓地であるヒエラコンポリスの墓地やナカダの墓地の場合、2000基を超える墓のうち、発掘調査が行われ、詳細が報告されているのは10％にも満たない。アルマントをはじめとする構成墓数300基未満の小型の墓地については、発掘調査が行われたすべての墓について詳細な報告が公刊されているものの、大型墓地に関する情報がきわめて不十分な状況が、初期国家形成の研究に与える影響は大きい。なぜならば、第9章で述べるように、前4千年紀のナイル河下流域において、時期が下るにつれて大型の集落でエリート層が発展して地域の支配者となり、集落の範囲を超えた政治的な地域統合の主役となっていくと考えられるが、その肝心の大型集落に付属する墓地のデータが欠落することになるからである。

こうした研究上の問題はあるものの、埋葬の研究は前4千年紀の社会組織発展解明にもっとも大きな役割を果たしてきたため、以下に既存の研究と筆者自身の研究成果を含めて、埋葬から明らかになった社会の複雑化について述べてみたい。

3　社会階層とその変化

（1）社会階層の分化

葬制から社会組織について考察できる可能性については先に述べたが、社会組織のなかでも、社会の垂直構造、すなわち社会階層とその分化についての研究は重要な位置を占める。というのは、社会階層の複雑さは、社会組織自体の複雑さと直結することがかねてから指摘されてきたからである。そこでまず、攪乱の影響を受けにくい墓の規模（面積）を指標として、ナカダ文化社会のなかでどのように社会階層が分化していったのか、見てみたい。

図36に、アルマント1400-1500墓地とマハスナH墓地における墓

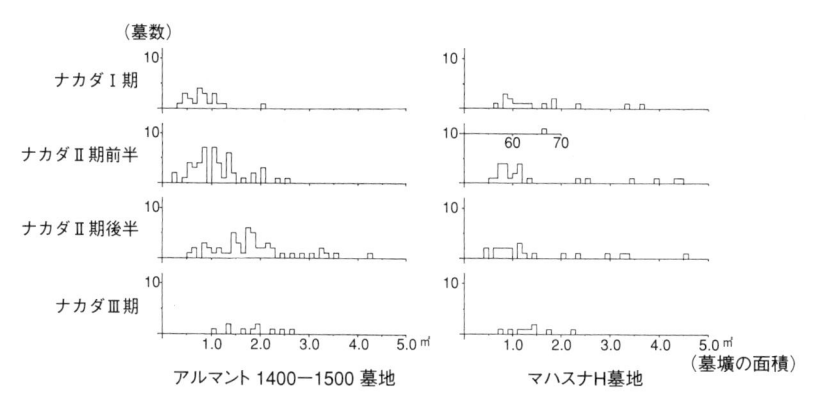

図36 墓の規模の分布

の規模分布を時期別に表した。アルマント1400-1500墓地は、検出墓数が約160基であり、ナカダ文化の典型的な小型墓地である（Mond & Myers 1937）。一方、マハスナH墓地は、構成墓数が約600基であり、中型の墓地に属す（Ayrton & Loat 1911）。両者の墓地をそれぞれ小型墓地と中型墓地の代表的な例としてここに示したが、前述のように、これに対応する大型墓地の資料は欠落している。墓の規模は、墓を造営するために費やしたエネルギー消費量と相関するため、この規模の分布は、おおむね当時の社会階層の分布を、ひいては当時の社会階層構造を表すと考えてよいであろう。つまり簡単にいえば、大きな墓を築くことができる社会階層上部の人びとと小さな墓しか築けない社会階層下部の人びとが、どのようにひとつの集落のなかに存在していたかが、ここにヴィジュアルに反映されている。

図36は、ナカダ文化の墓地において、ナカダⅡ期前半までは時期が下るにつれてしだいに、墓の平均的な規模が大きくなっていくとともに、墓の大小のばらつきが大きくなっていくことを示している。

最小の墓の規模は、1体の屈葬遺体をようやく納める規模に固定されているため、このばらつきは大型の墓がより大きくなって生じている。こうした現象は、埋葬施設＝墓壙を造営する際に投じられたエネルギー消費量の個人間格差が増大していくことを意味する。

このような墓の規模（面積）の大小差は、内部に納められた副葬品の量の多寡とおおむね相関関係がある。言い換えれば、大型の墓ほど豊富な副葬品を納めている傾向がある。前4千年紀の墓では、通常副葬品は墓壙底部に並べるように置かれているので、これは、おそらく当時の人びとが副葬品を納められる規模の墓を造営していたことを意味するであろうが、同時に、大型の墓ほど、墓の造営にも副葬品にもエネルギー消費量が大きかったことを示す。すなわち、葬制全体に費やされたエネルギー消費量の差異は、墓の規模の分布グラフが表すよりももっと大きかった。

アルマント1400-1500墓地やマハスナH墓地の墓の副葬品を見ると、大型の墓により多様な副葬品が納められる傾向があり、大型の墓にしか副葬されない品々も存在する。大型墓に集中する副葬品については後に詳述するが、大型墓に集中する副葬品が存在するのは、おそらく図36の墓の規模の分布に示される社会階層が、この図が示すほどに連続的ではなく、ナカダ文化の初期から、大型墓に埋葬される富裕な層と小さな墓に埋葬される貧しい層という、上下2つの階層にわかれていたことを示唆する。

アルマント1400-1500墓地において社会階層に二分構造が存在したことは、K.A. バードによっても指摘されている（Bard 1994）。バードは、各墓における無装飾土器の数、装飾土器の数、W土器の数、墓の規模（面積）、「新素材」（おおむね当時の稀少品）から製作された遺物の数という5つの要素を用いたクラスター分析を時期別に行った。その結果、ナカダⅡc-d期にややクラスターにばら

つきが大きくなる点を除くと、ナカダⅠc期からナカダⅢa期までの間を通じて、基本的に比較的規模が大きく富裕な副葬品をもつ少数の墓と、比較的規模が小さく少数の副葬品しかもたない多数の墓という、2つの社会階層の存在が一貫して認められたという。

(2) 社会構造の地域差

　小型の墓地であるアルマント1400-1500と中型の墓地であるマハスナHにおいて、ナカダⅠ期から上下2つの階層が存在し、墓の規模の分布を見ると社会階層格差はナカダⅡ期中葉頃まで増加していくように見えるが、この頃から墓地あるいは集落によって、社会階層分化の進行具合に違いが出てくるようである。アルマントのような小型集落に付属する小型の墓地では、社会階層格差はほとんど広がらないが、大型集落に付属する大型の墓地では、エリート層が発達したために社会階層格差が増大していく様子がうかがわれる。

　W. グリスウォルドは、社会学で開発されたローレンツ曲線とジニ指数という不平等（inequality）の程度を測る統計学的方法を使用して、アルマント1400-1500墓地の墓の分析を行った（Griswold 1992）。このような統計学的手法を用いると、絶対量としては墓の規模も副葬品の数も時期を追って増加しつつあるなかで、問題の社会的な不平等度を、相対的に正しく評価できるようになる。分析の結果、ナカダⅡc期にいったん不平等度が増加するが、ナカダⅠc期からナカダⅢa2期まで、おおむね不平等度は減じる傾向にあるという結論が得られた（図37）。すなわちアルマントでは、時期が下ると社会組織の複雑化にともなって社会階層が分化するであろうという一般的な予測に逆らって、社会階層分化はあまり進行しないのである。ただし、副葬品内容を見ると、ナカダⅡ期後半にも2つの階層が継続していたらしい。

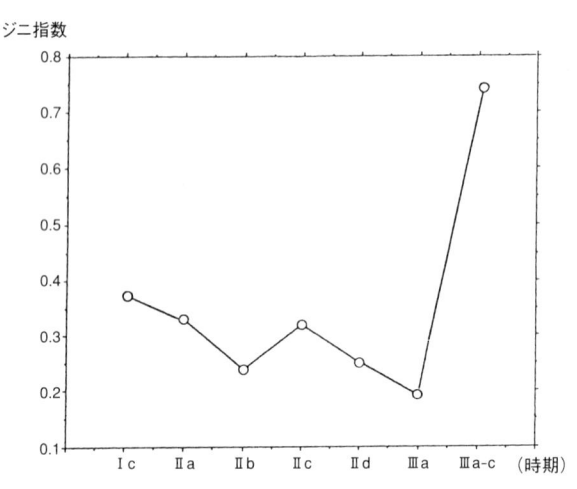

図37 アルマント140-1500墓地のジニ指数(Griswold 1992より)

　一方バードは、先に述べたアルマントの墓地と類似の方法（ただし、墓の規模の情報がないため、使用する資料に変更を加えている）を使って、ナカダ遺跡の墓地における社会階層分化の分析を試みた（Bard 1994）。ナカダ遺跡の墓地は、ナカダ文化第2の規模をもつ大型墓地である。その結果、ナカダⅠ期の間は、アルマントと同じように上下2つの社会階層分化が認められた。その後、ナカダⅡ期になると4つのクラスターが認識され、社会階層分化が進んだことを示したが、ナカダⅢ期になるとふたたび、2つの階層しか把握されなくなるという。ナカダⅢ期には、副葬品の絶対数も、ナカダⅡ期より少なくなる。すなわち、ナカダ遺跡の墓地においては、ナカダⅡ期にアルマントでは起こらなかった社会階層分化の発展が認められた。実際、墓の規模を比較しても、アルマントのナカダⅡ期最大の墓の規模が4.2m^{2}であるのに対して、ナカダ遺跡では同じ時期に9.6m^{2}の墓が築かれている。

上記のようなアルマント1400-1500墓地においては、ナカダⅡ期にあまり社会階層分化は進行しない一方、ナカダ遺跡の墓地において社会階層分化の進行が認められた現象は、何が原因なのだろうか。ここでは詳細を取り上げなかったが、上エジプト中部に位置するマトマール、モスタゲッダ、バダリ等の小型墓地においても、ナカダⅡ期中葉以降に社会階層の分化があまり進んでいない。したがってこの現象は、墓地を営んだ集落の規模と関係があるらしい。先にも取り上げた中型のマハスナH墓地では、やはりナカダⅡ期後半まで不平等度が増加し、ナカダⅢ期になってそれが少なくなったようであり、大小墓地の中間的様相を示すと思われる。

　このような社会階層分化の進行に見られる小型墓地と大型墓地との違いは、第1に、大型墓地を営んだ大型集落で、一段と大型で富裕な墓を営むようなエリート層が発達したことにおもな原因を帰せられる。そして第2に、エリートを創出するような大型集落とエリートが出現しない小型集落の間で、格差が生じたことがいっそう両者のコントラストを明瞭にした可能性が高い。アルマント1400-1500墓地のような小型の墓地ではナカダⅡ期後半から不平等度がむしろ減少する傾向が認められたが、単一集落内における社会階層分化の低下は、集落の範囲を超えた社会的、経済的、あるいは政治的統合が進んだ結果、生じた現象であると思われる。この背景に、後述（第9章）するナイル河下流域の政治的な地域統合が進行する状況が存在したのであろう。

（3） 社会階層の時期的変化

　これまで述べてきたような社会階層分化の状況を、墓地＝集落の規模別にまとめると、おおむね次のようになる。ナカダⅠ期から、ナイル河下流域の多くの集落で、集落の規模にかかわりなく、上下

2つの社会階層が存在した。ナカダⅡ期の中頃まで、この二分構造を保ちつつ、社会的な不平等はいずれの集落でも拡大する傾向にあったが、ナカダⅡ期の間に、大型集落でエリート層が発達して社会階層の分化が進んだのに対して、小型集落ではそれが滞った。おそらく中型の集落では、上下の二分構造が変わらないまま、やや不平等度が増加した可能性が高い。ナカダⅢ期になると、多くの集落で社会階層の分化が縮小する傾向が起こった。ナカダⅢ期には、ナカダ文化第2の規模を誇るナカダ遺跡ですらも、顕著なエリート層の存在が認められなくなる。こうした各集落における階層構造の変化は、しだいに少数の大型集落を中心とする政体が成長していくという、ナイル河下流域の政治的な地域統合が関連していた。

　ナカダⅢ期から第1王朝にかけては、これまでの分析の過程で十分な資料に言及していなかったので、別に説明を加えなければならない。ナカダⅢ期には、上エジプト中・南部の多くの遺跡で墓地の廃絶やいちじるしい縮小が起こり、ナカダ文化社会全体に大きな変化が起こったことを示す。この時期には、大半の墓地で社会階層分化が低下し、エリート層が認められないことが特徴である。一方、この頃、ヒエラコンポリスHK6地区において5.7×3.0mの大型墓（11号墓）が、アビュドスU墓地において約10.3×8.25mの大型墓（U-j号墓）が築かれた。墓の規模が当時の社会階層を反映するという観点からすれば、これらの墓が当時の社会階層の頂点に位置していることになり、ここに大きく成長した政体の中心となる支配者たちの存在を見ることができる（第9章参照）。

　またナカダⅢ期になって、上エジプト北部のトゥラ、タルカンおよびヘルワンに、新たにナカダ文化の大型墓地が出現した（第5章参照）。ただし、トゥラやタルカンでナカダⅢ期のうちには、ヒエラコンポリスやアビュドスに匹敵するほど規模の大きな墓は検出さ

れていないようである。

　そして第1王朝になると、アビュドス遺跡に王墓が、ナカダ、タルカン、サッカラ、ギザなどのいくつかの地域に、一辺40mを超える王、王族もしくは豪族たちの巨大な墓が登場した。日乾レンガで築かれ、直方体の上部構造と地下構造とを備える「マスタバ墓」は、規模の点でも、形態の点でも、また副葬品の豊富さの点でも、その他の墓に抜きん出ている。王朝成立にともなって、王という傑出した存在の出現が、埋葬にも顕著に現れた結果である。

　第1王朝には、おそらく王朝成立にともなって地方の葬制も変わったらしい。第1王朝初期から、アルマントにおいて日乾レンガ製の上部構造をもつ墓が出現し、バダリ地区のカウ400-800墓地やバダリ3200墓地において階段式の墓が現れる。サッカラやヘルワンなど、首都メンフィス近接の墓地に築かれた墓と共通する構造をもつこうした墓が地方にも出現するのは、官僚組織の充実と統一王朝の地方組織化が進み、王家が主導する葬制が地方にも普及した結果であろう。

（4） Aグループ文化の社会階層

　下ヌビアに分布していたAグループ文化についても、一部地域の埋葬に関する考察が行われている。H. ノードストロムは、下ヌビア南部第2急湍付近に位置するナカダⅢ期から第1王朝にかけて形成された小型墓地（構成墓数100基未満）について、墓の規模、副葬品の数、副葬品の内容等を用いた社会階層分析を行った（Nordström 1996）。その結果、下ヌビア南部においては、墓の規模が社会階層と相関する傾向は希薄であり、むしろ副葬品のヴァリエーションに社会階層がよく反映されているという。成人男性・女性と子供が墓地に埋葬され、女性、男性、子供の順に副葬品のヴァ

リエーションが大きく、当時の社会において女性が重要であったことがうかがわれる。時間的に社会階層の変化を見ると、古典期（ナカダⅢ期）には、ほぼ単一の社会階層が認められるが、末期（第1王朝）には、2つの社会階層に分離した可能性が高い。ただし、オコナーは同じ墓地を分析して、ナカダ文化と同じような早期からの階層分化を見出している（O'Connor 1993）。

先に述べたのは第2急湍付近の一般的な小型墓地の例であるが、下ヌビア北部の墓地や第2急湍付近でも別の墓地では、これよりも複雑な社会階層が存在した可能性が高い。たとえば、ナカダⅢ期に年代づけられる下ヌビア北部のサヤラ137墓地1号墓からは、彫刻と金箔を施した柄をもつ棍棒をはじめとして、40点に及ぶ副葬品が出土しており（Firth 1927）、しばしば下ヌビアの首長の墓のひとつと考えられてきた。また、第2急湍近くには、クストゥールというナカダⅢ期の大型富裕墓が集まった特殊な墓地があった。この墓地は約30基の墓からなるが、最大規模をもついくつかの墓は入口トレンチの長辺が10mに近く、ときに数十点を超える遺物が副葬されていた。発掘調査を行ったB.B.ウィリアムスは、この墓地を「王墓地」とよび、下ヌビア南部の王国の支配者たちの墓地であると考えた（Williams 1986；大城 2000）。

したがって、遅くともナカダⅢ期には、Aグループ文化の内部でも明瞭な社会階層が生じていたと考えられる。サヤラの大型墓からはナカダ文化と共通するモチーフが彫刻された棍棒やパレットが、クストゥールの墓地からは多量のエジプト製土器が出土しているため、Aグループ文化の社会階層発展の裏には、ナカダ文化との交易や接触の影響がはたらいていたと推測される（第7章参照）。

4　社会階層の性格

(1) エリートたち

　先に述べたような大型・富裕墓に埋葬される社会階層の上部に位置する人びとは、どのような存在だったのだろうか。社会階層の内部をのぞいてみることにしたい。というのは、エリート層とも呼称されるこの社会階層の性格は、複雑な社会の発展にとってきわめて重要である。エリート層は、おそらく集団の政策決定に大きく関与する人びとであって、ときに先王朝時代の「王国」とよばれる集団、あるいは後述する政体（第9章参照）の支配者たちであった。

　大型・富裕墓に埋葬された人びとの性別と年齢を見てみると、ナカダ文化を通じて、成人の男性と女性が含まれるだけではなく、しばしば子供が含まれることがある。したがって、被葬者の性別・年齢構成には多少の地域差はあるものの、概して当時の社会的地位の決定には、性別や年齢は大きく影響を与えていないことが推測される。とくに子供の富裕な埋葬の存在は、社会的な地位が出生時に決まっていた可能性を示唆し、社会的地位が出自にもとづいていたことを示すであろう。このことは、ナカダ文化社会における親族関係の重要性を物語る。

　それでは、当時の社会的地位は、どの程度特定の血統あるいは親族組織と関連していたのだろうか。これについては、いくつかの墓地の資料がある。ナガ・アル=デイル N7000墓地を考察した S. サヴェージは、6つの墓群がそれぞれ親族集団と関連すると推測している（Savage 1995）。大型・富裕墓の分布を見ると、かならずしも特定の墓群に大型・富裕墓が集中しているわけではなく、時期によって大型・富裕墓を含む墓群は変化するという。このことからサヴ

ェージは、特定の家系が長期間にわたって高い社会的地位を保持しつづけたわけではなく、親族集団間の競争の結果、権威をもつ集団が入れ替わっていたと推測している。

　一方、ナカダ文化の比較的早い段階から、長期間継続して高い地位を保持した親族組織もあった。ナカダ遺跡のT墓地は、ナカダⅡ期初頭から使用された墓地であり、大型・富裕墓が集中する。かねてから、近接する「大墓地」と同じ集落の成員によって使用されながらも、エリート層の墓域と指摘され、当時の支配者層の墓地と考えられている。さらに、T墓地出土の遺体を分析した結果、歯の形態や生物学的な距離から、T墓地の被葬者たちが他の墓地の成員からある程度遺伝子的に隔離されていた可能性が推測されたという。ナカダ遺跡T墓地は、おそらく同じ親族組織が集落の他の成員とはわかれて、長期間特別な地位を保ちつづけたことを示す例である。また、近年R.F.フリードマンらによって発掘されたヒエラコンポリスHK43地区の墓地の一角は、ナカダⅡa-c期に使用され、僅少な副葬品と被葬者たちのがっちりした体型にもとづいて、労働者階層の墓地であることが推測されている（Friedman *et al.* 1999）。同じヒエラコンポリスのHK6地区にはエリート層の墓地が、「カセケムウィの砦」近くには中間階層の墓地が営まれているので、ヒエラコンポリスにおいても、社会階層にもとづく比較的明瞭な墓域の分離が起こっていたと考えられる。

　このような社会的身分によって墓地の位置が分けられるのは、社会階層分化が進んだ社会の特徴である。墓域分離の現象は、ナカダ文化のなかでもヒエラコンポリスやナカダといった大型集落に付属する墓地において早い時期から始まっていた一方、ナガ・アル＝デイルやアルマントなどの中型・小型の集落に付属する墓地においてはその傾向は認められない。このことは、後に政体の中心となるよ

うな大型集落には、遅くともナカダⅡ期初頭から血統的に優位に立つ集団が存在した可能性を示唆する。

(2) ステイタス・シンボル

エリートたちの性格は、大型・富裕墓に集中的に納められた副葬品からも推測することができるであろう（高宮 in press）。

ここでは表5に、墓の規模が報告されている墓地において、各時期ごとに墓を規模（面積）の大きい順に並べたときに、上位3分の1の墓に集中的に納められた副葬品を表してみた。これらの遺物

表5 ナカダ文化の威信財

遺跡	ナカダⅠ期	ナカダⅡ期前半	ナカダⅡ期後半	ナカダⅢ期
アルマント 1400-1500	象牙製品	象牙製品	波状把手土器	/
アビュドスS	/	/	/	/
マハスナH	/	象牙製品、棍棒頭、人形像、ニンニク模型、銅製品	波状把手土器	/
バダリ 3700-3900	-	/	波状把手土器	/
モスタゲッダ 200-11800	象牙、棍棒頭フリント製大型ナイフ	/	/	/
マトマール 2600-3100	/	象牙製品、ガゼル頭骨	波状把手土器	-
マトマール 5100	-	-	/	-
ハラゲーG	-	-	/	-
ハラゲーH	-	-	/	-

註：- はデータ無し（充分な数の墓が形成されていない）を示す
　　/ は威信財が検出されなかったことを示す

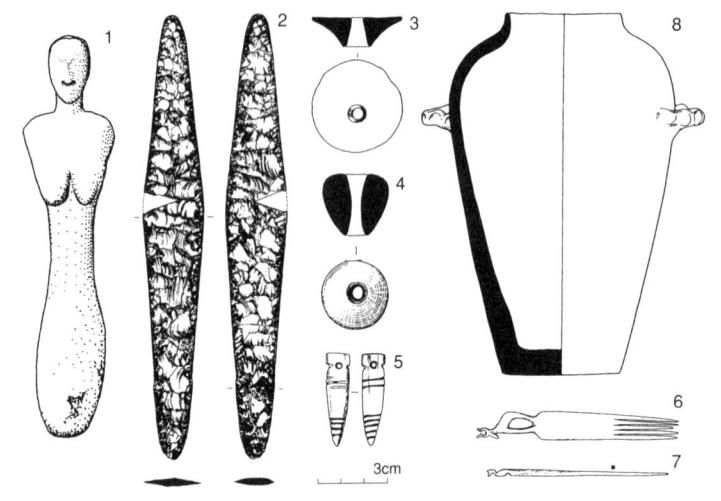

図38 ナカダ文化の威信財（Payne 1993ほかより）
1：人形像　2：大型ナイフ形石器　3・4：棍棒頭　5：象牙製護符
6：象牙製櫛　7：象牙製ヘアピン　8：波状把手土器

（図38）は、当時のエリートたちの「ステイタス・シンボル」あるいは「威信財」として機能していた可能性が高い。ただし、ここで分析対象となった墓の規模が報告されている墓地は、小型もしくは中型の墓地であり、大型墓地に関する資料はない。分析の結果は、ステイタス・シンボルが時期的に変化しただけではなく、地域的にも変異があったことを示している。

ナカダⅠ期からⅡ期前半にかけて、多くの墓地で多様なステイタス・シンボルが検出されている。そのなかで、棍棒頭と象牙製品は複数の墓地で検出されているので、当時の各集落に共通するシンボルであったらしい。一方、人形像、ニンニク模型、銅製品、フリント製大型ナイフ、ガゼル頭骨のように、各墓地ごとに異なるステイタス・シンボルも存在することが、この時期の特徴である。ナカダ

Ⅱ期後半になると、ナカダⅡ期前半までのステイタス・シンボルは分析対象となった墓地からほとんど姿を消し、代わって複数の墓地で波状把手土器がステイタス・シンボルとして検出された。ナカダⅢ期になると、分析対象となったすべての墓地で、明確なステイタス・シンボルが検出されなかった。

　これらのステイタス・シンボルはそれぞれ象徴的な意味を担っていて、その意味はしばしば王朝時代の使用方法から推測できる。たとえば棍棒は、王朝時代の初期から、敵を打ち据える場面に王が手にする武具として描かれており、王の肉体的なあるいは武力的な力を象徴的に表していた。また、象牙製品は、実際には象の牙よりもカバの牙で製作されたものの方が多い。カバはナイル河下流域に生息する最大の動物であり、カバ狩りは、王朝時代の初期から重要な王権の祭儀であった。おそらくカバの牙で製作された製品は、野生の力あるいはそれを制御する力を象徴していたのであろう。そのほか、人形像、ニンニク模型、大型ナイフ形石器およびガゼル頭骨は、いずれもなんらか当時の祭儀と関連していたと思われる。一方、ナカダⅡ期後半に普及した波状把手土器は、元来パレスチナ産の土器の模倣品であり、王朝時代にとくに象徴的な意味をもっていたことは知られておらず、内容物が重要だったのかもしれない。

　このようにステイタス・シンボルの象徴的な意味を概観すると、ナカダⅠ期から、エリートたちが肉体的なあるいは武力的な力と、自然界を制御する呪術的な力を備えた存在として、ステイタス・シンボルを用いて自らをアピールしていたことが推測される。そして、このような支配者観は王朝時代まで連綿とつづいていた。

　前４千年紀のナイル河下流域における埋葬は、当時の来世観や宗教観を表すだけでなく、社会組織とその発展について、雄弁に物語

る。葬制からは、ナカダⅡ期のとくに半ば以降、ナカダ文化内部の大型集落においてしだいにエリート層が発達し、大型集落が周囲の中型・小型集落を従えて大きな「王国」あるいは政体を発展させていく過程をかいま見ることができる。

　社会的な身分を表す厚葬の風習は、当時の社会とその変化に大きな影響を与えた。葬祭にくり返し資材とエネルギーが費やされたため、葬制は当時の経済を活性化させた。また葬祭は、それを行う過程で、被葬者の社会的な身分やそれを取り巻く世界観と社会組織の概念を、周囲の人びとに参加・認識させる機会でもあった。エリートたちは葬制を操ることによって、自らの優位な社会的地位を維持したり、あるいは増加させることができたであろう。

第7章　前4千年紀の交易と交流

1　交易と初期国家の形成

　先史時代の古くから、人間はなんらかの交換あるいは交易活動を営んでいたことは間違いない。エジプトでは、基本的な生活必需品はナイル河の近くで調達可能であった。食糧資源は集落の周囲で入手可能であり、多様な鉱物資源も東部砂漠を中心とする周辺の砂漠地帯で調達することができたが、当時の人びともそれだけで生活していたわけではなかった。装身具などの材料にする稀少な素材を、しばしば遠方との交易を通じて調達していたのである。

　交易がどのようにして社会の複雑化と関連するかについては、これまでにさまざまな説が提示されてきた（西村 1996）。古くから提示されてきた説のひとつが、交易は、物品の移動とそれにともなう人的交流あるいは情報交換を通じて、文化や社会変化の要因や刺激となるという、伝播主義的な説である。その後、プロセス考古学のなかでも、文化・社会の複雑化と交易の発達の間に密接な関係があることが指摘され、一時、交易が初期国家形成の主要因になるという考え方が普及した。現在、交易のみに複雑化の要因を求める考え方は下火になっているものの、前4千年紀ナイル河下流域の研究においても、交易の重要性は多くの研究者が指摘するところである（第10章参照）。

社会の複雑化と交易の研究が理論的に進展した一方で、20世紀後半以降の考古学は、交易品を物理化学的性質にもとづいて検出する方法を開発してきた。旧来は、形態や技術の特徴などから搬入品を特定していたが、この方法にはつねに、物品の搬入ではなく、形態、技術、あるいは情報のみの伝播や、製作知識をもつ人間の移動の可能性を判別しにくいという問題を抱えていた。近年の考古学では、物理化学的技術を用いて、元素や同位体という微少なレベルでの産地同定が可能になり、搬入品をもっと正確に特定することができるようになった（コラム：物理化学的な産地同定と減衰パターン分析）。

　20世紀後半に起こった交易に関する理論と方法の発達、および先端科学技術を用いて搬入品を特定する技術は、前4千年紀ナイル河下流域における交易研究にも新しい成果をもたらした。本章では、前4千年紀の交易について、下ヌビア、パレスチナ、メソポタミアとの遠距離交易を扱いながら、おもに社会の複雑化と密接な関係がある交易組織の変化を中心に論じてみたい。

〈コラム〉物理化学的な産地同定と減衰パターン分析

　20世紀後半の科学技術の発達は、考古学的資料のなかから、外部からの搬入品を物理化学的な性質にもとづいて特定することを可能にした。元素あるいはそれより細かいレベルまで物質を分析すると、地球上には天然資源の分布にいろいろな偏りがある。ある特定の地域からしか産出しない物質を見つけだせれば、遠方から出土した品でも産地を推定することができるわけである。この物理化学的方法は、それまでしばしば様式や型式からしか搬入品を特定できなかった交易の研究に、飛躍的な進歩をもたらした。前4千年紀のナイル河下流域に関する研究では、とくに土器の胎土分析の分野で、この方法が成果を上げている。今日、たと

えばパレスチナ産とナイル河流域産の土器は、物理化学的および鉱物学的性質の違いにもとづいて判別できるようになっている。

1970年代に、搬入品を定量分析して交易システムを推測する方法がC. レンフルーによって開発された（Renfrew 1975；宇野 1996；常木 1990）。「減衰パターン分析（Fall-off pattern analysis）」とよばれるこの分析方法は、最初に西アジアにおける黒曜石の交易研究に用いられ、その他の分野にも普及した。減衰パターン分析は、まず、グラフの横軸

表6　交易のモード（Renfrew 1975より）

モードの名称	内容
直接調達	BがAを経ずに、直接源から物品を調達する。
ホーム・ベース互酬	BがAの拠点を訪れて、互いが制御する特別な製品を交換する。
境界互酬	AとBが、交換の目的をもって共通の境界で出会う。
連鎖交換	ホーム・ベース互酬もしくは境界互酬を繰り返した結果、連続的な交換を経て、商品が複数の領域を越える。
中心地再分配	Aが製品を、中心的人物への貢ぎ物として中心地にもっていく。同じように製品を中心地にもっていったBが、Aの製品の一部を受け取る。
中心地市場交換	Aが製品を中心地にもっていき、そこで直接Bと製品を交換する。中心的人物は、直接この取引には関与しない。
仲介交易	仲介人が、AとBの間の交換を行うが、いずれの支配も受けない。
派遣交易	BがAと交換を行うために、自分の支配下にある使節をおくる。
植民地交易	BがAと交換を行うための植民地を設立する目的で、使節をおくる。
港交易	AとBの両者が、いずれの管轄地からも外にある中心地（交易港）に、それぞれの使節をおくる。

に特定の遺物を出土する遺跡の産地からの距離を、縦軸に各遺跡における特定の遺物の出土量（通常パーセント表示）を表す。たいてい産地から遠ざかるにつれて出土する遺物の量は減少するが、その減少の仕方にはいくつかのパターンがあり、各パターンは介在する交易システムを反映すると考えられた。

レンフルーはもう一方で、「直接調達」、「ホーム・ベース互酬」、「境界互酬」、「連鎖交換」、「中心地再分配」、「中心地市場交換」、「仲介交易」、「派遣交易」、「植民地交易」、「港交易」という10種類の交易モード（交易システム）を想定し、これらが特定の減衰パターンと結びつく可能性を示した（Renfrew 1975；Renfrew & Bahn 2000：367-373）（表6）。つまり、減衰パターンを分析することによって、交易システムがわかる可能性が生じたわけである。

その後、同じ減衰パターンが異なる交易システムによって引き起こされる可能性が指摘されているので、減衰パターンを単純に交易システムと結びつけることはできないが、搬入品の分布パターンを分析する方法として今日も減衰パターン分析は有効であり、当時の社会背景を十分に考慮すれば、そこから交易組織について推測することもできるであろう。

2　下ヌビア（Aグループ文化）との交易

(1) 交易品

エジプトは比較的資源の豊富な土地であったとはいえ、エジプトの南に接する下ヌビアは、エジプトでは産出しない多様な資源をもつ宝庫であり、またそれより南方のアフリカからの産物をエジプトに運ぶ重要な交易路でもあった。王朝時代にエジプトは、金、紫水晶、閃緑岩などの鉱物資源、象牙、ダチョウの卵殻や羽根、豹の皮などの動物資源、植物の油や香料、黒檀などの植物資源を下ヌビアから、あるいは下ヌビアを経由して、もっと南方から調達していた

という。

　下ヌビアに分布していたAグループ文化の遺跡では、ナカダⅠ期の終わり頃に年代づけられるその成立初期から、ナカダ文化の製品がたくさん出土する。ナカダ文化からの搬入品として、スレート製のパレット、石製容器、ファイアンス製装身具、土器などが考古学的に残された例であるが、その他にも農産物などがもち込まれたらしい。そのうち土器は、もっとも多量に搬入された物品であった。内容物の分析例はほとんどないものの、おそらくそのなかに入れられていた物品が、交易の目的であった。交易品の多くはナイル河を船で運ばれたが、一部はロバを用いて陸路で運ばれたかもしれない。

　このように下ヌビアとの接触を示す資料は、Aグループ文化の遺跡からは豊富に出土する一方、ナカダ文化の遺跡からは非常に少数しか検出されないという、後述するメソポタミアの場合とは逆転した資料状況がある。そこで、両者の交流の様相を探るために、おもにAグループ文化の遺跡から出土したナカダ文化の資料を見ていくことになる。本稿では、エジプトからの搬入品のなかでも、産地がナカダ文化内部に限られることが物理化学的な性質から推測される「硬質オレンジ土器」を扱って、ナカダ文化とAグループ文化の間の交易組織の変化について見てみたい（高宮 in press）。

（2） 硬質オレンジ土器の交易

　「硬質オレンジ土器」は、焼き上がりが鈍黄色、ピンク、あるいは薄いオレンジ色を呈する胎土（泥灰土）で製作されている。この胎土は、比較的多量に石灰分を含むことが特徴であり、ナイル河流域に石灰岩が基盤として広がるアスワンよりも下流の地域、すなわちナカダ文化領域内部でしか調達することができない。そしてこの胎土を用いた土器は、ナカダ文化のなかで多量に製作され、一部が

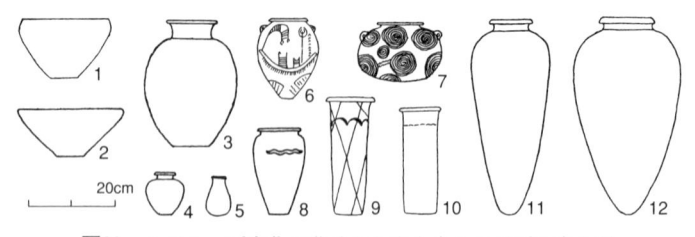

図39 Aグループ文化の墓地から出土するエジプト産土器
1・2：鉢形土器　3・4：有頸壺形土器　5：瓶形土器　6・7：装飾土器
8-10：波状把手土器　11・12：大型壺形土器

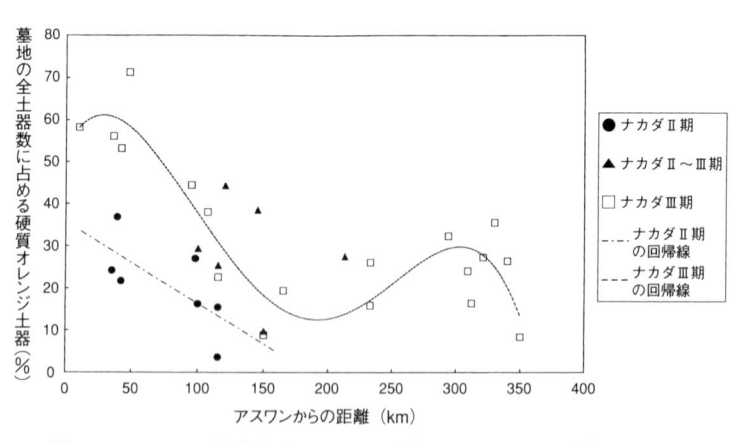

図40 Aグループ文化墓地における硬質オレンジ土器の減衰パターン

　Aグループ文化のなかにも搬入された。ペトリーが分類したナカダ文化の土器のうち、「装飾土器」、「波状把手土器」、「後期土器」はほぼすべてこの胎土で製作されている（図39）。ピンクあるいはオレンジ色の硬い胎土の土器は、古い報告書からも容易にそれと判別することができる。さらにこの種の土器は、Aグループの遺跡から比較的多量に出土するため、定量的な分析ができる利点をもっている。

硬質オレンジ土器は、どのようにナカダ文化からAグループ文化のなかにもち込まれたのであろうか。それを知るために、C. レンフルーが開発した「減衰パターン分析」を試みた（コラム：物理化学的な産地同定と減衰パターン分析）。ここでは、各墓地から出土した全土器数に占める硬質オレンジ土器の比率を計算し、それを縦軸に、各墓地のアスワンからの距離を横軸にとって表した（図40）。アスワンは硬質オレンジ土器の生産地ではないが、ここにあるナカダ文化最南端のエレファンティネ遺跡がナカダ文化と下ヌビアとの交易拠点となっていた可能性が推測されるためである（コラム：周壁をもつ集落とエレファンティネ遺跡）。

　その結果、ナカダⅡ期の間、アスワンから約200 kmの地域まで硬質オレンジ土器が達しており、アスワンから距離が離れるに従って、距離と反比例するように、硬質オレンジ土器の出土比率がほぼ直線的に低下する現象が認められた。このようなパターンは、レンフルーによって、産地との直接交換によって生じるパターンであると指摘されている（表6）。したがってこの場合、アスワン付近を拠点とするナカダ文化とそれぞれのAグループ文化集落が、硬質オレンジ土器の直接交換を行うことによってこのパターンが生じた可能性が高い。

　一方、ナカダⅢ期になると、まず硬質オレンジ土器の分布範囲が、アスワンから300 km以上も離れた第2急湍付近にまで拡大する。アスワンから南に200 km付近までは、それまでの時期と同じようなアスワンから南に向かって硬質オレンジ土器の出土比率が低下するパターンであるが、それに加えて、アスワンから300 km以上も離れた第2急湍近くの遺跡において、硬質オレンジ土器の出土比率がいちじるしく高くなるという奇妙なパターンを示した。このように基点から遠く離れた場所に出土量が多い地域が生じるパターン

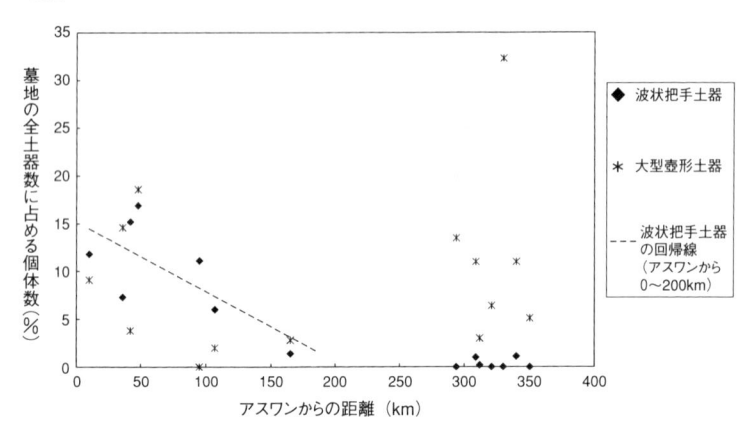

図41 波状把手土器と大型壺形土器の減衰パターン（ナカダⅢ期）

は、その出土量が多い地域と産地に近い場所とが直接交易を行った際に生じることが知られている。

さらにこの原因を明らかにするために、「波状把手土器」と「大型壺形土器」という２つの特徴的な土器の分布を調べてみた(図41)。その結果、波状把手土器はナカダⅡ期と同じようなアスワンからの直線的な減衰を示し、ナカダⅡ期と同じ交易システムが継続していたことがうかがわれる。それに対して大型壺形土器は、第２急湍近くの遺跡に集中していることが明らかになった。第２急湍近くの遺跡における硬質オレンジ土器の異常な出土頻度の高さは、この大型壺形土器がもたらしたものであったが、大型壺形土器のなかには、それよりも下流の下ヌビアでは出土しない器形がいくつか含まれていた。このことは、基点であるアスワンあるいはそれより北方のナカダ文化内部の集落と第２急湍付近とが直接交易を行っていた可能性を示唆する。直接交易のために、ナカダ文化の中心部から、第２急湍近くに交易使節が送られたり、交易拠点が設けられた可能性が考えられるであろう（表６）。

第2急湍近くには、とくに大型の墓が集中するクストゥール遺跡がある。発掘調査を行ったウィリアムスは、この遺跡を下ヌビアの王国の首都であると推測している（第6章参照）。ナカダ文化から遠く離れた第2急湍付近に硬質オレンジ土器が集中する現象は、おそらくナカダⅢ期にナカダ文化内部の集落と、クストゥールを中心とするこの地域の集落が、おもに大型壺型土器を扱う直接長距離交易を行うようになっていたことを示すであろう。

（3）　交易組織

　「硬質オレンジ土器」を用いた先の考察の結果は、ナカダ文化とAグループ文化の交易が、時期とともに変化していった様子を明らかにした。

　ナカダⅡ期の間、アスワン付近を基点として下ヌビア北部の集落との中距離交易（200 km 以内）が行われていたが、ナカダⅢ期になると、それに加えて、ナカダ文化内部と第2急湍付近のAグループ集落との間を直接つなぐ長距離交易が登場した。この交易網は、少なくとも300 km を超える足の長さをもつ。また、第2急湍近くの遺跡からは、それより下流のAグループの遺跡からは出土しないパレスチナ産の土器あるいはその模倣品が出土している。このようなパレスチナ様式の土器は、ナカダ文化のなかでも限られた集落からしか出土せず、上エジプト中部以南ではアビュドス遺跡やヒエラコンポリス遺跡がその稀な例である。したがって、こうした長距離交易網の成立には、後述するように、アビュドスやヒエラコンポリスなどを拠点とする、ナカダⅢ期のエジプトの王国の支配者たちが関与していた可能性が高い。

　ナカダ文化とAグループ文化との交流は、他の文化との交流とくらべて、少なくとも考古学的資料に残されたかぎり、ナカダ文化

から搬出された物品の量が多いことが特徴である。多量の物質の搬出は、それだけ下ヌビアからもナカダ文化社会にとって必要な資源が搬出されたことを示す。とくに、ナカダⅢ期の土器の搬出量を見ると、それが当時の経済に影響を与えるほどの規模であったことも推測される。この物質的な交流にくらべて、エジプト国内に文化的影響を大きく与えていない点が、後述するパレスチナやメソポタミアとの交流と対照的である。

3 パレスチナとの交易

(1) パレスチナへの搬入品

前4500年頃から約1000年間継続した金石併用時代以降、パレスチナでもエジプトからの搬入品が出土する。エン・ゲディ神殿から出土したアラバスター製の容器断片、およびナハル・カナから出土した金の環状の塊、およびいくつかの遺跡から出土したナイル河産の貝は、金石併用時代の数少ないエジプトからの搬入品と考えられているが、この頃はエジプトとの緊密な接触を示す資料は少ない。

初期青銅器時代Ⅰ期以降、パレスチナ南部ではエジプトの影響が大きくなる。第4章で述べたように、パレスチナ南部にはエジプトからの移住者が住むようになり、文化自体にもエジプトの影響があった。この頃のパレスチナからは、土器やパレットを含むエジプトからの搬入品が出土している。

(2) エジプトへの搬入品

一方、エジプトからはどのようなパレスチナとの接触資料が出土しているのであろうか。パレスチナからエジプトへの搬入品を、時期を追って検討してみる。これまで知られているパレスチナとの接

触資料は、おもに土器である。

　先王朝時代最古のパレスチナとの接触資料は、前4000年頃に年代づけられるバダリ文化の遺跡から出土した土器であり、4つの垂直な環状把手が付いていることがパレスチナ産の特徴を示している。しかし、ナカダⅠ期のうち、パレスチナ産の遺物の出土例は限られていて、上記の土器以外には、一部の木材がシナイ半島、南パレスチナあるいはレバノンとの交流を示す可能性が知られるだけである。

　ナカダⅡ期前半（Ⅱa–b期）には、ナイル河下流域の文化のなかでも、パレスチナと地理的に隣接するマーディ・ブト文化の遺跡マーディから、パレスチナとの交流を示す多様な資料が豊富に検出されている。マーディ遺跡では、環状把手付土器、波状把手付土器、V形の容器、玄武岩製容器、板状スクレイパー (tabular scraper)、フリント製カナーン石刃 (Canaanean blade)、骨製の長い篦などのパレスチナ製品や、パレスチナ製のものを模倣した土器が出土した。これらの遺物のほかに、おそらく油、樹脂、杉の木材、銅、アスファルトも搬入された可能性が指摘されている（Rizkana & Seeher 1989）。豊富なパレスチナ製品の出土を根拠として、かねてからマーディが、パレスチナとの交易ルートにおけるエジプト側の終点であったことが推測されている（Kantor 1991）。また、ブト遺跡最下層からは、パレスチナ産と考えられる土器が出土しており、白色スリップで装飾を施した土器は金石併用時代の土器の模倣であるらしい（コラム：ブト遺跡と北シリアとの接触？）。

　ナカダ文化の遺跡からも、ナカダⅡ期の半ば頃以降、頻繁にパレスチナ産の遺物あるいはその模倣品が出土するようになる。ナカダ文化にもっとも大きな影響を与えたのが、パレスチナでは金石併用時代から製作されていた波状把手付土器である。搬入品の出土例は

限られているものの、その模倣品である「波状把手土器」が、ナカダⅡb期からナイル河下流域で製作されるようになり、独自の形態変化を遂げながら、王朝時代の初期までつづく重要な容器の形となった（図17）。別の形をしたパレスチナからの搬入土器とその模倣品は、ナカダ文化の遺跡のなかでも、ナカダⅡ期中葉になってデルタ東部に新たに形成が始まった遺跡ミンシャト・アブ・オマルにおいてもっとも多数の出土例がある（図42）。波状把手付土器、環状把手付壺形土器、注口土器、チャーンなど、出土器形も多様である(Kroeper 1989)。この遺跡は古代のペルシウム支流の東岸に位置しており、陸路あるいは海路を通じての交易拠点であった可能性が高い。一方、メンフィス以南では、アブシール・アル=マレク、バダリ、ナカダ、ヒエラコンポリスなどから、パレスチナ産の土器あるいはその模倣品が出土しているが、概してナイル河の上流にいくにつれてこうした土器の出土例は少なくなる。エジプトから出土するこの時期のパレスチナ産土器は、パレスチナから出土した伝統的な土器に明瞭な対応器形が認められない場合が多いという。これらの土器が、南パレスチナに居住するエジプト人陶工たちによって製作されたハイブリッド土器の一種であった可能性がある。

　ナカダⅢ期になると、検出墓数が少ないこともあって、上エジプト中・南部におけるパレスチナからの搬入品の出土資料は少ない。しかし、上エジプト南部に位置するアビュドス遺跡ウム・アル=カーブのU-j号墓からは、合計400〜500個体に及ぶパレスチナ産の土器が出土し、アビュドスとパレスチナの密接な関係を示している(コラム：アビュドス遺跡)。これらの土器の内容物は、おもにワインであったらしい。ほかに上エジプト北部のアブシール・アル=マレク遺跡、上エジプト南部のヒエラコンポリス遺跡、下ヌビアのクストゥール遺跡からも、パレスチナからの搬入品もしくはその模倣

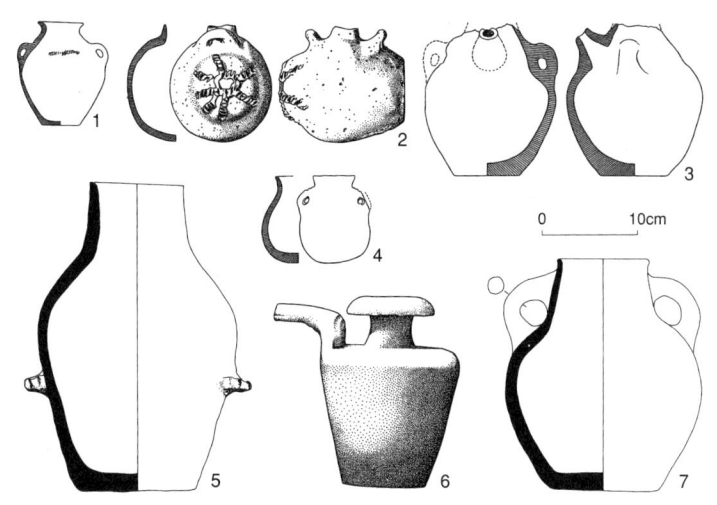

図42 パレスチナからの搬入土器（Kroeper 1989 ほかより）
  1〜4・6：ミンシャト・アブ・オマル出土
  5・7：マーディ出土

品の土器が出土した。アビュドス、ヒエラコンポリス、クストゥールは、当時の王国の首都と考えられる場所であることは特筆に値する。

　王朝時代になると、第1王朝第3代ジェル王以降の墓から、パレスチナ産の彩文土器と赤色磨研土器が出土するようになる（中野 1996 a；b）。これらの土器は、アビュドスやサッカラなどに築かれた、おもに王家と関係の深い人物の墓と思われる大型墓に集中していることが特徴である。こうしたパレスチナ産の土器を胎土分析した結果、イスラエル北部もしくはレバノンのヘルモン山近く、あるいはやや南のおそらくはキンネレット湖周辺の土を用いて製作されたことが明らかにされた（Adams & Porat 1996）。この地域は、先に述べた南パレスチナにおけるエジプトの植民地範囲より北方に位

置する。また、その内容物の分析結果から、搬入土器の内部に植物性の油脂が入れられていたことが推測された (Serpico & White 1996)。

(3) 接触ルート

パレスチナとエジプトとの接触ルートについては、古くからおもにシナイ半島北部地中海岸沿いの陸路が使用されたことが知られている。この地域は、王朝時代に「ホルスの道」とよばれた重要な交通路であった。イスラエルのベン・グリオン大学の調査の結果、パレスチナの初期青銅器時代Ⅰ期からⅡ期、すなわちエジプトのナカダⅢ期から第1王朝に年代づけられる遺跡が、シナイ半島北部海岸沿いで250カ所も検出された (Oren 1973；1989)。これらの遺跡からは、エジプト製品とパレスチナ製品が出土するが、土器における両者の比率は4対1で、前者が優勢を占めるという。また、エジプト製の土器のなかには調理容器などの日用品が多量に含まれ、大型の遺跡のなかには日乾レンガ建造物をともなうものも存在する。こうした遺跡の存在から、ナカダⅢ期以降、エジプトとパレスチナとの交流にシナイ半島北部海岸沿いの交通路が用いられたが、そこを利用する人びとの大半がエジプト人であったことが推測された。おそらくパレスチナとの交易と交流を円滑にするための中継地点として、恒久的な施設が交通路沿いに築かれたと考えられる。ナカダⅢ期以前の時期にも、同じルートが使われていた可能性が高い。

それに加え、1980年代になって海路が用いられた可能性も指摘されてきた (Gophna & Liphschitz 1996)。南パレスチナ地中海沿岸に位置する遺跡アシュケロンにおいて、初期青銅器時代Ⅰa期に年代づけられる層から、レバノン杉とトルコ・オークというもっと北方にしか生育しない木材が検出された。さらに、この遺跡から出土

した炭化木材の90％以上がオリーブであり、果実の残滓もすべてオリーブであった。レバノン杉やトルコ・オークの出土はアシュケロンが北方と接触があったことを示す一方、オリーブの集中は、エジプトへの輸出用としてオリーブ栽培が行われていたことを示すと解釈された。アシュケロンが沿岸に位置していることから、初期青銅器時代Ⅰa期から、この付近のパレスチナ海岸部を仲介として、エジプトとレバノンの間に海路を通じた接触があったという説が提示されている。この推測が妥当であるならば、かなり早い時期から陸路と並んで海路も利用されていたことになる。

（4） 交易組織

　前4千年紀におけるパレスチナとエジプトの関係は、実に興味深い。それはパレスチナが新石器時代からエジプトと密接な関係をもつ場所であり、西アジアに起源を発する農耕・牧畜をエジプトに伝えた土地であることに始まり、おそらく銅生産の技術もパレスチナからエジプトに伝えられたであろうが、前4千年紀には、緊密な文化的あるいは人的交流の結果、エジプトの一部ともいえるような地域になっていたことにある（第4章）。移住や文化的な融合を含む密接な関係は、かえって交易についての考察をむずかしくしているかもしれない。

　パレスチナとエジプトの関係についてはいまだに不明の点も多いものの、以下にまず両者の資料からほぼ確認された点をまとめてみる。第1に、パレスチナの金石併用時代（ナカダⅡa期まで）の間、エジプト南部とパレスチナの接触は希薄である。第2に、パレスチナの初期青銅器時代Ⅰ期初頭（ナカダⅡb期）以降、エジプトとパレスチナの交流が緊密になったことは、パレスチナ側の資料からもエジプト側の資料からも確実である。第3に、パレスチナの初期

青銅器時代Ｉｂ期の途中（ナカダⅢ期の途中）から、エジプトの王国あるいは後の統一国家の支配者たちが関与する組織が、パレスチナとエジプトの交流に深く関与した可能性が高い。こうした交流はパレスチナにおける王名を記した遺物の出土と、ナイル河下流域のアビュドス、ヒエラコンポリス、クストゥールという当時の王国の首都から、パレスチナ産あるいはその模倣品の土器が出土していることから推測される。

しかし、エジプトから出土したパレスチナの搬入品を見ると、パレスチナにおいてエジプトの影響が活発化した時期以降にも、実際のパレスチナからの搬入量は決して多くはない。その理由のひとつは、エジプトにおける検出資料がほとんど墓地出土の資料に限られていて、集落の様相が明らかになっていないことにあるのかもしれない。あるいはまた、パレスチナからの搬出物が、そもそも考古学的資料に残りにくいものであったのかもしれない。さらに、パレスチナにおけるエジプト人の活動が、交易とは別の部分に主眼があった可能性も排除できないであろう。

ここで交易システムについて概観すると、ナカダⅡ期以降、しだいに交流の密度を深めながらも、ナカダⅢ期になって、上エジプトに拠点を置く当時の王国の影響が大きくなったことが指摘できる。シナイ半島北部地中海海岸沿いにナカダ文化あるいは上エジプトの王国の影響を大きく受けた遺跡がたくさん形成され、交易ルートの確保も行われている。こうした王国の支配者たちが関与した組織的な交易の存在は、前述の下ヌビアにおけるＡグループ文化とナカダ文化との交易の考察からも推測されていた。下ヌビアで見られたようなナカダⅢ期における王国主導の長距離交易網の成立は、パレスチナとの交易関係についても認めることができるであろう。

4 メソポタミアとの交流

(1) メソポタミアとエジプト

　チグリス・ユーフラテス両河の流域を中心とするメソポタミアでは、エジプトより先に農耕と牧畜が始まり、前4千年紀には発達した都市文明が栄えていた。かねてから、ナイル河下流域における初期国家形成にもっとも大きな影響を与えたと考えられてきたのが、遠く1000 km以上も隔たったこの先進地域との接触である。

　メソポタミアとエジプトの接触を示す資料は、ナイル河下流域においてとくにナカダ文化の遺跡からは多数の出土例がある一方、メソポタミアからはエジプトとの接触を示す資料が出土していない。したがって、前4千年紀のナイル河下流域とメソポタミアとの交流の問題解明を、ナカダ文化の資料検討に絞って考えてよいだろう。

　メソポタミアとの接触を示す資料は、ナカダⅡ期、とくにその中葉以降に急激に増加する。これまでにこの時期のメソポタミアとの接触を示す資料として指摘されてきたのは、おもに土器、印章、ラピスラズリ、図像のモチーフである。しかしながら、これらのうち実際の遺物がメソポタミアやイランから搬入されたことが確実な資料は、アフガニスタン産のラピスラズリを除くと、きわめて少ない。そこで、メソポタミアとの接触の実態を明らかにするために、ラピスラズリとその他の資料に分けて概観してみたい。

(2) ラピスラズリ

　群青色の美しい貴石ラピスラズリは、メソポタミアを経由してエジプトにもたらされたことがほぼ確実であり、かつナイル河下流域から比較的豊富な出土例がある唯一の遺物である。ラピスラズリは、

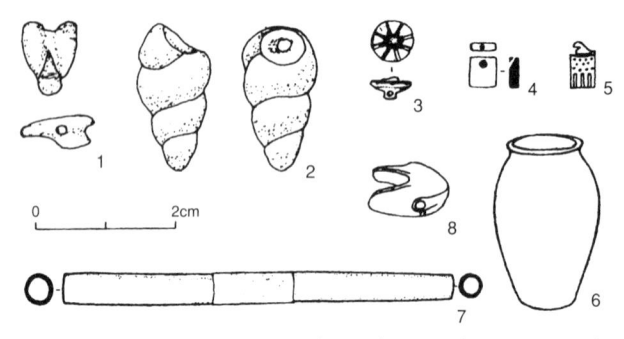

図43 ナイル河下流域出土のラピスラズリ製品（高宮 1999より）
1-5：ペンダント　6：容器　7：管状製品　8：不明

地球上でも限られた場所でしか産出されず、西アジア付近ではアフガニスタンのバダクシャン地方に鉱脈がある。ラピスラズリは、前4千年紀初頭からメソポタミアに本格的に普及しはじめ、それよりやや遅れて前4千年紀の中頃から、ナイル河流域にも搬入されるようになった。すなわちラピスラズリは、産地から約4000kmも離れたエジプトに運ばれた当時の長距離交易品であり、唯一体系的に交易について分析できる搬入品でもある（高宮 2001）。

これまで報告されたかぎりでは、出土例はすべてナカダ文化あるいはその影響を受けたAグループ文化北部の遺跡からの出土であり、マーディ・ブト文化からの報告例はない。ナカダⅡb期の終わり以降、第1王朝デン王までに年代づけられる100基あまりの墓から、ラピスラズリの出土例が報告されているが、その大半を小さなビーズが占め、ほかにはわずかにペンダント、護符、棍棒頭の模型、人形像などが含まれるにすぎない（図43）。

墓から比較的多数の出土例があるため、時期によってラピスラズリの所有者がどのように変化したのかを探ることができる。ラピスラズリの大半は装身具に加工されているので、概して副葬品に装身

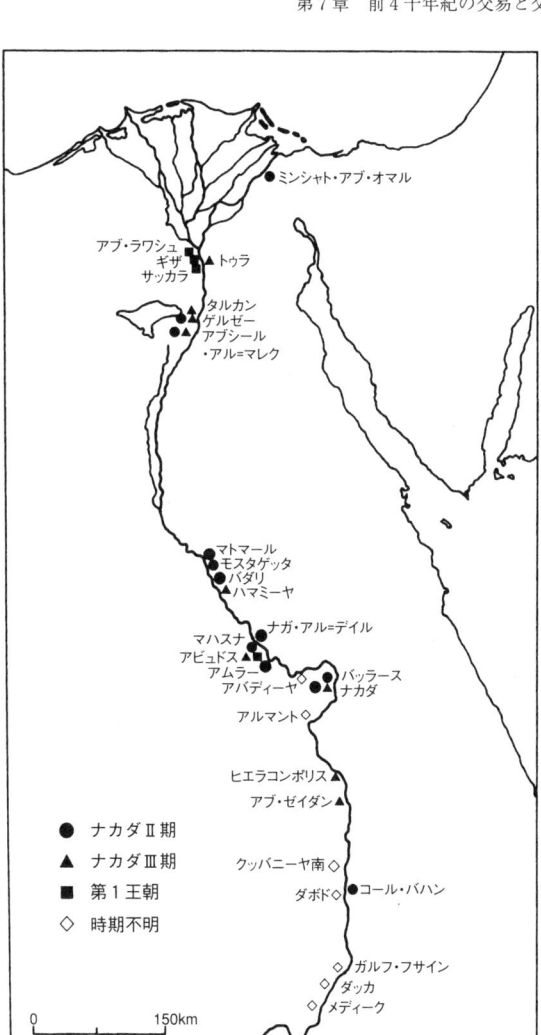

図44 ナイル河下流域におけるラピスラズリの分布（高宮2000より）

具を納めることが多い女性や子供の遺体にともなって検出されている。また、ナカダⅡ期のうちには、北はデルタ東部のミンシャト・アブ・オマルから、南は下ヌビア中部のメディークまでの間に位置する多数の墓地に分布し（図44）、しばしば中型・小型の墓に埋葬されたやや身分の低い人びとにも所有されたが、上エジプト南部の大型集落では、大型の墓に葬られたエリートたちに所有が集中している。おそらくラピスラズリは奢侈品として珍重されていたのであろう。とくに、ナカダⅡ期に上エジプト南部でラピスラズリが出土する遺跡は、ナガ・アル=デイル、マハスナ、アムラー、バッラース、ナカダという、当時のエリートたちが集中していた比較的大型の集落に限られる点は、この頃、遠距離交易の受益者が上エジプト南部の大型集落のエリートたちであったことを示す。その後ナカダⅢ期になると、ラピスラズリの出土が、アビュドス、ナカダ、ヒエラコンポリスなど、当時の有力な大型集落の墓地に限られるようになり、そのなかでもとくに大型の墓に集中する傾向が顕著になる。したがって、ナカダⅢ期に、有力集落がラピスラズリの長距離交易を支配あるいは独占するシステムが確立した可能性が高い。

（3） その他の資料

　以前から、ラピスラズリ以外に、土器、印章および図像のモチーフにメソポタミアからの影響があったことが指摘されている。

　何種類かの土器は、特徴的な器形にもとづいて、メソポタミアからの搬入あるいは影響が推測されている。代表的な器形が、屈曲した注口をもつ土器と三角形の突起をもつ壺形土器であり、その祖形をメソポタミアのウルク期もしくはジェムデト・ナスル期の土器に求めることができる（図45）。ナイル河下流域の広い範囲に分布するナカダ文化と関連する遺跡から散発的な出土例があり、時期的に

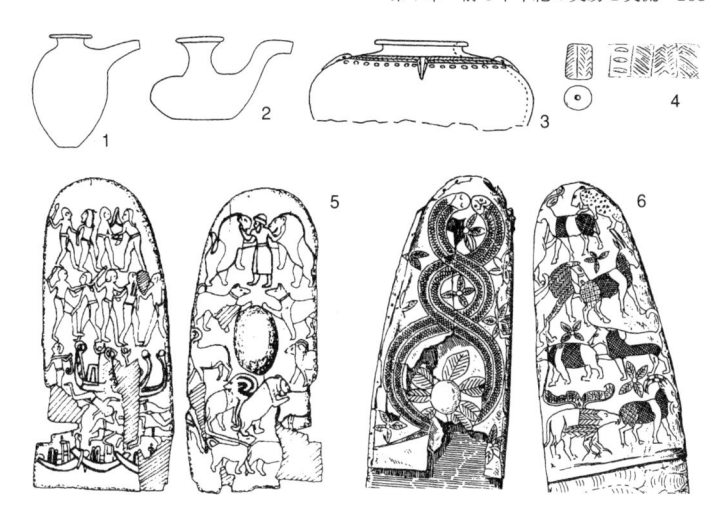

図45 メソポタミアとの接触を示す資料（Payne 1993ほかより）
1・2：注口土器　3：穿孔突起付土器　4：印章（マトマール出土）　5：ジャバル・アル=アラク出土のナイフの柄　6：ジャバル・ターリフ出土のナイフの柄

はほぼナカダⅡc期以降に年代づけられる。出土状況が明らかなものを数えると、注口土器と三角形の突起をもつ壺形土器をあわせて約30点で、大半は前者である。しかし、これらの多くはエジプトで製作された土器であり、搬入品はほとんど含まれないという（Kantor 1991）。

印章は、ナカダⅡ期以降、少数ながらナカダ文化およびAグループ文化の墓から出土した例がある。報告されたかぎり出土地が明らかなものは約10点で、北はハラゲーから南は下ヌビアまでの地域に出土地が分布するが、大半は上エジプト中・南部からの出土である。2点のスタンプ印章以外は、すべて円筒印章であった。印章に刻まれたモチーフは、それが明らかにメソポタミアあるいはイランの印章の影響を受けていることを示すものの、素材やスタイルから、多

くはエジプトで製作された可能性が高いと指摘されている。

20世紀の最初から、メソポタミアの影響を明瞭に示す資料として考察の対象となってきたのは、ナカダⅡ期中葉以降の図像に描かれたモチーフである。メソポタミアの影響が考えられるモチーフには、猛獣を両側に従えて立つ人物、長い首をもつ猫科動物、水平の羽根をもつ有翼獣、絡み合った蛇とローゼット、戦士と捕虜、および船などが含まれる。

こうしたモチーフの最古の明瞭な例として、ナカダⅡc期に年代づけられるヒエラコンポリス100号墓に描かれた壁画が挙げられるが、ジャバル・アル゠アラク出土のナイフの柄（図45）やナルメル王のパレット（図3）など、それ以外の例はナカダⅢ期から王朝開闢期に集中的に年代づけられる。彫刻が施された遺物は、象牙製のナイフの柄や奉納用の大型パレットなど、ナカダ文化の伝統的な製品であり、墓から出土しているほか、ヒエラコンポリス遺跡ではネケンの神殿跡から出土している。これらのモチーフがメソポタミアよりもむしろイランの影響を受けていることは、多くの研究者が認めるところである。おもにスサⅡ、プロト・エラムおよびウルク後期の印章のモチーフにその類例を認めることができ、多くはスサⅡ期に原型をもっているという（Teissier 1987）。

上記のような図像のモチーフに西アジアの影響があることは間違いないが、むしろ問題となるのは、その影響の実態あるいは背景である。メソポタミアの影響を受けたモチーフが使用された遺構や遺物は、いずれもエジプトで製作されており、搬入品ではない。このようにエジプトでメソポタミアのモチーフを取り入れた製品がつくられるようになった原因として、R.M. ベーメルは、ジャバル・アル゠アラクとジャバル・ターリフ出土の象牙製品製作にはエラムの工人が携わったという説を提示した（Boehmer 1974）。しかし、

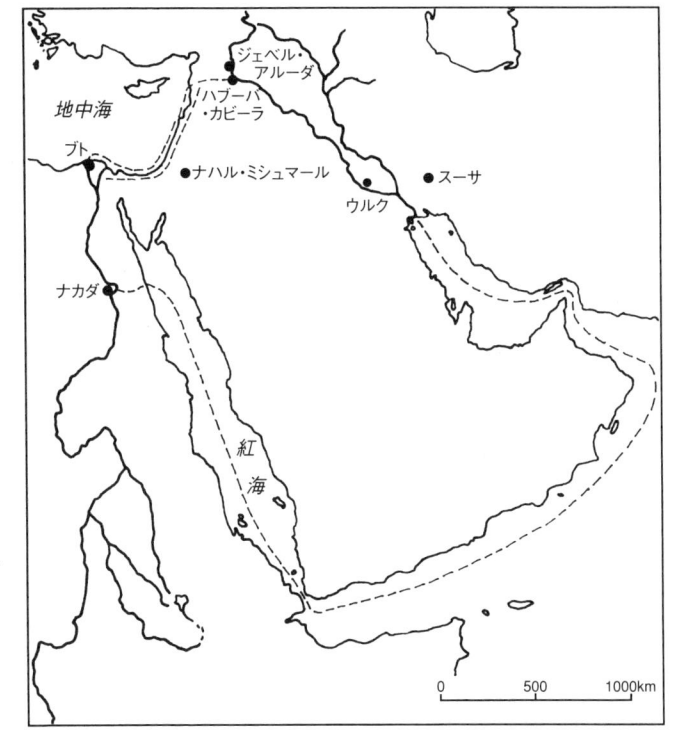

図46 メソポタミアとの接触ルート（高宮 2000より）

他のモチーフや描写がエジプトの様式であることから、これに反対する研究者も多い。実際これらのモチーフは、エジプトの伝統的な製品に、エジプトならではの図像的コンテクストのなかで用いられているようであり、エジプトの伝統を理解した工人の手によって製作されたように見える。

（4） 接触ルート

メソポタミアあるいはその東方のイランからの影響が、どのよう

なルートをたどってエジプトに到達したのかについて、これまで多数の研究者たちが議論を重ねてきた。20世紀の前半にこの問題は、王朝民族侵入説と関連して論じられていたが、今日は交易と接触の観点から再考されるようになった。これまでに提示された説は、エジプトに搬入される部分を重視すると、南方海路説、北方陸路説、北方海路説の大きく3通りに分けられる（高宮 2001；Ohshiro 2000、図46）。

　南方海路説は、最初にH. フランクフォートによって提唱された（Frankfort 1924）。メソポタミアからの影響が、南メソポタミアからアラビア半島をめぐって海路でエジプトに近い紅海沿岸に達し、紅海沿岸からナイル河岸に抜けるワディ・ハンママートを通って、上エジプト南部に達したという説である。メソポタミア起源と思われる舳先のそり上がった船の絵がワディ・ハンママート沿いの岩壁に描かれていることや、メソポタミアからの影響を示す資料が上エジプト南部のナカダ文化の遺跡に集中することを、おもな根拠としていた。ただし、この時期に、オマーン以西のアラビア半島海岸部において、メソポタミアの影響を示す考古学的資料が出土していないことが難点であるし、メソポタミア起源と考えられていた船についても由来に疑問が提示されている。

　北方陸路説は、シリアから陸路で南下してデルタにいたったという説である。積極的な支持者が少ないが、S. マークは、金石併用時代のパレスチナにラピスラズリの出土例があることをおもな根拠としてこの説を提示した（Mark 1997）。しかし、パレスチナにはエジプトに見られるようなメソポタミアからの図像的影響が欠落していることを根拠として、これに反対する研究者も存在する。

　北方海路説は、近年活況を呈してきた説であり（Way 1992；Moorey 1990）、これによれば、メソポタミアからの影響が、北シ

リアのウルク植民地を経由し、海路でエジプト地中海沿岸に達したという。実際、北シリアのハブーバ・カビーラ南遺跡から出土したエジプトもしくはヌビア産と思われる土器の断片と、パレスチナ産と思われる土器の断片は、これまで報告されたかぎり唯一北シリアから出土したエジプト方面からの搬入品である（Sürenhagen 1986）。前述のように、近年、パレスチナ地中海岸部に位置するアシュケロンにおいて、それより北方にしか生育しない木の木材とオリーブが多量に出土したことから、ここがレヴァント北部の海岸とエジプトを結ぶ海上交易の中継地点であったという主張があり、海岸沿いの海路が想定できるかもしれない。また、1980年代に、デルタ西部の地中海沿岸に近いブト遺跡において、北シリアのアムークF期の土器に類似する土器片と、メソポタミアで日乾レンガ建造物のモザイク装飾に用いられるものとよく似た土製釘が出土したことから、一時は、ブトがエジプト側の寄港地と考えられるようになった。しかし、ブトを寄港地とする説は今日根拠を失っている（コラム：ブト遺跡と北シリアとの接触？）。

　このように、メソポタミアとの接触ルートとして北シリアとエジプト地中海沿岸部を結ぶ海路が用いられた可能性は高いが、いずれのルートとも決めるはっきりした資料がない。また、時期によっては、複数のルートが使用された可能性もあるであろう。

〈コラム〉ブト遺跡と北シリアとの接触？

　ブト遺跡は、デルタ西部地中海沿岸に位置する遺跡である。1984年以降、T.v.d.ヴァイを隊長とするドイツ考古学研究所が行った発掘調査は、デルタにおけるマーディ文化の存在を確認し、この文化が王朝時代に向かって変化していく様子を、はじめて層位的に明らかにした。この遺跡は、北シリアとエジプトの直接接触を示す資料を発見したと考えら

れた点でも重要である（Way 1992）。

　発掘調査直後に、ブト遺跡から出土した北シリアとの接触を示す資料として指摘されたのは、「掻き落とし渦巻文装飾（reserved spiral decoration）」をもつ土器と「土製釘」である。ブト遺跡の第Ⅰa層などからは、渦巻き文の一部と思われる装飾を描いた土器の断片がいくつか出土した。この装飾は、土器の表面から赤色の化粧土を掻き落として文様を描き出したと考えられ、この技法が北シリアのアムークＦ期の土器の装飾技法と共通していることから、その影響を受けた遺物であることが推測された。また、第Ⅱ～Ⅳ層から出土した細長い円錐形を呈し、頂部に窪みをもつ釘形土製品は、メソポタミアで建造物の壁面モザイク装飾に用いられた土製品と類似し、ブトにおいて同じような建物の装飾に用いられたと考えられた。

　これらの遺物の存在を根拠として、ヴァイは、地中海沿岸に位置するブトが、ウルク拡張期に北シリアにハブーバ・カビーラ南のような植民地を形成していたウルクと、おそらくは海路を経て接触をもっていたであろうと主張した。さらに、モザイク建造物の存在の背景に、職人レベルの人的交流があったことを想定した。この説は、それまでメソポタミアとの接触ルートを見出しかねていたエジプト学者にとって朗報であり、北シリアのウルク植民地を経由したメソポタミアとの接触ルート説の有力な根拠となった。

　しかし、1990年代の後半になって、同じドイツ調査隊のD. ファルティンクは、これらの遺物の性格について異なる見解を提示した（Falting 1998）。それによれば、ブトから出土したアムークＦ期の土器と密接な関係をもつと考えられた装飾土器片は、じつはパレスチナの金石併用時代のガシュール文化に類例があり、パレスチナとの関係から理解されるという。また、モザイク装飾に用いられた土製釘と解釈された土製品も、同じパレスチナに類似例があるという。近年、テル・アル=ファルカをはじめとする他の遺跡からの報告例も増えて、別の用途が想定されるようになった。

　したがって、ブトと北シリアとが直接接触をもっていたという説は、ふたたび裏づけを欠くことになった。

(5) 交易組織

　上記のように、ナカダ文化とメソポタミアとの関係を見てみると、接触があったことは確実であるものの、その密度や性格については、見かけ上の資料からは簡単には判断できない。接触の資料とされた遺物は、実際の搬入品よりも圧倒的に模倣品の数が多い。また、搬入品であることが確実であり、最多の出土数を誇るラピスラズリでさえも、ナカダ文化の墓のうちわずか１％からしか出土せず、さらにきわめて小さな製品である。これらのことを考慮すると、少なくとも経済的な意味では影響が少ない、非常に希薄な接触を想定するのが妥当であろう。

　メソポタミアとの接触は、ナカダⅡ期の後半以降顕著になった。この頃の交易品であるラピスラズリの分布が、とくに上エジプト南部の大型墓地では大型墓に偏重しているため、交易品は威信財として扱われていたらしく、当時の交易が威信財交易の性格をもっていたことがうかがわれる。ナカダⅢ期になると、この頃勃興しつつあったいくつかの有力集落の支配者たちによって、図像のモチーフが支配者の表現に用いられるようになった。かつてこの現象は、ペトリーによって西アジアからの「民族侵入」の結果と理解されたが、上記のような資料状況はこの見解を支持しない。しかしこの背景に、おそらく人的な交流も含むメソポタミアに関する豊富な情報の流入が想定されるであろう。ここで扱った遺物以外にも、ニッチ建造物や文字の使用などの要素が、同じ時期にメソポタミアから伝わった可能性が指摘されている。これらの要素も同じように伝わったかもしれない。

　概念的な意味では、メソポタミアとの接触がエジプトに与えた影響は決して小さくはなかった。図像のモチーフは、とくにナカダⅢ期になって支配者の概念を表現する描写に用いられ、後の王権観の

成立にも重要な影響を与えた（第11章参照）。印章は、王朝開闢前後から物品管理のための行政手段として用いられるようになる。また、文字の使用も、王権の表現や行政に大きな影響を与えることになった。こうした観点から、メソポタミアあるいはイランとの接触がナイル河下流域における初期国家形成に与えたインパクトは大きいといえるであろう。

　前述のように、メソポタミアからはこれまでほとんどエジプトの製品が検出されていない。モーレイやマークは、エジプトからの搬出品が東部砂漠あるいは下ヌビアで産出した金である可能性を指摘しているが、科学的な組成分析によって確認されないままである。

　これまで、主要な地域別に交易と交流について概観してきた結果、交易や交流の方法は、地域ごとに異なっていることが明らかになった。下ヌビアのAグループ文化との関係は、ナカダ文化がAグループ文化に多大な影響を与えつつも、Aグループ文化は文化的な独自性を保ちつづけた。そして、ナカダ文化からAグループ文化のなかに、土器とその内容物をはじめとする多量の物品がもち込まれていることから、盛んな物流があった様子がうかがわれる。一方、南パレスチナとの関係は、初期青銅器時代以降、南パレスチナにナイル河下流域の人びとが移住し、パレスチナとエジプトの2つの文化伝統が共存するようになったが、両者の間の物流は残された資料から見るかぎり、さして多くはなかったように見える。さらにメソポタミアとの関係は、遠距離であることが原因となって、物質的な交流は希薄であるように見える。しかし、メソポタミアからの搬入品は稀少品あるいは威信財としての価値をもち、印章、図像表現、文字などの先進的な概念が、当時のエジプト社会の発展に大きな影響を与えた。

こうした交流の違いには交易組織の違いもともなっていたであろうが、ナカダ文化社会における交易組織に主眼を置いてみると、ある程度共通する交易組織の変化を認めることができる。ナカダⅠ期からⅡ期初頭にかけては、概して外部との交流は希薄であり、ナカダ文化の遺跡から散発的に搬入品が検出される程度であった。

しかし、ナカダⅡ期半ば頃から、外部との交流が急速に活発化する。パレスチナ産の土器やそれを模倣してナイル河下流域で製作された波状把手土器が、ナカダ文化内部にも多量に流通するようになる。また、Aグループ文化にまとまった数の土器が搬出されるようになり、そのなかには当時の稀少品あるいは威信財であった波状把手土器や装飾土器が含まれる。さらに、遠くメソポタミアを経由して搬入されたラピスラズリは、稀少品として珍重され、上エジプト南部の大型集落のエリートたちに入手されている。これらのことは、当時の交易は少量の物品を扱う比較的規模の小さなものであり、そのなかで稀少品や威信財の交易が重要であったことを示す。上エジプト南部に位置する大型集落のエリートたちは、しばしば交易品を入手する機会に恵まれ、交易に深くかかわっていたことが明らかであるが、おそらくまだ中距離程度の交易組織しかもっていなかったため、ナカダ文化外部からの交易品は、いくつかの集落を経てもたらされた可能性が高い。

ナカダⅢ期になると、規模の大きな長距離交易網がはじめて出現した。長距離交易網の成立は、ナカダ文化の遺跡のうちでもヒエラコンポリスやアビュドスのような当時の有力大型集落に、ラピスラズリやパレスチナ産土器をはじめとする長距離交易品が集中することや、下ヌビア南端にある第2急湍付近とナカダ文化内部が直接接触していたことから推測される。この交易網は当時の有力集落の支配者たちによってコントロールされ、長距離交易品をある程度独占

する組織的な交易が行われるようになっていた。交易品の量も増大し、ナカダ文化内部では交易品を生産するための組織も整っていたであろう。第1王朝の開始前には、後の王家に連なる支配者たちが交易網を支配するようになっていた。

　なお、ここで扱った地域以外にも、前4千年紀のナイル河下流域は紅海沿岸やシナイ半島、あるいはもっと遠方地域とも交流していたことが知られている。

第8章　前4千年紀の専門化

1　専門化と初期国家の形成

（1）専門化の研究

　社会の複雑化と専門化（もしくは専業化 specialization）が密接な関係をもっていることは、かねてから多くの研究者によって指摘されてきた。都市出現期の複雑化した社会と専門化に関する明瞭な指摘は、古くはG.チャイルドにさかのぼり、その後考古学と人類学の共同分野のなかで、多くの論議が積み上げられてきた。西アジアを含む工芸の専門化に関する理論的論議の動向については、西秋良宏の論考（西秋 2000）に要領よくまとめられているため詳細はそこに譲り、ここではナイル河下流域における初期国家の形成と関連する重要部分を取り上げてみる。

　専門化は、生産以外に、行政、宗教あるいは軍事などについても生じる現象である。また同じ生産でも、生計に関連する食糧などの物品や、それ以外の奢侈品など、多様な製品の生産がありえる。考古学の研究領域では、考古学的資料として残りやすい工芸品の専門化（craft specialization）についてとくに研究が盛んであった。下記の議論もおもに工芸の専門化について行われたものであるが、ある程度他の分野の専門化にも当てはめられるであろう。

　近年用いられた工芸の専門化の定義として、E.J.クラークのやや

広義な「譲渡可能な恒久財を非扶養者の消費のために生産すること」(Clark 1995) と、C. コスティンのやや狭義な「分業による規則的かつ恒常的な、そして組織化されている場合もある生産システムである。そこでは生産者は生計の少なくとも一部を世帯構成員外との交換関係に依存し、一方で消費者は自ら生産しない物品の入手を彼らに依存している」(Costin 1991) とが挙げられる。両者の定義の違いは、生産者と消費者が交換を通じて相互依存しているか否かにある。前者のような相互依存を含まない広義の専門化は、おそらくどのような社会にも認められ、起源は旧石器時代にまでさかのぼるかもしれない。一方、複雑化した社会の研究に重要なのは、むしろ後者のような相互依存を含む専門化の発達である。というのは、専門家は、自らとその家族が消費する以上に特定の製品あるいはサーヴィスを提供する代わりに、生活必需品を多かれ少なかれ他者に依存する。専門化が進むと、専門家たちのつくり出すものが生活必需品でないかぎり、それは非食糧生産者を社会に抱えることになり、専門化は余剰食糧の生産や作業の分化という複雑さと不可分の関係をもつことになるわけである。ただし、後に述べるように、生産址の資料が限られている前4千年紀のナイル河下流域では、考古学的に両者を判別するのがきわめてむずかしい。

(2) 専門化の分類

専門化の多様な側面を分析するにあたって、さまざまな観点からの分類が可能である。従来、種類（物品生産かそれ以外の行為か）、生産者と消費者の関係（独立か従属か）、専門度（フル・タイムかパート・タイムか）、規模（個人、家族、工房、村あるいはもっと大規模）、地理的関係（集中か分散か）、生産物の性質（日用品か奢侈品か）、生産者あたりの生産量（少量か大量か）、生産者と消費者

第8章 前4千年紀の専門化

の依存度（交換、給付、貢納か）などの項目が挙げられている（西秋 2000）。あまりに分類項目が多いために専門化を単純な軸に沿って分類することはできないが、以下にとくに社会の複雑化およびナイル河下流域における独自性と関連の深い点について、少し詳細に検討してみたい。

生産者と消費者との関係が、独立しているか従属しているかという分け方は、1980年代にT.K. アールらによって社会の複雑化と関連する重要な観点であると指摘された。独立専門家とは、消費者を特定せずに生産を行う一方、従属専門家とは、通常エリートや行政組織などの後援者に雇われ、彼らのために生産を行う。独立と従属の間には、製品、専門度、組織あるいは生産量などにも違いが生じるかもしれない。とくに、従属専門家はしばしば奢侈品、威信財あるいは武器などの政治的な意義をもつ製品の生産に携わっており、エリートたちが政治的な目的で経済を管理・統制するために発展した可能性が指摘されている（Brumfiel & Earle 1987）。専門化の発達といえば、これまで生産の効率化という経済要因説か、異なる天然資源の分布、生態系あるいは生産体制に適応する効率化という適応要因説によって説明されてきたが、アールらは新たに政治的要因を指摘したわけである。

前4千年紀のナイル河下流域における専門化と社会の複雑化を見ていく上で、この指摘は重要である。というのは、西アジアのような稠密な人口をもつ都市の発達が比較的遅れたナイル河下流域においては、漠然としたマーケットを想定した効率的な生産は、早くからは起こりにくかったかもしれない。また、従来の専門化に関する考察でも、ナイル河下流域においてはしばしば比較的古い段階から従属専門家の存在が推測されてきた。ここにエジプト特有の現象を見ることができる可能性がある。さらに、威信財のような当時の政

治的状況を左右する製品が、しばしば従属専門家によって生産されてきたという指摘は、社会における政治的側面の発達を理解する上で従属の専門化の理解を不可欠にするであろう。したがって、ナイル河下流域における専門化の発達を理解する際にも、異なる要因に沿った発達を念頭において見ていかなければならない。

（3） 専門化の資料

　上記のような理論的な問題の一方で、現実的にはこうした専門化の様相を、考古学的資料から明らかにする必要がある。生産における専門化を考古学的に示唆する資料にはいくつかあるが、もっとも直接的に専門化を探るための資料は通常製作址であり、間接的手がかりとして、しばしば製品に顕れる規格化（standardization）、熟練した技術、生産効率、分布パターン（流通と配分）などが挙げられる（Costin 1991）。前4千年紀のナイル河下流域においては、集落址の発掘調査例が少ないために製作址からの情報は非常に限られており、間接的な資料に依存しなければならないことも多い。以下では、製作址からの情報と製品そのものから得られる情報を便宜的に分けて考察してみた。

　冒頭にも述べたように、専門化の現象は製品生産だけではなく、行為を含めた他のどの分野にも起こり得る。ここでは、おもに資料の豊富な工芸品のなかに含められる石器と土器のほか、ビール醸造と交易の事例に言及した。

2　石器製作と専門化

（1） 製作址からの研究
A：テーベ～アルマント地区の事例

生産活動における専門化の事例の最初に、B. ギンターらが行った上エジプト南部テーベからアルマントの小規模集落における石器製作の研究を取り上げてみた (Ginter *et al.* 1996)。この研究は、ターリフ文化からナカダ文化にかけての材料調達と製作組織の変化について考察しており、専門化を含めた長期的な生産組織の変化が明らかにされた好例である。またこの研究は、集落内の石器分布から専門化について考察した研究としても重要である。

ターリフ文化の集落遺跡アル＝ターリフにおいて、テーベ産の石材で製作された石器は、石核から製品まで、製作工程のすべての段階を示す石器あるいは剥片が集落内から出土することから、石材をもち込んで集落内で一連の製品製作工程が行われたことが知られた。また、集落内に石器が集中する場所が認められず、とくに製作場所が決められていなかったらしいと推測された。

アルマントMA 21 A／83遺跡で検出されたナカダⅠ期頃の集落址からも、ターリフ文化の頃と同じように、集落内で石器製作のすべての工程が行われたことを示す石器群が出土している。しかしこの頃には、石器の集落内における集中した空間分布から、集落内に石器製作を行うための特別な地区が設けられていたらしいと推測されている。

ナカダⅡ期初頭頃には、さらに別の石器製作組織ができたようである。灰色フリントをはじめとするテーベ産のフリントを集落内にもち込み、石核から製品を加工する一連の工程は継続していたが、一方で、テーベ産のうちでも緑色フリントやテーベ以外で産出するフリントのなかに、石刃の比率が高くなる現象が認められる。こうした現象は、フリントの産地で石刃までの加工が行われ、石刃あるいは製品のみが集落にもち込まれるようになったために生じたもので、石器が専門化した工房で製作された可能性が指摘されている。

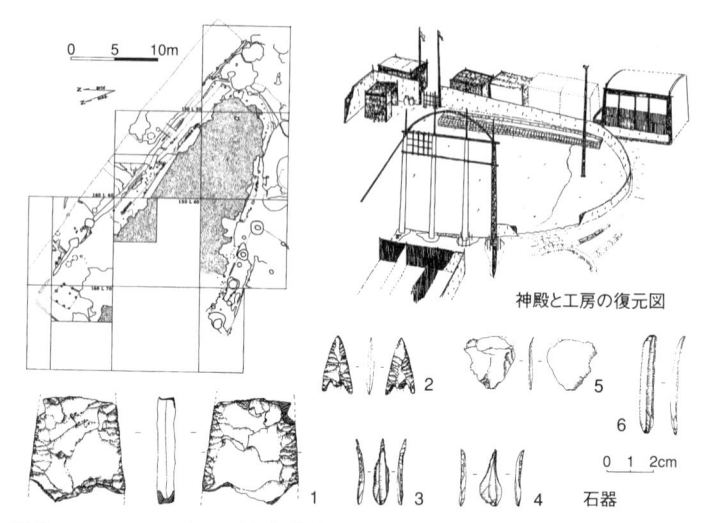

図47 ヒエラコンポリス遺跡「神殿付属工房」と出土石器（Holmes 1992より）
1：両面加工石器　2：尖頭器　3・4：錐　5：両面加工石器の調整薄片　6：石刃

　ギンターらの研究は、ターリフ文化における集落内で場所を定めずに石器製作の全工程が行われるというもっとも単純な家内制の非専門的生産形態から、ナカダⅠ期に集落内の限定した場所で石器製作の全工程を行うというやや分化した生産形態に移行し、さらにナカダⅡ期初等以降に、一部の石器が石材産地において途中まで加工され、少なくとも作業位置的な専門化が発達するという、一連の経過を示したわけである。

B：ヒエラコンポリス遺跡 HK 29 A 地区の事例

　ヒエラコンポリスにおいては、もっと大型で複雑化した集落における石器製作の様子をうかがうことができる。ヒエラコンポリス遺跡 HK 29 A 地区において、平面形態がU字形をもつ前庭を備えた神殿の跡と、それに沿って築かれた一連の「神殿付属工房（Temple-workshop)」が検出された（図47、コラム：ヒエラコンポリス遺跡）。ナカダⅡ期中葉（Ⅱb-d期）に年代づけられるこの遺構の付近には、ビーズと石屑および石器が多量に分布しており、サンプリングされた石器の量だけでも143 kg、1万点以上に達することから、ここが石器とビーズの製作址であると推測された。

　D.L. ホルムズの分析（Holmes 1992）によると、ここで製作された主要な石器は、精巧に両面加工が施されたナイフや尖頭器で、製品のおよそ半分を占める。剥片、石刃、石核、およびビーズに孔を穿つための錐や石製容器をくり抜くための三角形のドリル先端部などの製作道具も出土している。石器のおもな素材であるフリントのほかに、斑岩や角礫岩を含む多様な石材が出土しており、石材の多くが少なくとも40 km 以上離れた場所から調達されている。こうした特殊な石材の出土や残った製品断片から、石製容器、パレット、棍棒頭などの石製品も製作されていたことが推測された。ただし、製品の出土はビーズと石製容器の断片に限られ、完形の完成品がほとんど出土しないため、製品は別の場所で消費されたようである。

　石器の出土量、遠方各所から調達された多様な石材、および規格化した製品をつくり出すための組織化された作業を考えると、おそらくはフル・タイムではたらく専門化した職人によって石器や石製品が製作されたと推測される。

　ヒエラコンポリス HK 29 A 地区における石器製作址は、「神殿付属工房」が検出されたはじめての例であり、従属専門家がナカダⅡ期の中葉には存在した確実な証左である。また、この工房でつくられた製品がいずれも奢侈品であり、威信財として機能した可能性もある点は、上述した従属専門家の特徴とも一致する。

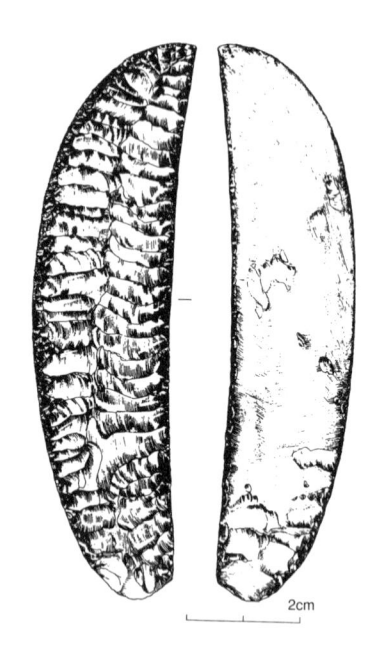

図48 波状剥取ナイフ
（Payne 1993より）

（2） 製品からの研究

出土した製品から、石器製作における専門化が推測されている例もある。そうした例のひとつが、ナカダⅡ期から普及する石刃であり、もうひとつが「波状剥取ナイフ」とよばれる特殊な両面加工の石器である。

A：ナカダⅡ期の石刃の事例

ホルムズは、バダリ地区、ナカダ、ヒエラコンポリスの3カ所において、ナカダ文化の集落址から出土した石器を比較する考察を行った（Holmes 1989）。各遺跡の石器には地域色が認められたが、ナカダⅡ期の初め頃、規則的な石刃石核から剥離された石刃が各地に普及する。ホルムズは、こうした石刃がこの時期に新しく出現した専門職人によって製作された可能性を指摘している。

ナカダⅡ期の石刃は、規格化された製品と比較的熟練した技術にもとづいて、日用品である石器製作における専門化の出現が推測された事例である。前述のテーベ～アルマント地区の事例と同時期であるため、こうした石刃も石材産地近くに設けられた工房で製作されたのかもしれない。

B：波状剥取ナイフの事例

ナカダⅡ期後半からナカダⅢ期初頭にかけて製作された「波状剥

取ナイフ（ripple-flaking knife）」とよばれる半月形の大型ナイフ形石器（図48）は、その高度な製作技術から、製作に専門家が携わった可能性が多くの研究者によって指摘されてきた（Midant-Reynes 1987；高宮 1992）。

このタイプのナイフ形石器は、製作実験を行ったP. ケルターボーンによれば、きわめて複雑で長時間を要する工程を経て製作されている（Kelterborn 1984）。まず、①大型のフリント塊をうち割って、おおまかな形態をつくり出す。②おおむね半月形になった石材の両面を研磨し、表面を平らに仕上げ、エッジ全体に沿って打面を整形しておく。つぎに、③ナイフの縁辺部から中心線に向かって、定型的な押圧剥離を連続して行う。この結果、ナイフの表面には美しい波状の剥離痕が生じる。④側縁をふたたび研磨し、打面の角度を変更して、先の剥離の間に残された三角形の部分に、側縁から細かい剥離を加える。⑤剥離と研磨によって刃部を薄くした後、刃部に鋸歯状の調整を加える、というのが復元された製作工程である。

このタイプのナイフを製作するに際して、何度か研磨が行われるのは、平らな打面と表面をつくり出すことによって、力が規則的かつ均一に伝わるようにし、剥離が不規則になるのを防ぐためである。つまり、剥離と研磨をくり返す複雑な工程が、美しいナイフの外観をつくり出しているわけであるが、そのために膨大な時間と労力が費やされた。ケルターボーンによれば、③以降の剥離に要した時間だけで8時間、研磨に要した時間を加えると17時間になったという。それ以前にかかった時間も含めると、波状剥取ナイフの製作には、かなり長い時間を要したわけである。

表面を研磨してから剥離を行う石器製作技術は、すでにナカダⅠ期の菱形ナイフや魚尾形ナイフにも認められるが、波状剥取ナイフは上記のような一連の複雑な工程と長い時間を必要とするため、熟

練した技術をもつ専門家の関与が不可欠であり、その専門家はフル・タイムではたらいていた可能性が高い。

波状剥取ナイフは、出土量が少ないにもかかわらず、下ヌビアから地中海沿岸近くまでの広い地理的範囲に分布する（高宮 1992）。検出例の多くは墓の副葬品であり、大型墓に副葬された例も認められる。またナカダⅢ期には、このタイプのナイフに精巧な彫刻を施した象牙の柄が付けられたものもつくられている（図45）。広域な分布、大型墓を含む墓への副葬、および精巧な彫刻装飾の付加を見ると、威信財として、従属専門家によって製作された蓋然性が高い。

3 土器製作と専門化

(1) 製作址からの研究

前4千年紀の土器製作址が検出された例は非常に限られているなかで、ヒエラコンポリス遺跡は、分布調査の結果20カ所あまりの窯跡が検出され、その一部で発掘調査が行われた希有な遺跡である（コラム：ヒエラコンポリス遺跡）。ただし、これらの窯跡の多くは、地表面に散布する「窯からの廃棄物」を含む土器片からその存在が推測されたもので、発掘調査によって土器焼成窯が検出された例は少ない。

ヒエラコンポリス遺跡の窯は、立地によって、大型ワディ奥部に位置するものと、ナイル河沖積低地に近い集落址内に位置するものとに分かれる。

A：ヒエラコンポリス遺跡ワディ奥部の製作址の事例

ヒエラコンポリス遺跡には、ナイル河沖積低地から東に向かって伸びる大型のワディがあり、1kmほど奥に入ったワディの両側に、少なくとも7カ所の窯跡が検出された。そのうちHK59地区の発

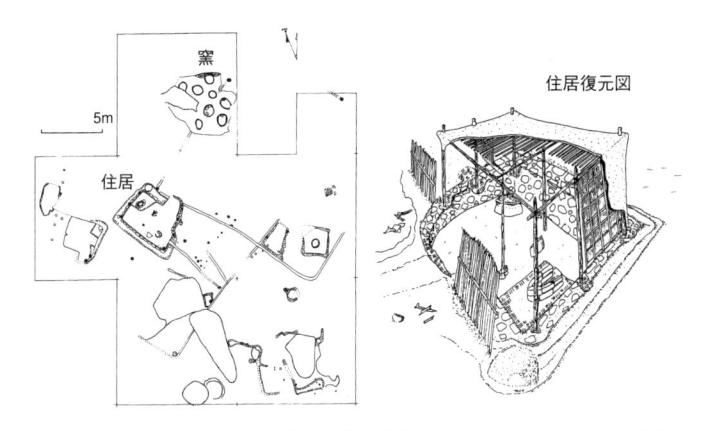

図49 ヒエラコンポリス遺跡土器焼成窯と住居（Hoffman 1982より）

掘調査が行われ、窯の施設自体は検出されなかったが、粘土の準備もしくは成形の際に使用されたらしいピットが検出された。ワディ奥部に形成された窯跡は、おおむねナカダⅠc〜Ⅱa期に年代づけられる。出土した土器片の大半は、ナイル河の沖積土にほとんど顕著な混和剤を加えない赤褐色の胎土で焼成された、比較的良質な精製土器である（多くはペトリーの「赤色磨研土器」に相当する）。ワディ奥部に多数の窯が築かれた理由として、この付近が燃料調達に適しており、焼成の際にも風をうまく利用できるという環境的な要因と、ワディ奥部に築かれた墓地群に近く、副葬品の土器を供給しやすいという機能的な要因とが挙げられていて、実際少なくとも製品の一部は副葬品に用いられたらしい。

　ワディ奥部という窯の場所、窯跡に集積する土器の量、形態や寸法の規格化を考慮すると、精製土器は世帯での消費を超えたレベルの生産が集落から離れた場所で行われており、ある程度の専門化が推測できるという（Friedman 1994）。この事例は、ナカダⅠ期の

終わりから精製土器の製作に専門化が生じていたことを示唆する事例であり、後述する製品からの考察もそれを裏づけている。

B：ヒエラコンポリス遺跡 HK 29地区の事例

　一方、沖積低地に近い低位砂漠縁辺部集落内にも、少なくとも8カ所で土器焼成窯が検出されている。そのうち HK 29地区では、発掘調査の結果、直径約5～6ｍの円形を呈する土器焼成窯の底部とそれに隣接する家屋が出土している（図49）。この窯は、ワディ奥部の窯とほぼ同時期であるナカダⅡa期に年代づけられ、おもに日用品である混和剤を加えた粗製の土器が焼成されていた。窯の上部構造はすでに破壊されていたため、元来の形態は不明である。家屋は4×3.5ｍの矩形を呈し、5人程度の家族が居住する規模である。家屋の周囲には柵が巡らされており、そのなかで家畜が飼われていたらしく、家屋の住人が一般的な生業活動にも携わっていた可能性を示唆する。

　出土土器の分析を行ったR. F. フリードマンは、土器の内容と隣接家屋の存在を根拠として、家内工房（household workshop）に付近の陶工たちが集まり、おそらくはパート・タイムを基本として、一連の形態の粗製土器を製作していたと推測した。この事例は、住居に付随する土器製作址が検出されたはじめての例であるとともに、ナカダⅡ期初頭から日用品土器の製作にもある程度の専門化が生じていたことを示した例である。

（2）　製品からの研究

A：ナカダⅠ期からⅡ期初頭の精製土器の事例

　出土した土器そのものの分析から、専門化について言及した研究は比較的多い。

　フリードマンは、ナカダ文化の集落址から出土した土器を分析し

て、すでにナカダⅠ期のうちから、精製土器にある程度の専門化が生じていたことを指摘している（Friedman 2000）。ナカダⅠ期からⅡ期初頭にかけて集落で用いられた土器は、いずれもナイル河の沖積土を使用してつくられるが、混和剤を含む粗製の土器と、顕著な混和剤を含まない精製の土器とに分けられる。そのうち精製土器は、良好に精製した胎土を用いてつくられ、しばしば器表面に化粧土が施され、美しく研磨されている。ペトリーの分類のうち、「赤色磨研土器」、「黒頂土器」および「白色線文土器」はこれに該当する。この種の土器は、上エジプト中・南部の広い範囲に分布するナカダ文化の遺跡で、粘土の準備、成形技法、焼成技法、器面処理技法、装飾方法などの一連の技術がきわめて類似する。一方、胎土の分析から、この種の土器は特定のセンターで製作されて配られたものではなく、それぞれの地域でつくられたことが明らかになっている。各地で製作されたにもかかわらず、手間のかかる画一的な精製土器が上エジプト中・南部の広い範囲から出土する現象は、広域に情報を共有することができるような専門家の存在を示唆すると推測された。

　こうした精製土器は、集落でも用いられたが、墓の主要な副葬品であった。また、上述のようにヒエラコンポリス遺跡では、ワディの奥部の墓地近くに、精製土器を焼いた窯が多数検出されている。フリードマンは、共通した特徴をもつ土器が広域に分布することを可能にする専門家の形態として、たとえば各地を巡回する陶工を想定している。

Ｂ：「装飾土器」の事例

　従来、製品から製作組織の専門化についてが推測される土器の筆頭として、「装飾土器」が挙げられてきた。装飾土器は、ナカダⅡｂ期以降、ナカダ文化のなかで製作された土器であり、それまでの

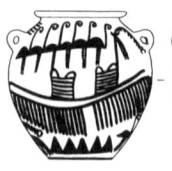

図50 装飾土器（Payne 1993より）

ナイル河下流域における土器製作とくらべると、技術面において、いくつか新しい特徴をもつ。まず、装飾土器は焼き上がりが鈍い黄色あるいはオレンジ色になる砂漠起源の泥灰土を用いて製作され、口縁部の整形には回転台が使われている。そして、明るい色調に焼き上がった器表面に赤褐色の顔料を用いて装飾が描かれる点は、ナカダⅠ期に普及していた、ナイル沖積土で製作された焼き上がりが赤褐色になる土器の表面に、白色顔料で彩文を施した「白色線文土器」とは対照的である。初期の装飾土器は、おそらく石製容器を模したと思われる渦巻き文などの幾何学文様で装飾されているが、もっとも特徴的な装飾は、ナカダⅡc-d期に用いられた船とナイル河下流域の動植物を描いたモチーフである（Payne 1993）（図50）。

　こうしたモチーフを分析した多くの研究者は、これらがきわめて画一的な様式で描かれていることから、限られた数の工房で製作され、各地に分配されたと推測した（Needler 1984；Aksamit 1992）。装飾土器は墓から頻繁に出土する一方、集落址からの出土例は少ないため、埋葬用を目的として製作されたらしい。また、モチーフのなかには祭儀的な要素が濃厚であることも指摘されている。したがって、装飾文土器は、埋葬用あるいは祭儀用の土器が、専門家によって製作された例と考えられる。

4 ビール醸造と専門化

　ビールは、古代エジプトの代表的な飲み物であったが、その起源は前4千年紀にまでさかのぼる。ナカダ文化のいくつかの遺跡で醸造址が検出されており、工芸品以外の専門化を示すめずらしい資料を提供した。

　ヒエラコンポリス遺跡HK 24 A地区において、ナカダⅠb～Ⅱa期に年代づけられるビール醸造址が検出されている（図51）。この近くでは、土器製作の施設も検出されており、一帯が「生産地区」であったらしい。検出された遺構は、醸造過程でビールを暖めるために、大型の土器が並べて据えられた施設であった。発掘調査で検出されたときにはすでに一部が壊れてしまっていたものの、少なくとも6個の土器が並んでいた。これらの土器の容量を量ると、390リットルになる。もともとそれより多くの土器が並べられていたとしたら、世帯で消費する量を超えるビールがつくられていた可能性が高い。ただし、ビールは墓にも副葬された。

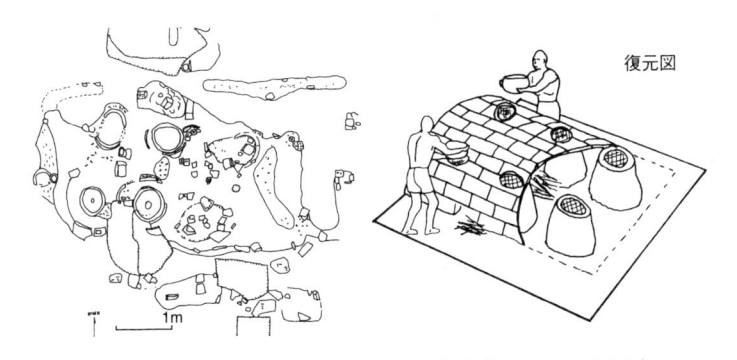

図51　ヒエラコンポリス遺跡ビール醸造址（Geller 1992より）

J. ゲーラーは、ビール醸造には①多量の穀物、燃料、製品を扱わなければならないこと、②供給者、消費者、そしておそらくは役人が密に交流しなければならないこと、③施設が頻繁には見られない恒久的な特別な性格をもっていること、④理想的な条件の下で醸造するには、熟練と注視が必要であることを根拠として、当時のビール醸造に専門職人が関与していた可能性を指摘した (Geller 1992)。また、同じようなビール醸造施設は、アビュドスでもやや遅い時期のものが検出されている。ヒエラコンポリスやアビュドスの施設は、支配者や神殿などの力をもつ個人や組織が、生産と再分配を命じていた蓋然性が高いと推測された。

　ゲーラーはビール醸造に関して、かなり組織化された従属の専門家組織を想定しているが、王朝時代に神殿、王宮、貴族の領地に付属する大型醸造所の例はあるものの、ヒエラコンポリスの例については確実な証左があるわけではない。ヒエラコンポリスにおいて、世帯を超えた規模の生産が行われたとはいえ、その組織の性格については明らかではない。

5　交易組織の専門化

　専門化は交易の分野にも及ぶだけではなく、遠距離交易はそれ自体がしばしば専門化の証左ともなり得るであろう。というのは、たとえば遠方との交易が恒常的であり、かつ規模が大きければ、ある程度専従する交易の専門家を必要とする。また、恒常的な交易を特定の物品を用いて行うためには、その物品の余剰生産が必要である点も、専門化とつながる。

　遠距離かつ比較的恒常的であるために、ある程度組織化した専門家を必要とする長距離交易システムの存在は、ナカダⅢ期における

下ヌビアのAグループ文化との交易およびパレスチナとの交易のなかに認められる（第7章参照）。ナカダⅢ期になって、下ヌビアにおいて少なくとも300 kmを超える長距離交易網が成立した段階では、しばらく第2急湍付近にとどまるような、おそらくはフル・タイムの専門化した交易人を想定しなければならない。

　また、ナカダⅢ期になると土器を中心とする交易品の量が破格に増大し、交易品となる土器と内容物の生産にも専門化が不可欠だったであろう。

6　専門化の発達

　これまでの研究が専門化を比較的明瞭に示唆する事例を挙げてきたが、ここでは時期を追ってその変遷を整理してみることにする（表7）。

　ナカダⅠ期の早い時期から、広義の意味での専門化は始まっていたと思われるが、生産における専門化が比較的明瞭になってくるのは、ナカダⅠ期の終わり以降のことである。ヒエラコンポリス遺跡では、ワディ奥部において精製土器を焼成する窯がいくつも築かれる一方、主集落に近い低位砂漠縁辺部において住居に近接する窯が設けられ、日用品の土器が製作された。この段階で、用途に応じて異なる場所に設置された窯を使い分ける土器製作が行われていたわけである。いずれの場合も世帯で消費する以上の規模の生産が行われたと推測されるが、比較的熟練した技術を必要としない日用品土器の場合は、住居に近接する工房において、おそらくはパート・タイムで製作が行われていた。同じ頃にその近くでビール醸造址が検出されており、ゲーラーによってやや専門化した生産組織が推測されているものの、ビールも同じようなパート・タイムの組織で生産

表7 ナイル河下流域における専門化の過程

	種類	生産物の性質	生産者と消費者の関係	専門化 I期	IIa/b期	IIc/d期	III期	資料
石刃製作	物品	日用品	独立		〜〜〜	〜〜〜	〜〜〜	テーベ〜アルマント地区の製作址、製品
両面加工石器製作	物品	奢侈品	従属			〜〜〜	〜〜〜	ヒエラコンポリス遺跡HK29A地区の製作址
波状剥取ナイフ製作	物品	奢侈品	従属			〜〜〜		製品
粗製土器製作	物品	日用品	独立？		〜〜〜	〜〜〜	〜〜〜	ヒエラコンポリス遺跡HK29地区の製作址
精製土器製作	物品	奢侈品	独立？			〜〜〜	〜〜〜	ヒエラコンポリス遺跡ワディ奥部の製作址、製品
装飾土器製作	物品	奢侈品	従属？		〰〰〰	〰〰〰		製品
彫刻製作	物品	奢侈品	従属				〜〜〜	製品
ビール醸造	物品	奢侈品	独立？		〜〜〜	〜〜〜	〜〜〜	ヒエラコンポリス遺跡HK24A地区の醸造址
交易	行為		独立？・従属			〜〜〜	〰〰〰	下ヌビアAグループ文化の墓地資料
管理・行政	行為		従属				〰〰〰	文字、印章

〜〜〜〜〜 パート・タイム 〰〰〰〰〰 フル・タイム

できたであろう。

　一方、精製土器とナカダⅡ期以降に普及した石刃の場合は、主集落から離れたところで生産が行われており、やや熟練を必要とする技術が用いられている点も共通している。しかし、精製土器はナカダ文化の初期から同じような土器が各地で製作されていて、それが高度に専門化した組織であるとは考えがたいであろう。また、石刃の場合も、規格化や石材産地における生産は付近に大規模集落が検出されていないテーベ〜アルマント地区でも起こっており、やはり

高度に専門化した組織の存在は想定しにくい。

したがって、ナカダⅠ期からⅡ期初頭にかけての専門化は、おそらく基本的にパート・タイムにとどまっていた可能性が高いように思われる。この時期には規模の大きな交易が行われた証左がないので、製品はおもに集落内で消費されたと考えられる。

それまでとは性格が異なる専門化の明瞭な証左が現れるのは、ナカダⅡ期中葉頃である。ヒエラコンポリス遺跡 HK 29 A 地区で石器および石製品を製作する「神殿付属工房」が検出され、この時期から少なくとも大型集落において、従属の専門化した組織が出現したことが明らかである。遠方から調達された特殊な材料を用いて、規格化した製品をある程度多量に生産するためには、おそらくフル・タイムではたらく専門家を想定することが必要であろう。製品の多くは、奢侈品であった。ただし、当時の神殿が社会のなかでどのように機能していたのかはほとんどわかっていない。

専門化した製作組織の存在は、ナカダⅡb期に始まる装飾土器や、ナカダⅡ期後半に始まる波状剥取ナイフの存在からも裏づけられる。両者ともに、製作には熟練した知識と技術が必要であり、かつ審美的に優れた製品に仕上げてある。また、いずれも従来威信財として機能していた可能性が指摘されていることから、やはりフル・タイムではたらく従属専門家が関与していたと考えられる。ナカダⅡ期中葉以降には交易が盛んになったが、下ヌビアのAグループ文化の遺跡から装飾土器が比較的頻繁に出土しており、専門職人によってつくられた製品が交易品として用いられたことを示す。

専門家組織の規模は、人口と密接な関係をもっている。F.A. ハッサンによれば、この頃50人が一人の割合で非食糧生産者を養うことができるという（Hassan 1988）。ナカダⅡ期前半頃のヒエラコンポリスの推定人口は1500～2500人くらいであり（第5章参照）、

仮に2000人の人口を想定すると、集落成員が約40人の非食糧生産者を養える。非食糧生産者のなかには各種生産の専門家以外にもエリートなどが含まれる可能性があり、これより生産の専門家の数は少なかったであろう。一方、集落外から食糧を調達するシステムが存在すれば、もっと多くの専門家を集落内に抱えられたかもしれない。

　ナカダⅢ期については、工芸の専門化に関する体系的な研究がないが、多様な分野で専門化がいちじるしく進んだ証左は多い。規格化、熟練した技術の使用、あるいは大量生産といった専門化の特徴を示す証拠は、たとえば土器に顕著に認められる。従来ナカダⅡd1期の終わり以降、同じような形態の土器がナイル河下流域の広い範囲に分布するようになること、およびナカダⅡd2期から土器が高度に規格化されることが指摘されている。ナカダⅢ期には、それまでのような土器のヴァリエーションが減じて、オレンジ色の胎土で製作された比較的単調な土器が増加し、ヒエラコンポリスの「城塞墓地」では副葬された土器の40%以上を占めるにいたる。大型土器が増えて、口縁部付近の整形に回転台を用いる頻度もいちじるしく高くなることは、熟練した技術の存在を示す。また、この時期には、南は下ヌビア南端の第2急湍付近から北は南パレスチナまでの広域に、エジプトで製作された土器が分布しており、交易のために大量の土器およびその内容物が必要になったであろう。このように規格化、熟練した技術および大量生産は、かねてから指摘されてきた経済的な効率化に起因する専門化の発達を示唆し、従属だけではなく、独立の専門家によっても引き起こされ得る現象である。

　一方で、ナカダⅡ期中葉頃に現れた従属の専門家組織が、ナカダⅢ期にいっそう発展したことを示す証拠も豊富である。たとえば、ナカダⅢ期になって出現する精巧な彫刻がそうした例として挙げら

れる。ナイフの柄や櫛をはじめとする象牙製品や、儀式用に大きくつくられたパレットをはじめとする石製品に施された彫刻は、モチーフがしばしば初期の王権と関連することから、当時の支配者たちの意図にそって製作されたと考えられ、従属の専門家の関与を想定できる。また、先にも述べたように、この頃成立した組織的な長距離交易のためには、それに従事する専門家が不可欠であったが、おそらくその専門家は、交易網を支配する当時の中心集落の支配者たちと密接な関係があった。そこに、王朝時代の王家や神殿に付属する商人の先駆ともいえる現象を見出すことができるかもしれない。さらに、この時期には、管理・行政のための新たな専門化が急速に顕著になった。ナカダⅢ期の途中から、文字の使用が始まり、印章やラベルおよび土器に記したマークによって、物品の流通を管理する組織が充実しつつあったようである。それまで不明瞭であった交易や管理・行政のような行為における専門化がナカダⅢ期に顕在化した現象は、おそらく社会全体における専門化の進行を反映するであろう。これらの新しく顕在化した行為の専門化も、従属の専門化であり、政治的要因に起因する専門化の発展の延長上にあるが、この時期には支配者との結びつきが明確になった点が大きな特徴である。

　このように、既知の資料から前4千年紀の専門化の発展について概観すると、そこにナイル河下流域の特徴が見えてくる。ナイル河下流域においては、緩やかな専門化の進行は前4千年紀の初期から始まっているが、社会の複雑化と関連するような顕著な専門化は、考古学的資料が示すかぎり、ナカダⅡ期の半ば頃、おそらく独立の専門化よりも従属の専門化の分野において早く起こっている。経済効率に関連する独立の専門化の出現は、ようやくナカダⅢ期頃になって明瞭になるが、その頃には支配者に従属する専門化もいっそう

発達した。こうした特徴は、おそらくナイル河下流域における比較的希薄な人口や都市化の遅れと密接に関係するであろう。

第9章　ナイル河下流域の地域統合

1　地域統合と初期国家の形成

　前4千年紀の本格的研究が始まった19世紀の終わりから今日まで、ナイル河下流域の初期国家形成過程を扱う研究者たちの多くは、統一国家出現以前には、政治的に統合されていない集団がたくさん存在したであろうと漠然と推測してきた。すなわち、第1王朝開闢頃にナイル河下流域が一人の王の支配のもとに政治的に統一されたことが、初期国家の成立であると考えてきた。しかし、それは具体的にどのような過程を経て進行したのか、についてはいまだに十分に解明されたわけではない。

　これまで社会・文化における複雑化の現象をいくつかの観点から見てきたが、初期国家形成にいたる社会変化の重要な側面のひとつは政治的な組織の成立であり、社会が複雑になるほど、すなわち時間的に国家出現期に近くなるほど、その重要性が増す。政治的な側面を考古学的資料から読みとることは容易ではなく、そこにさまざまな研究方法の導入が試みられている。かつてナイル河下流域における研究では、考古学的に認識される文化的集合体と政治的な組織体の範囲がほぼ同じであると見なされることがあったが、1980年代以降には、文化的な側面と政治的な側面を意図的に分けて考察する方法が普及してきた。

そのための操作概念として、C. レンフルーが提唱した「対等政体間相互作用 (Peer polity interaction)」は、ナイル河下流域の研究にも影響を与えた (Renfrew 1986)。レンフルーによれば、対等政体間相互作用は、「社会政治的なシステムの成長や文化的複雑さの出現の問題を、新しく独創的な方法で考察するためのプロセス」であり、「単一の地理的領域のなか、あるいはそれよりやや広い地域に、たがいに隣接もしくは近接する、自立的 (すなわち自治的で政治的に独立している) 社会・政治的ユニットの間で生じるすべてのやりとり (模倣、対抗、交渉、戦争および物品や情報の交換を含む) を意味している」という。政体 (polity) は、通常単独で存在するわけではなく、似たような構造や規模をもつ政体が近くにいくつも存在し、それらと言語、宗教、慣習など、通常文化として認識されるような特徴を共有している。すなわち、同じ文化領域のなかに、複数の政治的に自立した政体が存在している状況が想定されているわけである。

実際、政体は複雑化しつつある社会を説明する際に、有益な概念である。たとえば、かつて自立的な村落以上の政策決定単位は、しばしば「部族」や「王国」などの、考古学的資料からは認識しにくく、曖昧さがつきまとう言葉で表されてきた。政体の概念は、考古学的にとらえられる文化とは別の次元の分析を、明瞭に行えるようにしたといえるであろう。

ナイル河下流域という具体的な地域で複雑化する社会を考えるとき、実際には、先の章で「文化」とよんできたものや政体のほかにも、考古学的に認識できるさまざまな社会・文化的レベルの集合体が存在し、またそれらが時間的に変化している。当時の社会のなかで、どのように政体が発展してきたか明らかにするためにも、初めに考古学的に認識できるさまざまな社会・文化的なレベルにおける

地域組織について見てみたい。

2　ナカダ文化の拡張とナイル河下流域の文化的統一

(1)　ナカダ文化の拡張

　まずは、先に述べたような従来認識されてきた文化レベルの話から始めたい。

　1956年に W. カイザーは、ナカダ文化の編年を再検討すると同時に、各遺跡の形成時期を分析し、ナカダ文化が時期が下るにつれて、上エジプト南部からナイル河に沿って南北に分布領域を広げたことを明らかにした（Kaiser 1956）。その後、マーディ遺跡資料の再考察が行われ、デルタの遺跡調査が進んで、上エジプト北部およびデルタにおけるマーディ・ブト文化の変化が明らかにされるにしたがって、ナカダ文化の拡張の様相がよりはっきりと認識されるようになった。ナカダ文化は拡張の過程で、他のいくつかの文化の分布領域を超えることになり、ナカダⅡ期の終わりにはエジプト・ナイル河流域全体に広がって、エジプトが「文化的に統一」されたといわれるような状況が生じていた。まずは、この文化的統一について、詳細を見てみる。

　カイザーの詳細な編年考察と調査資料の増加の結果、ナカダ文化は、最初に上エジプト南部のアビュドスからナカダの間で発祥し、その後、ナイル河に沿って南北に分布領域を広げたことが明らかになっている（図52）。ナカダ文化は、ナカダⅠ期のうちに、北は上エジプト中部のマトマールから南はアスワン付近までの地域に分布するようになった。この間に、上エジプト中部のかつてバダリ文化が密に分布していた地域を越えた。また、この時期の終わりには、南の境界をアスワン付近で下ヌビアのAグループ文化と接するよ

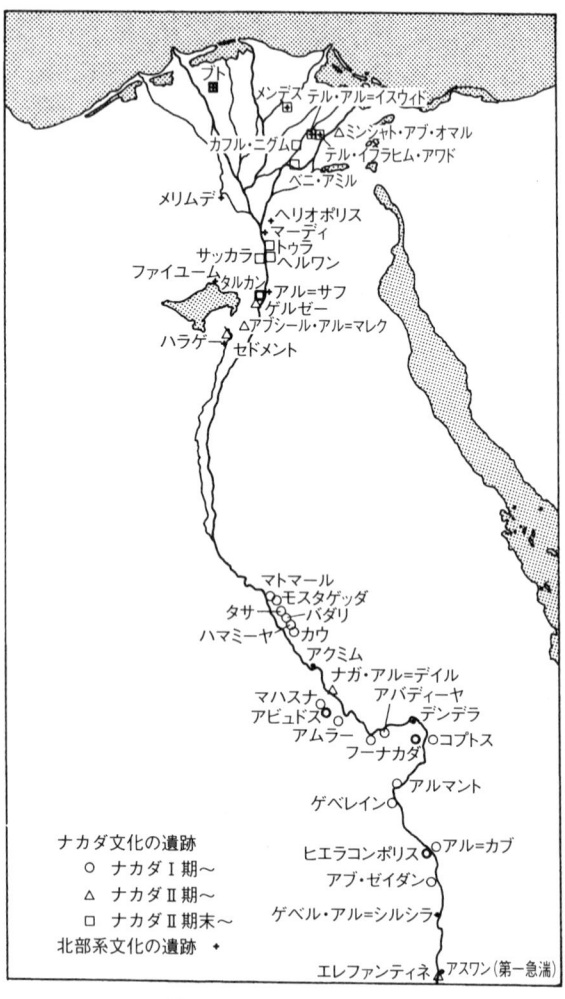

図52 ナカダ文化の拡張

うになっていた。

　ナカダⅡ期の中葉にナカダ文化は、北は上エジプト北部のハラゲー、アブシール・アル=マレク、ゲルゼー、さらには東部デルタの地中海沿岸に近いミンシャト・アブ・オマルにまで到達している。ハラゲー、アブシール・アル=マレクおよびゲルゼーがある上エジプト北部には、かつてマーディ・ブト文化が希薄に分布しているにすぎなかったが、ミンシャト・アブ・オマルに達する過程で、ナカダ文化の分布がマーディ遺跡や東部デルタのマーディ・ブト文化の遺跡群の領域を越えている。この際、デルタ頂部の南側（メンフィス付近）は空白地帯として残されていた。

　そして、ナカダⅢ期には、東部デルタを中心に、デルタの広い範囲にナカダ文化が分布するようになった。それまで空白であったデルタ頂部の南側、初期王朝時代以降の首都メンフィスの周辺には、この頃タルカン、トゥラ、ヘルワンという、大型のナカダ文化の墓地が形成されるようになった。さらに、この時期には南パレスチナやAグループ文化が普及する第2急湍までの下ヌビアと、ナカダ文化が密接な関係をもっていたことは、第4章と第7章で述べたとおりである。

　カイザーは、ナカダ文化の拡張過程を、限りなく統一王朝形成過程に近いものと理解していたようである。タサ文化の系譜を引くナカダ文化が、同時期に上エジプト中部に別の集団を形成していたバダリ文化を凌駕し、さらに分布領域を広げて、デルタのマーディ・ブト文化に取って代わる様子を示した際に、そこに集団間の相克、ひいてはナイル河下流域の政治的統一の過程を見出そうとしていた（Kaiser 1985；1990）。カイザーの考察の背景には、「文化」として考古学的に認識された集団がすなわち政治的な集団であると暗黙の了解があった。

ここでもうひとつ注意しなければならないのは、上述のようなナカダ文化の拡張は、おもに墓地の資料にもとづいて考察された事象であった点である。はたしてナカダ文化様式の墓地の普及が、どのような意味でのナカダ文化の拡張を示すのかは、集落址の資料の検討なくしては明らかにできないであろう（コラム：ナカダ文化は墓地文化？）。

（2） マーディ・ブト文化の変化

問題が残されるナカダ文化の拡張の性格について、デルタにおけるマーディ・ブト文化の場合、集落址の発掘調査が行われ、実態を考察する手がかりをいくらか提供した。

デルタを含むエジプト北部において、マーディ・ブト文化に大きな変質が見られたのは、ナカダⅡ期の終わりのことであった。マーディ遺跡はナカダ文化の同地域への拡張と相前後して使用が途絶し、ナカダⅡd期の終わりには、デルタで継続していたマーディ・ブト文化にもナカダ文化の強い影響が認められるようになる。ブト遺跡の発掘調査の結果、ナカダⅡd2期と並行する第Ⅲa層において過渡的な様相が認められたのにつづいて、ナカダⅢ期初頭と並行する第Ⅲb–f層では、土器や石器がエジプト南部のナカダ文化と共通するようになる。このような変化は、他のデルタの遺跡においても認められた。これが、上述のいわゆる「文化的な統一」である。

ブトの発掘調査を率いていた T.v.d. ヴァイは、ブト第Ⅲa層の過渡期を挟んで、比較的急速に起こったように見える変化の原因を、カイザーの説を念頭に置いて、ナカダ文化の拡張の結果と考えた。その拡張には、上エジプトからやってきたナカダ文化を担う人びとのデルタへの移住も含まれる。その際、以前からデルタに居住していた人びとが一掃されたわけではなく、ナカダ文化の人びとと共存

し、文化的に同化したと考えた（Way 1992；1993）。

　しかしながら、この説には反論もある。ブト遺跡から出土した土器の考察を担当していたC. ケーラーは、ナカダ文化とブトとの比較的密接な交流はブト堆積の初期までさかのぼり、第Ⅲa層の変化は量的なものであって、ナカダ文化の拡張を示す指標にはならないと主張した（Köhler 1995；1998）。初期の緊密な交流は、土器だけではなく、石器からも存在が推測されている（Schmidt 1996）。ケーラーは、変化の要因を、人間の移動よりも、交易や交流の活発化と複雑化へ向けての社会変化で説明しようと試みた。

　これまでのところ、上エジプトからデルタへの人間の移動を直接裏づけるような、たとえば形質人類学的研究成果がはっきりと提示されたわけではなく、この議論は考古学的資料の解釈に依存するが、デルタの調査もこれまでのところ断片的である。デルタ東部のメンデス、テル・アル=イスウィドやテル・アル=ファルカなどの集落でも、ナカダⅡ期の終わり頃を境として、前後で明瞭な変化が確認され、マーディ・ブト文化の変化がデルタの広い範囲でほぼ同時に起こったことが明らかになった。ただし、テル・アル=イスウィドやテル・アル=ファルカでは、ナカダⅡ期からⅢ期の間に相当する部分に、断絶を示す層が堆積していたという（Chlodnicki *et al.* 1992）。一方、テル・イブラヒム・アワドやベニ・アミルなどでは、上エジプトのナカダ文化と同じような埋葬様式をもつナカダⅢ期の墓地が検出されているものの、マーディ・ブト文化の墓地はデルタでは検出されていないようである。したがって、デルタにおいても集落とそれに対応する墓地の資料がそろっていない状況である。

　しかし、断片的な資料から推測するかぎりでも、ナカダⅡ期末より前と後では、デルタにおける上エジプトのナカダ文化の影響の度合いは、後者の方が破格に大きくなっているように見える。少なく

とも、デルタで検出されたナカダⅢ期の墓は、上エジプト中・南部で長く培われてきた伝統を引いており、マーディ遺跡の墓地で検出されたようなマーディ・ブト文化の埋葬とは、どこかに断絶もしくは大きな変化があるであろう。ケーラーが指摘したように、この時期にナイル河下流域全体で、交易や交流の活発化や複雑化へ向けての社会変化が急速に進んだことは確実であるが、そこに移住も含む人的交流の活発化が含まれていた蓋然性が高い。ただし、この人的移動が、カイザーが推測するような王朝統一過程と関連する政治的なものか否かは、後述する政体からの考察を見なければならない。従来の見解では、ナカダ文化の人口増加の結果、デルタに移住が行われたという説（Hassan 1988）と、パレスチナや西アジアとの交易路支配のためにナカダ文化が北方に進出したという説（Trigger 1987；Hassan 1988）などが提示されている。

かねてから、地中海やユーラシア大陸に接するデルタは、異文化との接触機会も多く開放的で、上エジプトよりも文化的に進んでいたという、デルタの先進性が主張されることがあったが、文化的な先進性と政治的な地域統合の進展具合はかならずしも歩調を合わせるわけではないかもしれない。また、ナカダⅢ期に文化的統一を遂げたエジプト内部に対して、同じように交易と交流が活発化しても、下ヌビアのAグループ文化は独自性を保っていたことは、デルタの場合と対照的である。

3 ナカダ文化の地域性

前4千年紀のナイル河下流域では、いくつかの文化が併存していたが、同じ文化の内部に地域差が存在することも指摘されている。とくにナカダ文化内部の地域性については、1980年代以降急速に研

究が進展し、比較的明瞭な地域圏が認識されるようになっている。

　ナカダ文化は、埋葬の側面を見るかぎり比較的均一であるといわれながらも、そのなかにおける地域差研究の歴史は古い（Scharff 1928；Finkenstaedt 1980；1981；馬場 2000）。しかし1980年代以降、集落址出土の土器や石器の詳細な研究が進むにつれて、新たに地域差の問題がクローズアップされてきた。上エジプトにおけるナカダ文化

図53　土器から見たナカダ文化の地域圏

の地域差は、D. L. ホルムズの石器研究（Holmes 1989）および R. フリードマン（Friedman 2000）の土器研究によって、おおむね具体的な像を描き出すことができるようになっている。そのうちでも、やや資料状況に恵まれた土器を扱ったフリードマンの研究成果がわかりやすく、石器や白色線文土器の分析結果も考慮して、次のようなナカダⅠ期の地域圏が復元された。

　フリードマンは、ヒエラコンポリス、ナカダ、ハマミーヤの３カ所の集落から出土した土器を比較する考察を行った。３カ所の集落はいずれもナカダⅠ期およびⅡ期後半の堆積を含んでおり、これらの時期については、比較考察が可能であった。集落出土の土器はおもにナイル沖積土から製作されているが、ナカダⅠ期については、日用の粗製土器に含まれる混和剤が明瞭な地域差を示すという。ヒ

エラコンポリス出土の土器には泥板岩砕片が、ナカダ出土の土器には土器砕片が、ハマミーヤ出土の土器には粗い有機物（おそらくは草の茎）が胎土に混和されている。

こうした混和剤の選択は集落よりも広い地理的範囲に共通しており、同じ混和剤が用いられた範囲を他の遺跡から確認すると、泥板岩砕片を混和した土器は南はヒエラコンポリスから北はエスナ近くのアダイマまで（あるいはゲベレインの近くまで）、土器砕片を混和した土器は南はアルマントから北は少なくともナカダまで（石器の資料を加えるとおそらくナガ・ハンマーディまで）、有機物を混和した土器はバダリ地区約35 kmの範囲に広がる。同じような地域差は、ホルムズが分析した石器にも認められた（図53）。なお、遅くともナカダⅡc期までには、混和剤に藁を加えた粗製土器が日用品としてナカダ文化領域に広く普及し、ナカダⅡ期の後半には、上記のような土器に見られる地域性は消失した。

ホルムズはこのような地域性を、前4千年紀の王国もしくは別の社会・政治的ユニットを反映するものと考え、フリードマンはやや慎重に「社会的な地域（social region）」とよび、後の政体の基礎となった可能性を示唆した。分析対象となった混和剤を加えた土器は、当時の日用品であり、とくに専門化した生産組織があったわけではないらしい。したがって、家内生産レベルの情報が高い密度で交換される地域圏がナカダⅠ期のうちから存在したことになる。たとえば、通婚圏などが、その実態の候補として挙げられるであろう。一方、後述するように、ナカダⅠ期段階の政体の規模は、おそらくこの地域圏の範囲よりも小さかった可能性が高い。

こうした技術や形態レベルの文化的地域性は、おそらくマーディ・ブト文化やAグループ文化のなかにも存在するであろう。

4 政治的な地域統合のモデル

(1) ケンプの仮説

先に述べたように、考古学的遺物に見られる前4千年紀の状態は、その前半には北からマーディ・ブト文化、ナカダ文化、Aグループ文化という3つの文化が併存しており、ナカダ文化のなかにもいくつかの地域圏が存在していた。そして、ナカダⅡ期の途中でナカダ文化内部の地域差が消失し、その終わりまでに王朝時代のエジプトの範囲に相当するアスワンから地中海沿岸部までの地域が文化的に統一された。しかし、こうした文化的な事象は、政治的なレベルの統一と直接関連するとはかぎらない。つぎに政体を意識した、政治的な地域統合の研究について見てみたい。

1989年に、B.J. ケンプは、政治的な側面を重視したナイル河下流域の統一過程に関する仮説を提示した（Kemp 1989）。ケンプ自身は政体の用語を用いていないものの、その背景には、おそらくC. レンフルーによって提唱され

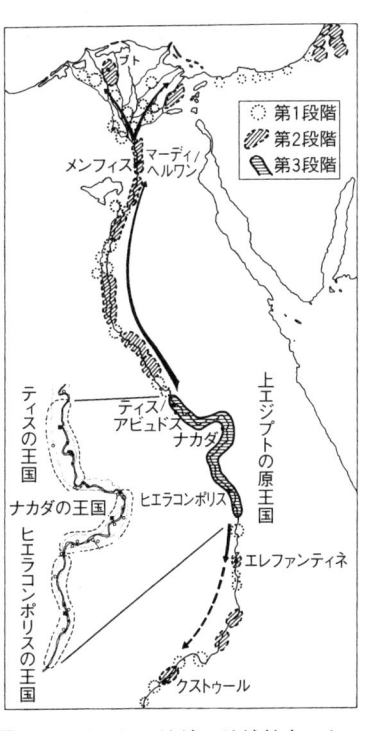

図54 ナイル河下流域の地域統合　ケンプのモデル（Kemp 1989より）

た政体間相互作用の考え方の影響があったと思われる。

　ケンプはナイル河下流域の政体が統合していく様子を、時期を追った3段階に分けた（図54）。第1段階に、ナイル河下流域に多数の政治的に独立した小規模な政体がたくさん存在する状況から、第2段階に、しだいに地域的な政体の統合が進み、政体の規模が大きくなると同時に、その数を減じていく。ただし、この過程はすべての地域において同じ速度で進行したわけではなく、ナイル河下流域のなかでも地域差があったという。ナカダ文化の後半には、上エジプト南部に、アビュドス（ティス）、ナカダ、ヒエラコンポリスをそれぞれ中心集落とする「王国（Kingdom）」、すなわち大型の政体が出現し、周辺の集落を政治的に統合していた。さらに第3段階に、先の3王国を統合したヒエラコンポリスに中心を置く「上エジプトの原王国（Proto-kingdom）」が現れ、この王国が北方に向けて軍事的に版図を広げて、地中海沿岸までのエジプト全土を政治的に統合し、統一王朝が出現する。ナイル河下流域の政治的統合最終過程において、上エジプトの王国が下エジプトを征服したとするこの説は、ナルメル王のパレットなどから推測されてきた王朝統一の過程や王朝時代の伝説も念頭に置いている。

　ケンプは、このような政体が統合を遂げていく過程を、「モノポリー・ゲーム」のようであると表現した。当初は複数のプレイヤーが同じ条件を割り当てられるが、ゲームをつづけるうちに差が大きくなり、しだいに勝ち残るプレイヤーの数が減ってくるわけである。

（2）　ウィルキンソンの仮説

　ケンプの仮説は、政体の概念を基盤として、前4千年紀のナイル河下流域における初期国家形成までの統合過程を、地理的状況のなかで具体的に描き出したはじめての例であった。包括的でありかつ

第9章 ナイル河下流域の地域統合 *209*

具体的であったことから、この時期の研究に大きなインパクトを与えたが、歴史概説書における記述であったため、この仮説を構築するにいたった経緯やデータは詳述されていなかった。そこで2000年にあらためて、最新の資料を駆使した地域統合の仮説を提示したのが、T.A.H.ウィルキンソンである（Wilkinson 2000）。ウィルキンソンは、①墓地資料（とくにエリートもしくは支配者の墓）、②ナイル河近辺の砂漠に残された岩壁碑文、および③墓から出土する土器に記された王名の3種類を主要資料として、初期国家形成にいたるまでの政体の変化を復元しようと試みた（図55）。

それによると、ナカダⅠ期後期には上エジプト南部に、ティス／アビュドス、アバディーヤ、ナカダ、ゲベレイン、ヒエラコンポリスという5カ所に中心を置く政体が存在した。その後、ナカダⅡ期前期（ナカダⅡa-b期）にアバディーヤが政体から脱落したが、ナカダⅡ期中期（ナカダⅡc-d1期）からナカダⅡ期後期（ナカダⅡd2〜Ⅲa1期）まで、他の政体は継続する。また、この頃には下ヌ

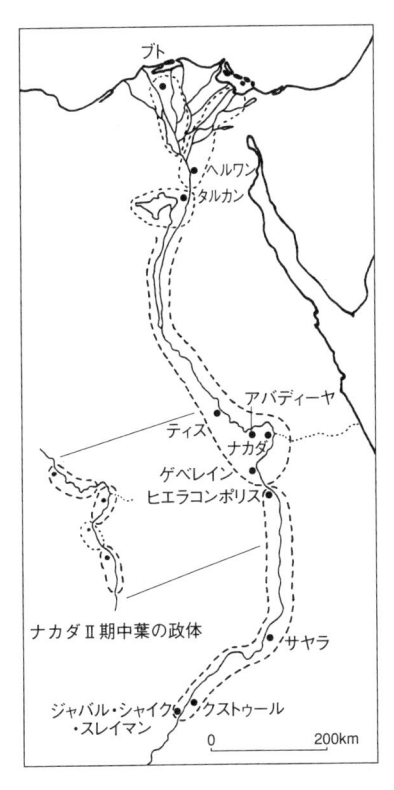

図55 ナイル河下流域の地域統合　ウィルキンソンのモデル　ナカダⅢ期後期の政体（Wilkinson 2000より）

ビアでは、サヤラやクストゥールに中心を置く政体があった。ナカダⅢ期前期（ナカダⅢa2期）に、ゲベレインの政体が他の政体に吸収され、ナカダに中心を置く政体も力を失って、アビュドスとヒエラコンポリスが二大有力政体としての地位を築く。ナカダⅢ期中期（ナカダⅢb1期）になって、ヒエラコンポリスに拠点を置く政体が上エジプト南部を支配するようになり、アビュドスに拠点を置く政体が北部の覇権をねらっていたものの、北部に独自の政体が存在した可能性があるという。ナカダⅢ期後期（ナカダⅢb2期）にも、上エジプト中・南部のアビュドスとヒエラコンポリスに中心を置く政体のほかに、上エジプト北部とデルタにそれぞれタルカン、ヘルワンおよびブトに拠点を置く政体が存在した可能性があるが、やがて、ティス／アビュドスの王ナルメルが即位して2つの政体がひとつになり、ナイル河下流域初の統一王朝ができたという。

　ウィルキンソンの仮説は、これまでのところ考古学的資料および文字資料をもっとも体系的に明示して復元された政治的統合過程の仮説である。とくにナカダⅢ期の政治的変化について、岩壁碑文や土器に記された王名を用いて詳細な過程が考察されており、近年のアビュドス遺跡における発掘調査の成果も盛り込まれているが、ナカダⅢ期前期までの時期については、提示された政体はケンプの指摘した政体の範囲をほとんど出ていない。その理由は、ウィルキンソンが政体をおもにエリートの墓の存在から特定し、じつは同じ方法がケンプによっても用いられていたためであろう。

5　政体の把握

（1）　政体の認識

　ナイル河下流域の政治的な地域統合過程に関して、上記のような

仮説が提示されているが、実際に考古学的資料から政体を認識することは容易ではない。政体を用いて社会の複雑化や初期国家形成を論じることの最大の問題点は、政体をどのように考古学的資料から把握するかである。

レンフルーによれば、政体は「もっとも高位の社会秩序のユニット」であり、ひとつの政体が認識されれば、たいてい近くに同じような規模と組織をもつ政体が存在するという（Renfrew 1986）。ある程度複雑化した社会における政体は、それぞれ比較的明瞭な政策決定組織を内部にもち、そのための階層構造を社会に内包している可能性が高い。そこで従来、政体の把握には、規模の大きな集落を政体の中心地として認識する方法がしばしば用いられてきた。たとえば、それぞれの政体の中心となる大型集落を見つけだすことができれば、ポリゴンを使ってほぼ等規模の隣接する政体の範囲を推測できる。この方法は、しばしばセツルメント・パターンの研究のなかで用いられてきた方法である。しかしながら、前4千年紀のナイル河下流域においては、集落の資料がほとんど欠落しており、この方法は使えない。

政体の中心地を見つけだすもうひとつの方法は、埋葬資料を用いるものである。レンフルーが述べたように、隣接する政体が同じような規模と組織を備えているならば、ほぼ同等に複雑化あるいは階層化した政体が並んで出現することが予測される。したがって、各政体の階層構造の頂点をなすエリートたちを埋葬資料のなかから検出できれば、政体の中心を把握することができるであろう。つまり、周辺地域においてもっとも社会階層が高そうなエリートの墓を見出すことができれば、政体の中心を把握できることになる。

ウィルキンソンが用いた顕著な大型墓の存在を政体の中心地の指標と考える方法は、この認識の上に立っており、ある程度の成果を

収めることができた。実際、しばしば十分に墓地の発掘調査が実施あるいは報告されていない状況にあっては、この方法は次善の策である。しかしながら、はたして、前4千年紀の社会構造全体を視野に入れることなく、顕著な大型墓や富裕墓のみを指標として、政体を正しく把握できるかどうかは疑問である。たとえば、ケンプによって指摘されているように、かならずしも政治的な地域統合の過程は各地で同じ速度で進行していなかったかもしれない。その場合、等規模・等組織の政体が並んでいたわけではないかもしれない。さらに、社会階層が比較的未発達であったとしたら、顕著な大型墓は築かれなかったかもしれない。そこで、とくに大型墓の存在を期待できそうにない初期の政体を把握するためには、大型墓のみを用いる以外の体系的な方法も必要である。

(2) ステイタス・シンボルからのアプローチ

　墓地資料が不十分な状況にあって、大型墓や富裕墓の存在を使って特定された政体が、実際に政治的に独立していたのかどうかを確認するためには、威信財あるいはステイタス・シンボルからのアプローチが有効と思われる。第6章で述べたように、ナカダ文化のエリートたちの墓からは、しばしば「ステイタス・シンボル」あるいは「威信財」が集中的に出土する。こうしたステイタス・シンボルは、文字出現以前の時代に、支配者たちが自らの社会的な地位を表出する重要な手段であった。

　当時のステイタス・シンボルの状況から、何が読みとれるであろうか。地域的な統合と関連して重要な点のひとつは、どの程度各集落の支配者たちが、政治的な独立を反映するべく、ステイタス・シンボルを独自に決める状況にあったかである。この点について、ナカダⅠ期からⅡ期前半に見られるような、ステイタス・シンボルの

地域的なヴァリエーションは肯定的な資料になると思われる（表5）。当時の各集落における支配者たちは、棍棒や象牙製品という王朝時代まで継続する支配者のシンボルをもち、なおかつ人形像、ニンニク模型、銅製品、フリント製大型ナイフ、ガゼル頭骨などの地域によって異なるシンボルを選択する自由があった。これは各集落の政治的な独立を示唆する。つまり、ナカダⅡ期前半までの時期には、中・小規模の集落のエリートたちも、比較的独自にステイタス・シンボルを選択する余地があったことから、小さな政体がたくさん存在した状況を想定できるであろう。

　ステイタス・シンボルから見るかぎり、この状況はナカダⅡ期半ば頃から大きく変化する。この頃以降、王朝時代まで支配者のシンボルとして継続する棍棒や象牙製品の副葬が、分析対象となった中・小規模の墓地ではほとんど途絶し、地域的なヴァリエーションも消失して、ステイタス・シンボルが波状把手土器に一律化してしまう。波状把手土器は、元来パレスチナ産の土器の模倣品であり、ナカダⅡ期中葉頃からエジプトで模倣生産が行われるようになるが、王朝時代に明瞭なシンボルとしての意味は知られていない。したがって、この時期に、各集落で自由に選択したわけではなく、かつ王朝時代に明瞭な支配者としての意味をもたないステイタス・シンボルが、中・小集落の支配者たちに普及したと考えられる。

　墓の規模が報告されていないために表5の分析対象とはならなかった大型墓地の状況は、先に述べたような中・小集落とは時期的変化の状況がやや違っていた可能性が高い。たとえば、ナカダⅡ期前半まで、多くの中・小規模の墓地でステイタス・シンボルとして検出された遺物のうち、少なくとも象牙製品は、大型墓地であるナカダ遺跡やアムラー遺跡の墓地においては、ナカダⅡ期後半の墓からも比較的頻繁に出土する（高宮 1994）。したがって、象牙製品のよ

うな旧来のステイタス・シンボルは、大型墓地すなわち大型の集落では、ナカダⅡ期後半にも使用が継続していた可能性が高い。

　上記のように、ナカダⅡ期後半に、中・小集落において支配者のステイタス・シンボルが一律化した一方、大型集落では伝統的なステイタス・シンボルも継続していたことは、この頃進行した集落間の階層化と密接な関係がある。葬制における社会階層の分析から、この頃、大型集落でのみエリート層が発達したことが明らかになっており、それには大型集落が小型集落を政治的な支配下に置き、集落間に階層が生じた事情がともなっていた。そして、おそらく大型集落を中心とする政体の地域的な統合にともなって、ステイタス・シンボルがエリートたちにコントロールされるようになったのではないだろうか。当時のエジプトでは、波状把手土器の原型となったパレスチナ土器について知識をもつ人物は限られており、ラピスラズリの分布は、上エジプト南部の大型集落に居住するエリートたちが、北方からの交易品にアクセスする機会が多かったことを示している（第6章参照）。パレスチナ土器を入手する機会がある大型集落のエリートたちが波状把手土器の生産をコントロールすれば、容易にステイタス・シンボルを支配できたであろうし、この頃から顕著になった従属の専門家組織（第7章参照）は、それを可能にしたであろう。ここに、舶来品の模造品分配を通じて、地域における社会階層を制御しようとする、当時のエリートたちの戦略を見ることができるように思われる。

　ステイタス・シンボルからのアプローチは、大型墓のみを政体中心地の指標として構築された政体のモデルに、別の観点からの見直しを提示する。第1は、ナカダⅠ期からⅡ期前半までの時期には、中・小規模の集落も一部は独立した政体であった可能性があり、少数の政体しか認識していないウィルキンソンの仮説よりも、むしろ

ケンプの仮説の第1段階に近い状況が推測される。第2に、墓の規模が記載されていないなど、報告が不十分であったために重要性が認識しにくくかったアムラー遺跡は、墓地の規模、象牙製品副葬の継続、およびラピスラズリの副葬から、ナカダⅡ期後半まで政体の中心とよんでもよいような重要性をもつ集落であったと指摘できる。ただし、小型集落が集中する上エジプト中部については、ナカダⅡ期後半に棍棒や象牙製品の副葬は途絶する一方、しばしばラピスラズリが出土する現象が認められ、小型集落がそれぞれ政体として独立していた可能性も残される。

　ナカダⅡ期前半まで、中・小規模の集落も政体としては独立していた可能性を指摘したからといって、かならずしもすべての意味で当時の集落が平等であったわけではないかもしれない。たとえばヒエラコンポリス、ナカダ、およびアビュドスにおいては、比較的ナカダ文化の早い時期から、エリートの血統に連なる人びとの墓地が、他の人びとの墓から離れた場所に築かれてきた（第6章参照）。おそらく、早い段階にナイル河下流域に定着して中心的な集落を形成したようなリネージの核に位置する集団には、社会・文化的に優位な歴史的条件があった蓋然性が高い。それはつねに、その後の社会的な発展において有利な条件としてはたらいたであろうが、しだいに社会が複雑化するにともなって、決定的な条件ではあり得なくなる。ナカダ遺跡でさえもナカダⅢ期にはエリートの墓地が検出されなくなるように、政治的な社会が成熟してくると、血統関係や歴史的優位性以外の政治的な要件が、政体の中心を決めるようになってきたらしい。

6　王名からのアプローチ

　これまで述べてきたように、ナカダ文化の大半の時期は考古学の独壇場であり、考古学的資料からの考察が唯一政体を知る手がかりであった。前4千年紀中葉までは、墓地に埋葬された遺体を除いて、考古学的資料から個人について知る機会はほとんどなかった。したがって、遺体が出土している当時の有力な支配者といえども、その名前すら知ることができない。また、支配者たちの身分は、考古学的な遺物から漠然と推測されるにすぎなかった。しかしながら、時期が下るとその状況が変化する。ナカダⅢ期になると、突出した社会的身分をもつエリートたちが現れ、埋葬のなかに明瞭な支配者の像が読みとれるようになってくる。とくにナカダⅢ期に文字もしくはその前進となる絵文字の使用がはじまると、考古学的資料のなかに、支配者の個人像を読みとる機会がいちじるしく増加した。その背景には、まさに当時の支配者たちが、自らの地位を明瞭に主張しようと画策する姿を想起できるであろう。

　近年、各地の発掘調査にともなって、ナカダⅢ期に年代づけられる複数の王名の存在が明らかになってきた。こうした王名は、「セレク」とよばれ、王宮の正面を象ったと考えられている長方形の枠のなかに記されており、王朝時代初期に用いられた王名表記の先駆であった。王名は、焼成前の土器の外面に刻み付けたり、焼成後にインクで記されたりしたほか、稀に岩壁に刻まれた例がある。セレクに書かれた王名の研究から、最古のセレクはナカダⅢa2-b1期にさかのぼることが明らかになり（Brink 1996； Wilkinson 2000）、初めは王名が書かれていないものが多かったが、ナカダⅢb2-c1期には王名が判別できる例が現れた（図56）。

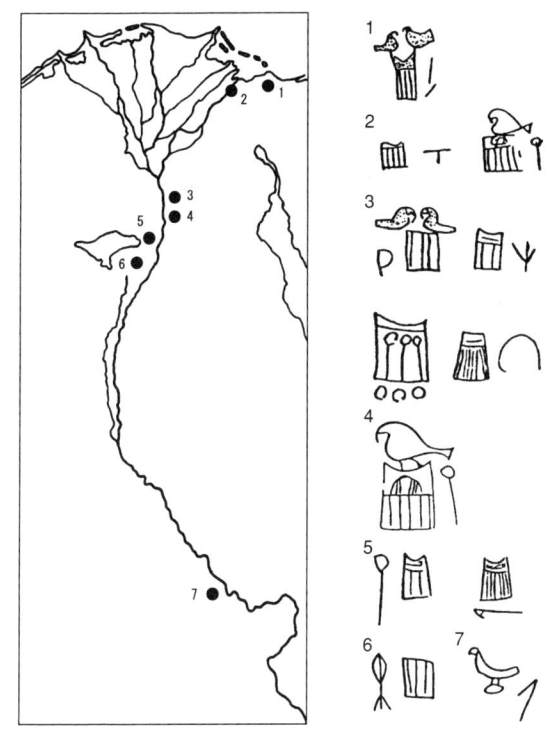

図56 第0王朝の王名と出土地

　ただし、王名から地域統合を考える際にいくつか問題がある。第1の問題は、これらを用いた人物たちが自らを支配者として表現する意図があったのは確かであるものの、実際にどの程度の領域の支配者であったのかを知るのはむずかしいことである。また第2に、大半の王名は土器の表面や岩壁に記されていて、その王の本来の拠点とは直接関連しない場所から出土していることである。初期のセレクの多くは、上エジプト北部から出土しているとはいえ、これら2つの問題のために、はたしてこの地域に独自の政体の中心が存在

したのかどうか、判然としないままである。

　第1王朝初代の王の筆頭候補であり、アビュドスに墓を築いたナルメルは、上エジプト南部のヒエラコンポリスにおいて神殿に奉納物を納め、南パレスチナからも王名を刻んだ土器の出土例があるほか、エジプト各地から王名の出土が知られているため、名実ともに統一エジプトの王であったことがほぼ確実である。それ以前の王たちについては直接支配領域を推測しにくいが、ナカダⅢ期のうちにはまだ複数の王が存在していたらしい（Wilkinson 2000）ことから、第1王朝開闢期まで、ナイル河下流域の政治的統一は完成していなかった可能性が高い。

　これまで述べてきたように、ナカダⅠ期のうちはナイル河下流域には3つの文化が併存し、各文化領域のなかに、集落を超えて密接な交流をもつ地域圏が存在したが、その内部はたいして集落と違わない規模の細かい政体にわかれていた。ナカダⅡ期になると、とくに上エジプト南部において、しだいに大型集落を中心とした政体の統合が始まる。ナカダⅡ期中葉以降に政体の統合がいちじるしく進み、ティス／アビュドス、アムラー、ナカダ、ゲベレイン、ヒエラコンポリスといった、一部の大型の集落を中心とする政体が上エジプト南部を分割するようになっていた。ナカダⅡ期の終わりまでに、エジプト・ナイル河流域全体が文化的に統一され、ナカダⅢ期には、ティス／アビュドスとヒエラコンポリスが上エジプト南部をを分ける二大政体となった。この頃、下ヌビア南部のクストゥールや北部のサヤラも、集落を超える規模の政体の中心であった。また、上エジプト北部やデルタにも、いまだに独立した政体がいくつか存在したようである。第1王朝開闢期に現れたティス／アビュドスの王ナルメル頃に、ナイル河下流域は最終的に統一されることになった。

第10章　初期国家形成の要因

1　初期国家形成に向けての過程

　これまで本書で扱った集落、埋葬、交易、専門化、地域統合の章では、入手できる考古学的資料から、社会の複雑化が進む様子を具体的に認識しようと試みてきた。ここで、これまで明らかになったことを時間軸に沿ってまとめてみたい（表8）。

　前5千年紀の終わり頃、バダリ文化の時期に上エジプト中部に定着が始まった農耕・牧畜村落は、ナカダI期の終わりまでには、上エジプト中・南部の広い範囲に分布するようになっていた。多くの集落は小さな村落であり、いくつかの集落はやや規模が大きかったが、まだそれぞれの集落はほぼ独立した政体であった。この頃からすでに、ナカダ文化の集落内部では社会階層が上下2つにわかれ、やや富裕な層とそうでない人びとが存在した。一部の土器生産やビールの醸造などには、パート・タイムの専門化が生じていたらしい。エジプト外部との交易は行われていたが、非常に頻度が低かった。

　ナカダⅡ期になると、前半のうちからエジプト外からの交易品搬入が始まり、半ば近くなるとそれが活発化する。この頃から、ナカダなどの大型集落ではエリート層が現れはじめ、その他の集落成員とは別の場所に墓地がつくられるようになった。ヒエラコンポリス

表8 複雑化の過程

		ナカダI期	ナカダIIa-b期	ナカダIIc-d期	ナカダIII期	第1王朝
集落	都市化した集落					
	周壁をもつ集落					
埋葬	二分社会構造					
	大型集落のエリート層					
	エリート墓地の分離					
	集落の階層化					
交易	対外交易の活発化					
	長距離交易網					
専門化	専門度 パート・タイム					
	フル・タイム					
	依存度 従属専門家					
	独立専門家					
	大量生産と規格化					
政体		集落規模		地域規模	王国規模	統一国家
文字						
王権	セレク					
	上下エジプト王					

のような大型集落は都市化一歩手前の状況になるが、まだ政体の本格的統合は始まっていない。大型集落では、神殿に付属する工房ではたらくフル・タイムの専門職人が出現し、奢侈品の専門化生産を行うようになった。

　ナカダⅡ期の後半になると、上エジプト南部において政体の統合と集落の階層化が始まり、小型集落はおそらく近くの政体に従属することになった。大型集落の内部では、エリート層が発達した。ヒエラコンポリスやナカダなどの超大型集落は、この頃都市化した可能性が高い。こうした大型集落あるいは大型政体に支配された専門化生産の物品（装飾土器や波状剥取ナイフなど）が、ナイル河下流域の広い範囲に流通するようになっていた。下ヌビア、南パレスチナおよびメソポタミアとの交易・交流は頻度を増し、上エジプト南部では大型政体の支配者たちがこの交易に深くかかわっていた。ナカダⅡ期の終わりには、エジプト・ナイル河流域がほぼ文化的に統一された。

　ナカダⅢ期になると、いっそう政体の統合が進んで、上エジプト南部はヒエラコンポリスやアビュドスに拠点を置く少数の大型政体に分割されるようになった。こうした大型政体は、しばしば「王国」の名称でよばれている。文化的統一以降、上エジプト北部やデルタにも集落が増えており、この地域にも独立した大きな政体が存在したかもしれない。おそらくこの頃に、周壁をともなう都市がいくつかナイル河下流域に出現した。この頃には、大型政体の支配者たちがコントロールする長距離交易網が、下ヌビアや南パレスチナとの間にできあがった。大型政体の支配者たちは、セレクを用いて王名を表記するようになり、文字を使った行政組織も発達しはじめた。支配者に従属する専門職人の組織が充実し、彫刻を施された威信財がつくられたほか、規格化された土器の大量生産も始まった。

おそらくアビュドスの支配者たちがナイル河下流域を政治的に統一することによって達成された第1王朝開闢以降、王朝時代の国家組織が急速に体裁を整えた。

2　さまざまな初期国家形成の要因論

　この世に文明が誕生したことは確かであるが、ではなぜ文明や国家は出現したのであろうか。なぜ、という文明誕生の理由は、もっとも興味深い問題であるが、もっとも答えるのがむずかしい問題であるかもしれない。ナイル河下流域における文明誕生のなぜを解き明かすためにも、これまで考古学的に認識できる当時の状況を順番に論じてきたが、つぎに従来提示されてきた複雑な社会誕生の要因について諸説を紹介してみたい。

　初期国家形成に向けての動きは、初期国家誕生直前のみに求められるものではなく、最終的に国家が形成されるまでに、社会の複雑化の長い歴史が存在した。そのため、ここで取り上げる要因も、前4千年紀を中心に、初期国家形成にいたるまでの長期的な過程を視野に入れたものである。

　ここでは、従来の要因に関する諸説を、便宜的にプロセス考古学以前、プロセス考古学、ポスト・プロセス考古学以降の3つの時期に分けて紹介してみる。

3　伝統的な要因論

　19世紀の終わりに前4千年紀の遺跡がはじめて組織的に調査されてから、最初に唱えられた社会変化の要因は「民族侵入」である。W.M.F. ペトリーは、伝播主義の影響を受けて、前4千年紀の間に

文化変化が起こった要因を、外来民族の侵入と民族の交代に求めた。より複雑な文化・社会への変化は、ナイル河下流域の外部から、もっと優秀な知識と技術をもつ民族が移住することによって達成されたと考えられた。しかし、今日までの考古学的研究の結果、外来異民族の大規模な侵入を示すような文化的断絶は、前4千年紀の文化のなかには認められず、むしろ文化的に継続していることが確認されている。

かつて、K. ウィットフォーゲルが唱えた「灌漑治水文明論（あるいは管理理論 Managerial theory）」（Wittfogel 1957）は、河川流域に発祥したエジプトを含む新旧大陸に共通する古代文明の出現要因を明らかにした理論として一世を風靡した。この説によれば、灌漑や治水を始めると、多数の人びとが共同して作業を行わなければならなくなり、初期の国家組織は、共同で灌漑設備を維持するために生じた指揮者や管理機構から発展したものである、という。しかし、このなじみ深い理論は、K. ブッツアーの論考によって、少なくともエジプトには当てはまらないことが指摘された（Butzer 1976）。ブッツアーによれば、ナイル河下流域で用いられた貯留式灌漑システム（コラム：ナイル河の定期的増水と王朝時代の農耕）は、長大な運河や長期的な施設の管理を必要とせず、せいぜい小規模な地域単位で管理すればうまく機能させることができる。したがって灌漑は、ナイル河下流域を統合するような大規模な管理システムを発祥させる要因にはなり得ないという。

ブッツアーが主張するように灌漑は国家成立と直接には結びつかないであろうが、やはり灌漑が与えた影響を大きいと考える見解もある。M.A. ホフマンは、灌漑は地域的なレベルで、支配者たちの力を成長させるはたらきをしたことを指摘した（Hoffman 1980）。第1王朝開始直前に年代づけられるサソリ王の棍棒頭（図12）には、

王が鍬を用いて運河を掘削する様子が表されていて、当時の王家にとって灌漑施設の管理が重要な責務であり、宗教行事として力を誇示する手段でもあったことが推測される。そこで、灌漑がおそらく地域的なレベルで支配者たちの権威を形成し、強化する要因のひとつになった可能性がある。ただし、王朝時代以前の人工灌漑については、考古学的資料からの裏づけはない。

　W. カイザーが20世紀後半に提示したナカダ文化の拡張に関する説（第9章参照）は、前4千年紀のナイル河下流域における社会・文化・政治的変化の要因を、民族もしくは集団の拡散・移動と征服に帰す点は、概念的にペトリーの異民族侵入説に近いかもしれない。

　また、穀物生産がもたらす余剰生産物や技術と経済の発達が文明形成と密接な関係があるという、チャイルド以来の伝統的な考え方は、多くの研究者たちに支持されてきた。

4　プロセス考古学的な要因論

　プロセス考古学は、複雑化した社会や初期国家の形成とその要因を体系的に追究する傾向をもっており、そのなかでもっとも多くの要因が多角的に検討されてきた。プロセス考古学では、システム論に則って、社会や文化を複数のサブ・システムからなるひとつの総合的なシステムと考えていて、サブ・システムとそれを変化させる要因を盛り込んだ、社会や文化の変化を説明するためのモデルをつくることが盛んであった（植木 1996）。そうしたモデルのなかでは、当初、システム全体の変質を招くような変化をもたらす主要因（prime mover）の追求が熱心に行われた。後に、文化や社会を自動的なシステムと仮定する考え方や、そのなかに人間の主体的あるいは心理的な要素が含まれていない点に対する批判がおこり、複数

の要因がさまざまにはたらくことが認識されるようになったが、プロセス考古学とシステム論のなかで扱われてきた各種の要因やサブ・システムの考え方は、今日までも有効な分析および記述概念として用いられている。そこで、ここでも従来頻繁に取り上げられてきた環境、人口、戦争、（長距離）交易を扱ってみたい。

環境の変化は、プロセス考古学のなかで、しばしば社会・文化的システムを変化させるきっかけとして指摘されることがあった。前4千年紀のナイル河下流域においても、たとえばM.A. ホフマンは、ナカダⅡ期に起こった気候の乾燥化あるいはナイル河水位の低下が、人口の集約化を誘発した重要な要因と認めている（Hoffman 1989）。また、F.A. ハッサンも、後述のように環境変化が前4千年紀の社会・文化の変化に影響を与えたことを認めている。

人口増加は、世界各地における文化・社会的変化を引き起こす独立した主要因として、しばしば取り上げられてきた。というのは、人口は条件が許せば自然に増加する傾向にあり、それが必然的に文化・社会システムの変化を引き起こすからである。たとえばホフマンは、環境変化と人口増加が社会変化の要因になった可能性を主張している（Hoffman 1980）。ホフマンによれば、環境変化が引き金となって、おそらくは宗教的センターのまわりに人口が集中したため、一部の人びとのグループが政治的なエリートを組織化できるようになった、と主張した。この際、人口の絶対数よりも、人口の集中あるいは集約が重視されている点が特徴である。

第5章でも述べたように、前4千年紀のナイル河下流域については正確な人口を把握することがむずかしい。K. ブッツアーは先王朝時代の人口を約87万人と見つもり（Butzer 1976）、B. トリッガーは100万～200万と推定している（Trigger 1987）。これらの数値は、いずれも世界の他の地域における初期国家形成期の人口とくらべる

と、低い人口密度を示す。さらにハッサンによれば、歴史時代のヨーロッパの人口動態を参考にして産出すると、ナカダからマーディまで約1200 kmに及ぶ狭いナイル河谷は、220年の間に増加した人口で埋めつくされるという（Hassan 1988）。時期が下るとともに遺跡数が増加することから、一般的な人口増加は推測できるし、それが異文化間の接触や共同体間の競争を引き起こした可能性は大きい。ただし、王朝時代になっても比較的土地は余っていたらしいエジプトでは、人口圧の影響は他地域よりも少なかったかもしれない。

　環境、人口増加および戦争という、プロセス考古学のなかでしばしば言及されてきた複数の要因を結びつけて、ナイル河下流域の初期国家形成について説明しようと試みたのが、K.A. バードとR. カーネイロが唱えた「制限理論（Circumscription theory）」である（Bard & Carneiro 1989）。最初にカーネイロによってアンデスにおける初期国家形成の研究から導き出されたこの説によれば、国家は戦争や征服を通じて、強力な政体が弱い政体を統合して出現するが、戦争が国家形成に結びつくのは、農耕社会においては可耕地が砂漠、海あるいは山地などの自然障壁によって制限されている場合に限られるという。ナイル河下流域はこれに当てはまり、砂漠に囲まれた環境と増加しつつある人口のなかで、政体間の競争が戦争に発展し、国家の形成につながった。なぜならば、制限された環境における戦争は、勝者と敗者がおおよそ同じ地理的範囲のなかに住みつづけることによって、明確な上下の社会階層を構成することになり、社会階層構造の複雑化を招くからである。

　近年にも戦争を初期国家形成の要因として積極的に取り上げた研究者は少なくないが、前4千年紀の考古学的資料から、戦争は明瞭には検証できていない。埋葬資料が豊富であるにもかかわらず、直接的に戦争の存在を示すような殺傷人骨の出土は知られておらず、

墓地から知られるかぎり、顕著な武具の出土も、戦争のために生じることが予測される男女の遺体比の違いもほとんど認められない。

しかし、少なくとも第1王朝開始直前になんらかの武力的衝突があったであろうことは、この頃製作が始まった彫刻を施した製品から推測される。チェヘヌ・パレットやナルメル王のパレットがそうした代表的な例である。チェヘヌ・パレットは、王朝開闢直前の時期に製作されたと考えられ、盾形のパレットの最下部が残っている。表面には、7つの周壁で囲まれた町が描かれ（図29）、ハヤブサ、2羽のハヤブサ、サソリおよびライオンという、王朝時代の王を象徴する動物たちによってそれぞれ攻撃されている。裏面には、牛、ロバ、羊およびオリーブ（?）の木の列が描かれ、表面に表された戦役の結果、勝利者が獲得した戦利品の描写であると考えられている。すなわち、このパレットにはなんらかの戦争が描かれていると思われるが、その敗者は、表面に描かれた町の名前からデルタの諸都市であり、裏面に記されたヒエログリフからリビアであることが推測されている。第1王朝開闢期に年代づけられるナルメルのパレット（図3）にも、戦いに勝利した王が、捕らえた敵を処刑したと理解される場面が描かれている。

これらのように、第1王朝開始直前に年代づけられる戦争の図像学的資料は比較的豊富であり、第1王朝開始頃には城壁に囲まれた集落もしくは城塞も検出されているので（第5章参照）、この時期に戦争が起こったことは確かであるが、それは初期国家形成の最終段階であって、それ以前の段階については明らかではない。

長距離交易は、メソポタミアや中米などをはじめとする世界各地において、初期国家形成の主要因と指摘されたことがあり、ナイル河下流域についても交易を重要視する研究者は多い（Trigger 1987 ; Savage 1995）。第7章で述べたように、前4千年紀のナイ

ル河下流域でしだいに交易が活発化していった様子は、多様な考古学的資料に示されている。

　交易、とくに長距離交易が複雑化した社会の発展と初期国家の形成の要因となったという説の背景には、しばしば天然資源が不均等に分布する状況が考慮されている。たとえばB.G.トリッガーによれば（Trigger 1987）、初期国家形成までの過程は次のように推測される。ナカダ文化がナカダⅡ期に外部との長距離交易を増加させ、交易や遠征によって調達した原料を使った贅沢品の生産が促進される。そして、交易、工芸品生産の専門化および農耕地への圧力が社会・経済的な複雑さを増加させ、それが上エジプト南部の都市化した中心的集落や小国家の発達を促した。ナカダやヒエラコンポリスが大型集落に発展したのは、前者は東部砂漠の金の産地に近い立地にあり、後者はヌビアとの交易を支配する立地にあったことが原因であった。中心的な集落の支配者たちは、交易に携わったりそれを支配するようになり、天然資源や交易路をめぐって競争が起こる。アジアとの交易を支配するため、そして北部の勢力を排除するために、上エジプト南部の王国が北部に進出を図って、統一国家が出現した、という。

　一方、F. A. ハッサンは、農業生産高の変動への対応が要因になった可能性を指摘している（Hassan 1988）。ナイル河増水位の年変動などがもたらす農業生産高の変動に対処するために、近隣の共同体が協力して資源を蓄えておこうとしたことが、指導者の出現につながり、さらに経済単位が大きくなって指導者の間に階層ができ、地域的な政治単位が出現した、という。この説は、食糧という生活必需品の不均等分布と交換・交易を、社会の複雑化への主要因と認める点が特徴である。

5　ポスト・プロセス考古学的な要因論

　1980年代から、しだいにプロセス考古学に対する批判が高まり、ナイル河下流域の初期国家形成に関する理解の仕方にも、心理的・宗教的要因や共同体内部あるいは共同体間の競争を重視する傾向が顕著になった。

　そのなかで、B.J. ケンプは、統一国家出現までの過程を説明するために、心理的な要因を強調する説を提示した（Kemp 1989）。ケンプによれば、初期国家に向けての変化は、定住した農耕文化のなかに内在し、おもな要因は心理的なものであるという。同じ土地に恒久的に居住してはたらくことは強力な領域意識を生じさせ、それが神話的、象徴的な方法で表現されるようになり、やがてそれが共同体のなかに特定の自信を生み出した。「主権（souvereignty）」ともよぶべき意識が、いくつかの共同体を競争に駆り立て、余剰農産物、すなわちより満足のいく生活、を獲得する可能性を探すことになる。そのために、自らがもっとはたらくのではなく、他の共同体から購入したり、強要したりするようになった。野心と神話的な感覚のアイデンティティーが、個人と共同体を潜在的な競争へと押しやった。それが始まると、指導者のいなかった農民たちの集まりが、少数の指導者に多くの人びとが従うような共同体になっていった。こうして、ケンプのいう「モノポリー・ゲーム」的な競争が始まったわけであるが、このゲームは、いったん始まると統一国家という終着点までとどまることがなかった。

　ナガ・アル＝デイルの埋葬を分析した S. サヴェージは、新マルクス主義の影響を受けて、さまざまな競争が共同体内部にも存在したことを指摘した（Savage 1995；第6章参照）。ナガ・アル＝デイル

N7000墓地は、同じ共同体に所属する6つの親族集団によって使用されていたが、競争の結果、時期によって力をもつ親族集団が変化したという。共同体内部において起こったと同じような競争は、地域レベルでも生じていたであろうと推測されている。

　前4千年紀のナイル河下流域において、葬祭が社会変化に大きな影響を与えたことを、多くの研究者が指摘している（Hoffman 1982；Trigger 1987；Hassan 1988；Bard 1992）。そのうちトリッガーとハッサンは、葬制が与えた経済的な側面を重視している。前4千年紀のナイル河下流域における葬祭では、奢侈品を含む多量の物品が墓に副葬されることによって流通から取り除かれる。そこで、厚葬の風習や副葬品に身分を表す葬祭システムが、生産を刺激する結果になったと指摘した。

　一方K.バードは、ポスト・プロセス学派の研究者たちが唱えたイデオロギーと儀式に関する説を応用した論を展開している。それを要約すると、ナカダ文化の葬祭は、共同体が共有する世界観や死生観を含むイデオロギーを表出・再生する重要な機会であり、それはしばしばエリートたちによって自らの社会的地位を合理化すべく都合のよいように操作された。こうした意味で、埋葬と葬祭はエリート主導の複雑化した社会が発展する推進役となった。また、社会の複雑化を誘発したもっとも重要な要因は、地域間の交換と相互作用の発展であったが、この交換システムを支配する動機は、おもに葬祭のなかでイデオロギーを表出するために必要な奢侈品を制御することであった、という。

6　初期国家形成の過程と要因

　先に、これまで提示されてきた諸説を紹介してみた。かならずし

もこれらの説がぴったりとパラダイムの枠のなかに納まるわけではない。それでも、上記のようにパラダイム別に分けてみた理由は、文明の誕生や初期国家の形成という人類史上の大きなできごとを理解する際に、意識するとしないとにかかわらず、そのときに普及していたパラダイムに大きく影響されていることを認識する必要があると考えたためである。そして、パラダイムの影響は、分析方法や個別事象の理解のなかにもあちこちに認められるが、もっとも顕著に要因論のなかに露呈するようである。このことはすなわち、今後もパラダイム転換があると、まったく異なる視点からの文明形成論が生まれる可能性を示唆する。

　これまで述べてきた既存の説は、他地域でも取り上げられる文化・社会的変化の要因をほとんど扱っている。これら要因の多くは、言い換えれば、いかにして人間が集まってあるいは広い範囲の人びとの結びつきが深まって集団の規模が大きくなり、複雑な組織を形成する契機が生じたかを説明するものである。実際には、初期国家形成までの文化・社会的な変化過程の間に、これらのような複数の要因が異なるタイミングで複雑にはたらいた可能性が高い。上記のような要因のうち、灌漑、人口増加、戦争のような、しばしば他地域において社会変化の要因として指摘された事項については、ナイル河下流域において直接それらを示す考古学的資料は希薄である。そこで、以下に考古学的に確認された事象を基本として、複雑化の要因を時間軸に沿って整理してみたい。

　先の分析から知られるかぎり、顕著な社会の複雑化を示す最初の証左は、ナカダⅡ期前半に認められた大型集落におけるエリート層の出現と対外交易の活発化であり、やや遅れて奢侈品を製作するフル・タイムの専門家が出現する。ナカダⅡ期後半になって、大型集落の都市化および政体の地域統合が始まる。そして、長距離交易網

の成立や土器の大量生産と規格化に示される専門化の出現は、ナカダⅢ期に起こった。したがって、考古学的資料に残されたかぎりでは、先のトリッガーが指摘した発展過程（交易の増大 ⇒ 奢侈品の生産促進 ⇒ 交易、工芸の専門化および農耕地への圧力 ⇒ 社会・経済的な複雑化 ⇒ 都市化した中心集落や小国家の発達）は、時間的順序としておおむね妥当である。

しかしながら、フル・タイムの専門家が関与する生産組織はたしかに交易の後に出現するが、そこで生産されたのは、かならずしもトリッガーが指摘するような交易品を原料とした製品ではなかった。両面加工石器の原料となるフリントや装飾土器の原料となる粘土は、いずれも比較的手近な素材であった。また、ナカダⅡ期の大型墓に集中的に副葬されることから、同じような専門化した組織で生産された可能性がある波状把手土器は、エジプトで作られたパレスチナ産土器の模倣品である。すなわち、専門化した生産組織は、搬入品が直接出現要因になっていたわけではなく、むしろその代替品、あるいは搬入品との交換財となる物品を生産するために登場したらしい。おそらく専門化の発達は、エリート層の発達と、エリートたちが主導する交換や再分配品の必要性に触発されて生じたと考えられる。

したがって、エリート層の出現と対外交易の活発化という最初の証左が顕在化する前に、すでにこれらを生じさせたなんらかの要因があったはずである。トリッガーは要因として天然資源の不均等分布を挙げているが、その他にも、たとえばケンプが指摘したような心理的要因やハッサンが指摘した農業生産高の変動に対応するための協力関係など、容易には考古学的資料に現れない要因を考慮する必要があるであろう。また、D. ホルムズや R. フリードマンをはじめとする研究者たちが近年指摘している地域間交流の発達（第9章

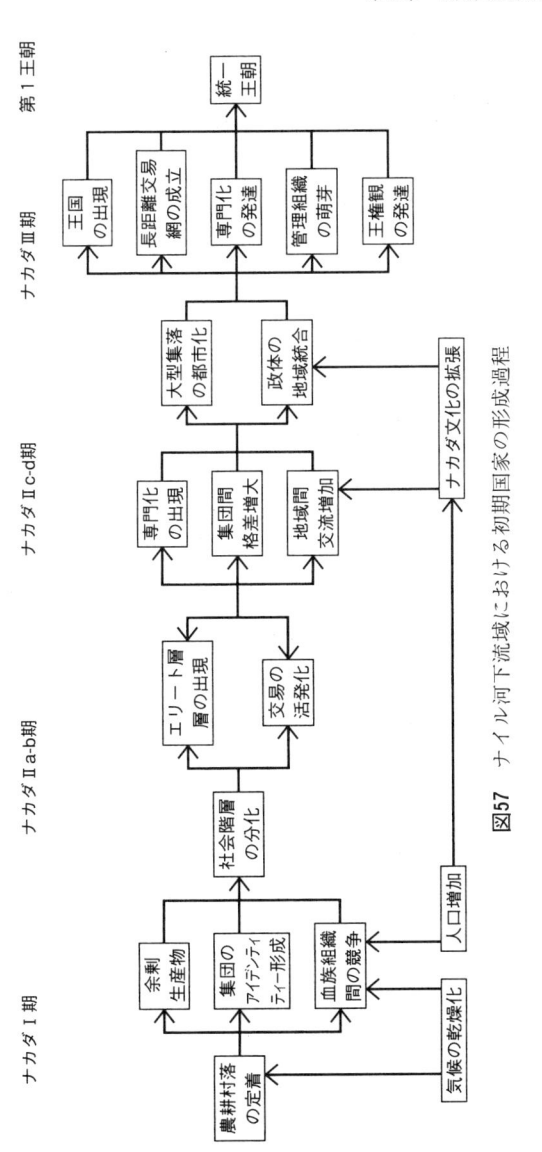

第10章 初期国家形成の要因 233

図57 ナイル河下流域における初期国家の形成過程

参照)が、大きく影響していたこともまちがいない。専門家によって生産された奢侈品の交換や交易は、結果として社会階層のいっそうの分化や専門化組織をもつような大型集落の都市化を促進することになった。

詳細に関する論議はそれぞれの章を参照していただくことにして、ここではあえて要因と社会変化の過程について、プロセス考古学的なフローチャートを作成してみることにした(図57)。ただし、複数の要因がタイミングを変えて繰り返し社会に影響を与えた複雑な様相は、とうてい単純なフローチャートには表しきれない。また、ナイル河下流域の前4千年紀については、たとえば集落資料の欠落など、基本的なデータが不十分であるため、このフローチャートもあくまで今後検証されるべき作業仮説である。

上記のような変化の過程におけるエジプトの特徴は、メソポタミアのような都市国家が形成されることなく、広域の領土を有する領域国家が誕生したことである(Trigger 1993)。比較的低い人口密度のなかで、ナイル河を利用したスムーズな交通・運搬システムが、おそらくは政治的な統一よりも先に、エジプト・ナイル河下流域の文化的統一を可能にした。そして、この共通する文化をベースとして、葬祭やその他の儀式のなかでくり返し表現される世界観が普及し、農耕・牧畜文化が定着してからおよそ1000年という短い間に、統一国家が完成することになったのであろう。

第11章　王朝国家の成立

1　王朝開闢前夜

前4千年紀のはじめから、ナイル河下流域における地域統合は着実に進んでいったが、エジプトが統一国家としての体裁を整えるためには、その最終段階において、王権と官僚組織という、国家の要となる理念と制度の成立が必要であった。すなわち、それまでほぼ連続的に発展してきた複雑化した社会が、これらの成立によって国家という体裁を備えたために、エジプトはその後約3000年にわたって継続するような安定した文明を築くことができたのである。そこで、王権と官僚組織に関する王朝開闢前夜の動きを見てみたい。

（1）王権観の成立

およそ3000年間に及ぶ古代エジプト王朝国家を支えた根本理念のひとつが、王権観である（屋形 1980）。王を人間と神々の間をつなぐ神聖な存在であり、この世の秩序を守る存在であると考える王権観の起源は、前4千年紀の前半までさかのぼる（Baines 1992）。

ナカダⅠ期以来、大型・富裕墓に埋葬された社会階層上部の人びとは、棍棒や象牙製品を使用して支配者としての立場を主張してきた（第6章参照）。こうしたステイタス・シンボルに表された強靱な肉体あるいは武力と自然を制御する呪術的な力をもつ支配者の概

念は、王朝時代まで継続する。そうした意味で、たしかに王権観の起源はナカダ文化の初期にあった。しかし、おそらく上エジプト南部において政治的な地域統合が進行し始めたナカダⅡ期の半ば頃から、支配者観は大型政体の支配者たちによってしだいに洗練され、より大きな集団を導く理念へと変質していったであろう。そしてナカダⅢ期になって、政治的に成熟した少数の王国の有力な支配者たちが覇権を争う状況のなかで、王朝時代の王権表現と共通する支配者の表現方法が新たに顕著になった（高宮 in press）。

　ナカダⅢ期には、副葬品だけではなく、文字と彫刻された図像が新たに支配者観の重要な表現手段になった。ナカダⅢa2-b1期から、王朝初期の王名表現であるセレクの先駆が出現し、初期の文字を使って王名が表記されるようになる（第9章参照）。また、パレットや棍棒頭などの石製品、およびナイフの柄や櫛などの象牙製品に施された彫刻には、しばしば多数の動物や王権の儀式の様子が描かれており、世界あるいは宇宙のなかでの支配者の位置づけを表現しようと試みているようである。このような文字と図像を用いた支配者表現は、王朝時代のエジプトにおける王権表現の重要な特徴であり、この時期に、王権表現を制度化する試みが始まったと考えられる。

　王朝初期の王権観の根本は、王をハヤブサで表されるホルス神と同一視すること、およびその王を「上エジプト」と「下エジプト」という2つの国土、すなわちエジプト全土の支配者と見なすことであった。支配者をハヤブサと同一視する考え方は、ハヤブサを戴くセレクが登場したナカダⅢa2期頃には定着していたが、一方、全エジプトの支配者であることを王朝時代のように明瞭に上下エジプトのシンボルとデュアリズムを用いて示す表現は、第1王朝開闢期の上下エジプト冠を戴く王が描かれたナルメル王のパレット（図3）

まで現れないようである（Way 1993）。したがって、それ以前の時期にも王権の概念は存在したものの、エジプト全土を自らの統治下に納める王としての王権の概念は、ナルメル頃に確立したと考えられるであろう。

　上記のように、ナカダⅡ期までの共同体のなかで肉体的な力と呪術的な力をもつ支配者から、ナカダⅢ期の世界あるいは宇宙において重要な位置を占める支配者を経て、第１王朝開闢頃以降の上下エジプトという明瞭な支配領域概念を備えた支配者観ができあがることによって、エジプトの王権観は完成されたといえる。

〈コラム〉アビュドス遺跡

　アビュドス遺跡は、エジプト南部ナイル河西岸に位置する。マネトーが第１王朝の王たちの出身地と述べ、王朝時代には上エジプト第８ノモスの州都であったティスの墓地であり、とくに中王国時代以降は、冥界の神オシリスの聖地として栄えた場所である。

　高い河岸段丘の崖が湾状に退いて、低位砂漠が大きく広がるアビュドスには、ナカダⅠ期から初期王朝時代にかけて、あちこちに集落や墓地が営まれていた。なかでも砂漠奥部の丘陵ウム・アル゠カーブに築かれた初期王朝時代の王墓地は、王朝開闢前後の歴史を物語る重要な遺跡である。

　1899年からペトリーが行ったウム・アル゠カーブの発掘調査は、ここに初期王朝時代の王たちの墓を確認することに成功した（Petrie 1900；1901）。同じ丘陵上にはピートによってナカダⅠ期以降に年代づけられる「U墓地」が検出されていた（Peet 1914）が、1970年代以降、カイザーとドライヤーが率いたドイツ考古学研究所の再調査の結果、U墓地が王墓地と連続することが明らかになり、先王朝時代から王朝時代まで連続する支配者たちの歴史がたどれるようになった。

　ウム・アル゠カーブには、ナカダⅢ期から大型・富裕墓がいくつも築

かれていた。そのうちナカダⅢa2期に年代づけられるU–j号墓は、墓壙の規模と副葬品の豊富さにおいて突出した墓である（Dreyer 1998）。土器にインクで記されたサソリの記号にもとづいて、「サソリⅠ世」の墓と呼称されている。日乾レンガで築かれた地下の墓壙は12室に区切られ、それぞれに多数の副葬品が納められていた。約400点にのぼるパレスチナ産の土器のほか、象牙製のヘカ杖の模型、多様な形態の石製容器、象牙製品、装身具などが出土している。多量に検出された初期の文字資料は、文字の発達に関する研究に大きな進展をもたらした（コラム：文字の始まり）。

　ウム・アル＝カーブの丘陵南部では、第１王朝に先行する「第０王朝」のカー、およびナルメル王以下、第１王朝歴代の王たちの墓が検出されており、王朝時代の王名表に語られる王たちが実在の人物であることが

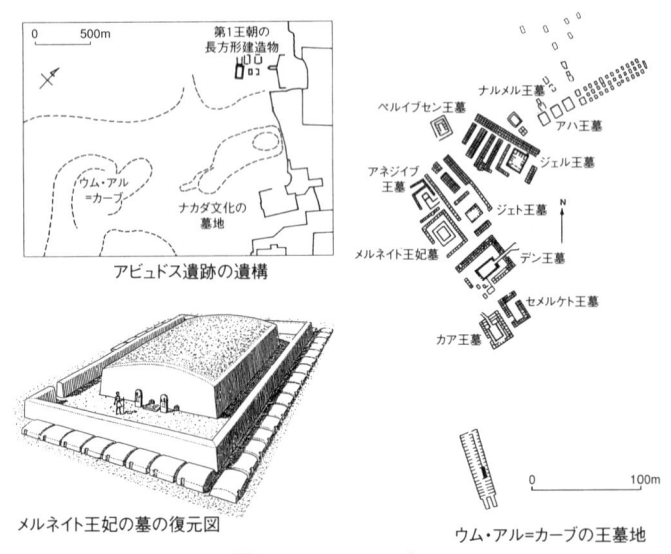

図58 アビュドス遺跡

明らかになった。

　ウム・アル＝カーブから約1.5km離れた沖積地に近いところには、王宮の概観を模した長方形の大型ニッチ建造物が、ジェル王以降の初期王朝時代の王たちによって1基ずつ築かれている（白井 1994）。これらの建造物は、それぞれウム・アル＝カーブに建造された王墓と対応するもうひとつの葬祭記念建造物で、王墓と長方形建造物がセットになって、一組の葬祭施設を構成すると考えられている（Kemp 1966；O'Connor 1989）。初期王朝時代の集落は、この沖積地に近い建造物の近くに位置していたらしい。アビュドスの主神ケンティ・アメンティウを奉った神殿と集落の一部が発掘されている（Petrie 1903）が、集落の大半は未発掘のままである。

（2）行政組織

　おそらく前4千年紀のうちから、政治的な地域統合が進むに従って、経済的あるいは政治的な管理を行う組織の原型が発達してきたと思われる。しかしながら、ナイル河下流域の比較的均一な地質環境と集落調査の遅れは、考古学的資料からこうした組織の様子を知ることをほとんど不可能にしている。ようやくナカダⅢ期になって、文字や印章が使われるようになり、初期の組織の様子をうかがえるようになった。そこで、王朝開闢前夜における文字資料から、行政組織の発達について見てみたい。

　ナカダⅢa2期に年代づけられるアビュドス遺跡ウム・アル＝カーブU-j号墓の発掘調査の結果、文字資料が大量に検出され、当時の行政組織についてがおぼろげながら推測できるようになった（コラム：アビュドス遺跡）。この墓からは、土器の表面、印章およびラベルに記された初期の文字に関する資料が豊富に出土している（コラム：文字の始まり）。

　G. ドライヤーの研究（Dreyer 1998）によれば、土器の表面に黒

インクで書かれた記号は、おもに波状把手土器に認められ、完形品だけでも95点、断片に書かれた例は80点を数えたという。サソリ、貝、魚、牛の頭部、ハヤブサなどの生物が、しばしば木や葉、あるいは長方形の付属記号と組み合わせて描かれている。おもに記号の組み合わせの分析にもとづいて、生物の記号は王名を表し、付属記号と組み合わせて、「何々王の農園」といったように、それぞれの王によって設立された領地あるいは施設の名称を表していると推測された。すなわち、これらの記号は土器の内容物の由来を示す。もっとも数が多いのはU-j号墓の所有者であるサソリ王の施設を示す記号であり、全体の約半数を占める。他の生物で表されるのは、サソリ前後の王たちであるという。ただし、これらの記号がいつ、どこで記されたかについては、明らかではない。

　印章に刻まれた記号についての資料は、封泥に残された印影から入手された。印影をもつ封泥は、モチーフが不明なものを含めると300あまりに達した。5タイプに分類された印影は、いずれも円筒印章を転がして押捺されたもので、幾何学文様に囲まれた中央の方形区画に、人物や動物を主体とするモチーフが配置されている。これらの封泥の大半は、パレスチナから搬入された土器に付けられていたが、封泥に用いられた土はナイル沖積土であり、エジプトで封をされたことがほぼ確かである。

　初期の文字資料をもっとも豊富に提供したのは、象牙製もしくは木製のラベルに刻まれた記号群であった。小型のものでは1.5×1.5cm、大型のものでも2.0×3.7cmという小さなラベルは、総数約200点を数え、もともと片隅に穿たれた孔に紐を通して、副葬品に取り付けられていた。例外を除いて、片面のみに文字が刻まれている。そのうち一部は数字を表すが、それ以外の文字は、土器表面にインクで記された記号と同じように、ラベルが取り付けられた物品

の由来に関する情報であるという。由来はドライヤーによって、①王家の経済施設（王が設立した領地、農園、家禽飼育施設など）、②管轄する管理部署（東岸あるいは西岸の地域や猟場？の管理部署、鳥、魚、穀物、布、武具の支給部署）、③地域（ブト、バスタなど）の、3種類に分類された。こうした由来のなかには、アビュドス近くの地域だけではなく、デルタに位置する地域も含まれているが、ラベルがどこで取り付けられたのかは、不明である。

　ドライヤーは、初期の文字資料の多くが物品の由来に言及していることから、その背景に経済的な管理組織の存在を推測している。U-j号墓の文字資料を見ると、当時の文字は、王家に関連する限られた特殊な物品管理・行政に用いられており、文字を用いた管理システムが、まずは王家の身近な部分から始まったことをうかがわせる。ドライヤーは、土器表面に記した記号による物品管理がナカダⅡ期までさかのぼり、印章の使用がナカダⅢa1期までさかのぼると述べているものの、これまでのところ、U-j号墓以外からの文字資料の出土は非常に散発的である。アビュドス以外のエジプト各地やパレスチナからも印章・印影や土器の銘文の出土例があり、文字を用いた管理システムの資料が分布する範囲は広いが、何が、どの程度組織的に管理されていたのかを明らかにするためには、今後の調査の進展と資料の増加を待たねばならない。

　土器表面の銘文、印章およびラベルを用いた管理システムは、第1王朝になっていちじるしく発展したことが知られている（Kaplony 1963）。

〈コラム〉文字の始まり

　20世紀後半まで、エジプトの文字はほとんど第1王朝開闢と時を同じくして、突然ほぼ完成した形で出現したと考えられており、そこにメソポタミアからの大きな影響を認める見解が有力であった（Davies 1987）。しかし、ドイツ考古学研究所が行ったアビュドス遺跡ウム・アル=カーブの発掘調査によって、ナカダⅢ期の大型墓から初期の文字資料が豊富に検出されたため、エジプトにおける文字使用の開始は、従来考えられていたよりも早いことが明らかになった。ナカダⅢa2期に年代づけられるウム・アル=カーブのU-j号墓は、初期の文字資料がもっともまとまって検出された墓である。土器の表面にインクで記されたもの、象牙製のラベルに彫刻されたもの、および印影に残された印章に刻まれたものと、種類も量も意外なほど豊富であった（Dreyer 1998）。

　これらの資料を用いて初期の文字の分析を行ったG.ドライヤーは、50種類あまりに及ぶ文字の使用を認め、それらの性格についても推測している。ドライヤーによれば、この頃すでに、表意文字あるいは絵文字だけではなく、表音文字や決定詞と補足音価を用いて言語を表記するシステムが認められるという。ドライヤーの解釈が妥当ならば、表音文字を用いて言語を表記しているという意味で、早くも本格的な文字が確立していたことになる。使用された文字や文法はエジプト特有のものであるが、初期の印章に描かれたモチーフにはメソポタミアからの影響が認められ、文字の概念はやはりメソポタミアから伝わったらしい。ただし、表音文字を用いた本格的な文字への脱皮は、エジプトの方がやや早かったかもしれない。

　これらの資料に見られる初期の文字は、王名の表記という政治的な目的と、物品管理という経済的な目的のために用いられていた。

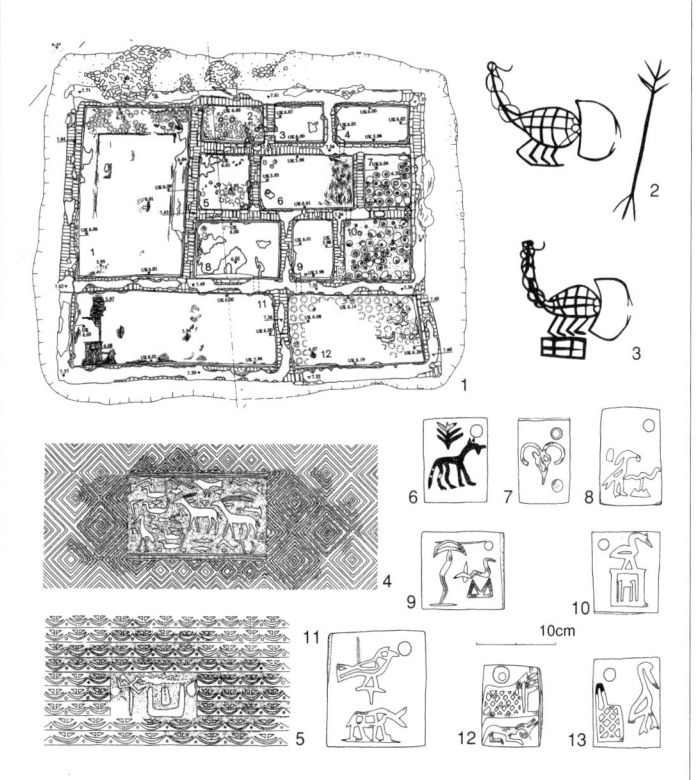

図59 初期の文字資料（Dreyer 1998より）
1：アビュドス遺跡U-j号墓プラン　2・3：土器に記された記号　4・5：印影復元図　6-13：ラベル

(3) 統一王朝の出現

統一国家の出現をどの時期に認めるかについては、現在も研究者の間で完全に一致した見解があるわけではない。古王国時代に製作された「カイロ年代記」(図2)には第1王朝以前の王たちが上下エジプト冠を戴く姿で描かれており、この頃にはエジプト・ナイル河流域が文化的に統一され、王を名乗る人物たちも現れたことから、実際の王朝統一を第1王朝以前と考える研究者も存在する。

しかし、多くの研究者は、王朝時代の文字記録に残されたメニを始祖とする第1王朝の初めに、とりあえず王朝の開始を置くことにしている(第1章参照)。実際同時代資料から見ると、統一国家はナルメル王に始まった可能性が高い。というのも、アビュドス遺跡ウム・アル=カーブで検出された先王朝末期から王朝初期にかけての王墓の列を見るかぎり(コラム：アビュドス遺跡)、ナルメル王の墓が大型王墓列の直前の位置を占めている。統一王朝の王にとってもっとも重要な上下エジプト王としての姿も、ナルメル王の奉納用のパレットに王朝時代の様式で表現されていた。さらに、ナルメル王の名を記した遺物が、北は南パレスチナまで広く分布していることは、先にも述べたとおりである(第9章参照)。そして何よりも、第1王朝半ばに押印され、アビュドスで発見された印影(図4)は、第1王朝の王たちが、自分たちの最初の王をナルメルと認識していたことを暗示している。したがって、同時代の資料を見るかぎり、ナルメル王をもって第1王朝、そしておそらくは統一王朝国家の始まりと考えるのが妥当であるように見える。

一方、アビュドスのようなナカダⅢ期の大型政体が、国家とよべる複雑さのレベルに達していたかどうかも別個に検討する必要がある。この頃には、社会階層は分化し、王を名乗る支配者も存在して、長距離交易網の確立と支配が始まっていた。従属専門職人も活躍し、

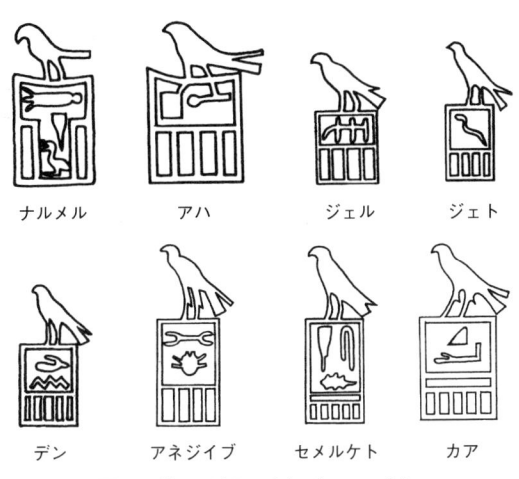

|ナルメル|アハ|ジェル|ジェト|
|デン|アネジイブ|セメルケト|カア|

図60 第1王朝の王名（ホルス名）

文字を使った物品管理システムもできつつあったが、ナカダⅢ期の乏しい資料状況のなかからは、これまでのところ、その範囲と程度は明らかではない。したがって、この時期における社会組織の複雑さの程度を十分に評価する手だてはなく、第1王朝の始まりをもって一応初期国家の成立と考えるのは、あくまでも便宜的な解決である。

2　第1王朝の国家

第1王朝に始まる「初期王朝時代」（第2王朝までを含む）は、王朝文明の主要な要素が萌芽した時期である。いまだおのおのの要素は小さな芽の段階であったが、やがて花開いて、華麗な王朝時代の文化を形作っていくことになる。そうした要素として、王権とその表現様式（王号、王冠や王笏、儀式）、巨大王墓、官僚組織、美

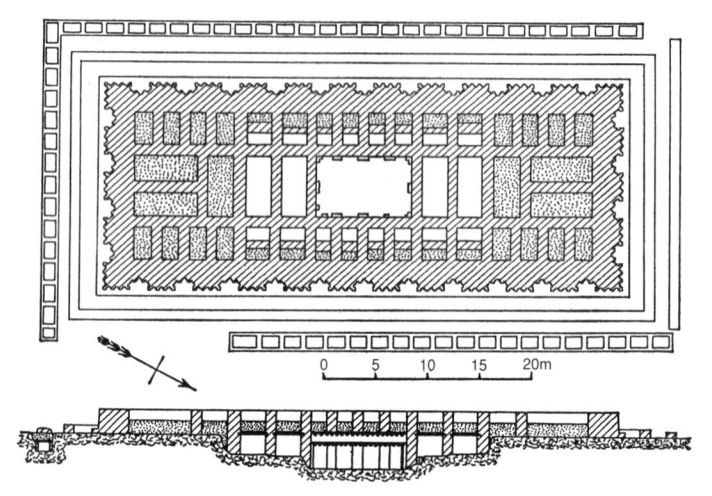

図61 サッカラのマスタバ墓（Emery 1961より）

術様式、記年方法、首都メンフィス、工房組織などが挙げられる。

王権とその表現様式は、第1王朝の間に原型をほぼ確立した。王が用いた王号あるいは王名表記の最古の例は、前述のナカダⅢa2-b1期から用いられたセレクとその上に止まったハヤブサで表される「ホルス名」であり、さらに第1王朝のうちに「二女神名」と「上下エジプト王名」が使用されるようになった（屋形 1980）。王号や王名表記の方法は、その後の王朝時代に数を増すが、これらを用いて支配者としての王の名前を表す様式は、すでに初期王朝時代に確立していた。王が王冠、王笏、王杖あるいは王衣を着用することによってその身分を表現する様式も、初期王朝時代におおむね定式化した。上エジプトの白冠と下エジプトの赤冠を被り、殻竿、ヘカ杖、ウアス杖などを手にし、儀式用のエプロンや長いローブを纏った王の姿が、第1王朝のうちからあちこちに描かれるようになる。また、王権の儀式として、戴冠式やセド祭りが挙行されていた。

巨大な王墓が築かれるようになるのも、第1王朝以降のことである。王朝時代以前にも被葬者の身分によって、墓の規模の大小や副葬品の多寡には違いがあったが、それらはどちらかというと量的な差異の範疇であった。しかし、第1王朝のナルメルあるいはアハ王以降、王や王族のために、特異な形態の突出した大型墓が築かれるようになる。建材は日乾レンガであったとはいえ、サッカラで検出されたような、当時の王宮を象ったといわれるニッチをもつ大型の「マスタバ墓」(Emery 1949-1958；1961) や、アビュドスで検出されたような、砂漠奥部の埋葬施設（図58）と低位砂漠縁辺部のニッチ建造物を組み合わせた壮大な葬祭記念建造物は、王の神聖かつ特異な存在を表出する手段であった。この巨大王墓は、やがて古王国時代に、石造の大型ピラミッドへと発展していった。

官僚組織は、第1王朝以降に急速に体裁を整えた。初期王朝時代の官僚組織について、印章、ラベルあるいは石碑などに残された官僚たちの名前と称号から、おおむね推測できるようになっている。T.A.H. ウィルキンソンによれば（Wilkinson 1999）、王のもとに王族からなる少人数の支配階層があり、その下に宰相が任命され、宰相が王家の家政、財政および地方行政を統括する。財政部門は印璽官によって統括され、徴税から再分配までの国家財政を司る。地方行政部門は、上エジプトと下エジプトおよびその他各地に分けて、それぞれ官僚たちによって管轄される。王を頂点とし、宰相を中心とした上記3つの部門によって国家を支配する基本構造は、新王国時代以降まで継続した。

王朝時代の特徴を成す美術様式も、この頃確立された。王朝時代の二次元表現は、人物像を側面からの描写と正面からの描写を組み合わせて描くこと、実際の人体のサイズとは無関係に、観念的な人物の偉大さに従って大きさを描き分けるため、王像がもっとも大き

く表現されること、および場面が段に区切られ、人物像は通常地面を表すボーダーの上に描かれることなどが特徴である（Schäfer 1986）。こうした表現様式の一部は、すでに王朝以前のナカダⅢ期の遺物のいくつかに現れているが、ナルメル王のパレット（図3）に、そのほとんどが遺憾なく発揮されている。

　記年方法も、ナルメル以降に定式化された要素のひとつである。毎年のできごとを記録するために、おのおのの年を別々に認識する必要があったが、第1王朝初期には、各年にその年の重要なできごとを用いた名称を付ける方法で行われるようになった。ナルメル王頃に始まったこの記年方法が、やがて2年に1回行われた家畜計数調査の何回目の年かを使って治世年を表す方法を経て、王の統治年数を使って年代を表す元号のようなシステムへと発達した（Gardiner 1945）。

　首都メンフィスの設立も、その後長く継続する王朝時代の伝統のひとつであった。ヘロドトスによってメンフィスは第1王朝初代の王メニによって創建されたと伝えられる。都自体は沖積土に埋もれてしまっているらしい（Giddy & Jeffreys 1992）が、メンフィスの付属墓地であるサッカラには、アハ王以降に築かれた大型マスタバ墓がたくさん立ち並んでおり（白井 1994）、実際王朝開闢頃に、メンフィスが都として設立された可能性が高い。メンフィスは、上エジプトと下エジプトの中間地点に位置し、地政学的にエジプト全土を統治するために、絶好の立地であった。その後メンフィスは、中王国時代前後を除くと、古代エジプト王朝3000年の歴史を通じて、つねにエジプトの主要都市として栄えてきたのである（高宮 1999）。

　すでに先王朝時代からその原型ができていた王家従属の工房組織は、第1王朝になっておそらくいっそうの発展を遂げた。第1王朝第4代の王ジェルが築いたアビュドスの王墓から出土した4つの腕

輪は、金、トルコ石、紫水晶からつくられており（Petrie 1901）、遠方から調達した稀少な材料を使って、王族のためにエレガントなデザインの装身具を製作する組織があったことを示す。また、サッカラの第1王朝のマスタバ墓から出土したいくつかの石製容器（Emery 1961）は、硬い片岩を削って複雑なバスケットや植物の葉の形をつくり出していて、やはり卓越した技術とセンスをもつ職人の関与を顕わしている。

　こうして第1王朝あるいは遅くとも第2王朝までの間に、王権観と官僚組織を核として、その後およそ3000年にわたって継続する国家組織の原型が確立したのであった。

参考文献一覧

第1章

植木武「初期国家の理論」 植木武編著『国家の形成―人類学・考古学からのアプローチ―』三一書房、1996年

川村喜一「エジプトにおける灌漑文明の成立」『岩波講座世界歴史』第1巻、岩波書店、1969年

近藤二郎「古代エジプト文明の誕生」『世界謎の古代文明』(別冊歴史読本世界の謎シリーズ2) 新人物往来社、1992年

近藤二郎『エジプトの考古学』同成社、1997年

鈴木八司『沈黙の世界史2 エジプト 神と王とナイル』新潮社、1970年

吉成薫「古代エジプト先王朝時代―王朝史からの展望―」『オリエント』第37巻第2号、1994年

Adams, B. 1988 *Predynastic Egypt.* Aylesbury

Adams, B. and Chalowicz, M. 1997 *Protodynastic Egypt.* Aylesbury

Baumgartel, E.J. 1955 & 1960 *The Cultures of Prehistoric Egypt.* London

Baumgartel, E.J. 1972 "Predynastic Egypt" in *The Cambridge Ancient History* vol.I, chapter IXa. Cambridge

Dreyer, G., Engel, E.-M., Hartung, U., Hikade, T., Köhler, E.C., & Pumpenmeier, F. 1996 "Umm el-Qaab. Nachuntersuchungen im Frühzeitlichen Königsfriedhof. 7/8 Vorbericht" *Mitteilungen des Deutschen Archäologischen Instituts, Abteilung Kairo* 52

Hoffman, M.A. 1980 *Egypt before the Pharaohs.* London

Kantor, H.J. 1944 "The final phase of Predynastic culture, Gerzean or Semainean?" *Journal of Near Eastern Studies* 3

Kemp, B.J. 1989 *Ancient Egypt. Anatomy of a Civilization.* London & New York

Maisels, C.K. 1999 *Early Civilizations of the Old World.* London

Midant-Reynes, B. 1992 *Préhistoire de l'Egypte.* Paris (英語版 Shaw, I. 訳 2000 *The Prehistory of Egypt : From the first Egyptians to the first Pharaohs.* Oxford)

de Morgan, J. 1896-1897 *Recherches sur les origines de l'Egypte.* 2 vols. Paris

Petrie, W.M.F. 1896 *Naqada and Ballas.* London

Petrie, W.M.F. 1900 *The Royal Tombs of the First Dynasty. 1900.* Part I. London

Petrie, W.M.F. 1920 *Prehistoric Egypt.* London

Petrie, W.M.F. 1939 *The Making of Egypt.* London

Renfrew, C. 1973 *Before Civilization.* London & New York（C. レンフルー著、大貫良夫訳『文明の誕生』岩波書店、1979年）

Service, E. 1962 *Primitive Social Organization : Evolutionary Perspective.* New York

Spencer, A.J. 1993 *Early Egypt : The rise of civilisation in the Nile Valley.* London

Trigger, B.G. 1982 "The rise of civilization in Egypt" in *The Cambridge History of Africa. Vol.1 : From the earliest times to c.500B.C.* Cambridge

Wilkinson, T.A.H. 2000 *Royal Annals of Ancient Egypt : The Palermo Stone and its associated fragments.* London & New York

第2章

近藤二郎「土器の使用のはじまり―エジプト―」『考古学ジャーナル』239、1984年

近藤二郎「ナイル川流域の新石器文化の展開―ナブタ初期新石器文化を中心に―」『史観』第113冊、早稲田大学史学会、1985年

近藤二郎 1997年 第1章文献参照

高橋龍三郎「ナイル河流域における後期旧石器時代の母制と社会（上）」『近畿大学文芸学部論集「文学・芸術・文化」』第5巻第1号、近畿大学文芸学部、1983年

高橋龍三郎「考古学から見たセミ・ドメスティケーション」『史観』第140冊、1999a年

高橋龍三郎「東部サハラにおける牧畜の起源」『史観』第141冊、1999b年

藤井純夫「肥沃な三日月地帯の外側　ヒツジ以前・ヒツジ以降の内陸部乾燥地帯」『岩波講座世界歴史』第2巻、岩波書店、1998年

藤井純夫『ムギとヒツジの考古学』同成社、2001年

藤本強「ナイル河流域の後期旧石器文化―穀物利用と農耕に関する問題を中心に―」『考古学雑誌』第68巻第4号、1983年

藤本強『考古学を考える—方法論的展望と課題—』雄山閣、1985年

Arkell, A.J. 1949 *Early Khartoum.* Oxford

Arkell, A.J. 1975 *The Prehistory of the Nile Valley.* Leiden & Köln

Banks, K.M. 1980 "Ceramics of the Western Desert" in Wendorf, F. & Schild, R.(eds.), *Prehistory of the Eastern Sahara.* New York

Barich, B.E. & Hassan, F.A. 2000 "A stratified sequence from Wadi el-Obeiyd, Farafra : new data on subsistence and chronology of the Egyptian Western Desert" in Krzyzaniak, L., Kroeper, K. & Kobusiewicz (eds.), *Recent Research Into the Stone Age of Northeastern Africa.* Poznan

Caneva, I. (ed.) 1983 "Pottery Using Gatherers and Hunters at Saggai (Sudan). Preconditions for Food Productions" *Origini, Prehistoria e protohistoria delle civilta antiche.* Roma

Childe, V.G. 1936 *Man Makes Himself.* London（V.G. チャイルド著、ねずまさし訳『文明の起源（上・下）』岩波書店、1951年）

Close, A.E. 1992 "Holocene Occupations of the Eastern Sahara" in Klees, F. & Kuper, R.(eds.), *New Light on the Northeast African Past. Current Prehistoric Research,* Köln

Close 1995 "Few and Far Between Early Ceramics in North Africa" in Barnett, W.K. & Hoopes, J.W.(eds.), *The Emergence of Pottery. Technology and Innovation in Ancient Societies.* Washington & London

Mohammed-Ali, A.S.A. 1987 "The Neolithic of Central Sudan. A Reconsideration" in Close, A.E.(ed.), *Prehistory of Arid North Africa : Essay in Honor of Fred Wendorf.* Dallas

Muzzolini, A. 1993 "The emergence of a food-producing economy in the Sahara" in Shaw, T., Sinclair, P., Andah, B. & Okpoko, A.(eds.), *The Archaeology of Africa : Food, metals and towns.* London

Schild, R., Krolik, H., Wendorf, F. Close, A.E. 1996 "Architecture of Early Neolithic Huts at Nabta Playa" in Krzyzaniak, L., Kroeper, K. & Kobusiewicz, M.(eds.), *Interregional Contacts in the Later Prehistory of Northeastern Africa.* Poznan

Wasylikowa, K., Harlan, J.R., Evans, J., Wendorf, F., Schild, R., Close, A.E., Kroulik, H. & Housley, R.A.1993 "Examination of botanical remains from early neolithic houses at Nabta Playa, Western Desert,

Egypt, with special reference to sorghum grains" in Shaw, T., Sinclair, P., Andah, B & Okpoko, A.(eds.), *The Archaeology of Africa : Food, Metals and Towns.* London & New York

Wendorf, F.(ed.) 1968 *The Prehistory of Nubia.* 2vols. Dallas

Wendorf, F., Close, A.E., Schild, R., Wasylikowa, K., Housley, R.A., Harlan, J.R. & H. Krolik 1992 "Saharan exploitation of plants 8,000 years BP." *Nature* 359

Wendorf, F. & Schild, R. (eds.) 1980 *Prehistory of the Eastern Sahara.* New York

Wendorf, F. & Schild, R. 1984 *Cattle-keepers of the Eastern Sahara. The Neolithic of Bir Kiseiba.* Dallas

Wendorf, F. & Schild, R.(eds.) 1983-1989 *The Prehistory of Wadi Kubbaniya.* 3 vols. Dallas

Wetterstrom, W. 1993 "Foraging and farming in Egypt : the transition from hunting and gathering to horticulture in the Nile Valley" in Shaw, T., Sinclair, P., Andah, B. & Okpoko, A.(eds.), *The Arcaeology of Africa : Food, Metals and Towns.* London

第3章

近藤二郎1984年　第2章文献参照

白井則行「エジプト北部の新石器文化」『会津八一記念博物館紀要』第1号、早稲田大学会津八一記念博物館、2000年

中島健一『河川文明の生態史観』校倉書房、1977年

中島健一『灌漑農法と社会＝政治体制』校倉書房、1983年

Baumgartel 1955　第1章文献参照

Brunton, G. & Caton-Thompson, G. 1928 *The Badarian Civilization and Prehistoric Remains near Badari.* London

Brunton, G. 1937 *Mostagedda and the Tasian Culture.* London

Brunton, G. 1948 *Matmar.* London

Caton-Thompson, G. & Gardner, E.W. 1934 *Desert Fayum.* London

Debono, F. & Mortensen, B. 1990 *El-Omari.* Mainz am Rhein

Eiwanger, J. 1984-1999 *Merimde-Benisalame I-IV.* Mainz amd Rhein

Eiwanger, J. 1999 "Merimde Beni-Salame" in Bard, K.A.(ed.), *Encyclope-*

dia of the Archaeology of Ancient Egypt. London & New York

Ginter, B. & Kozlowski, J.K. 1994 *Predynastic Settlement near Armant.* Heidelberg

Ginter, B., Kozlowski, J.K. & Drobniewicz, B. 1979 *Silexindustrien von El Tarif*. Mainz am Rhein

Ginter, B., Kozlowski, J.K., Pawlikowski, M., Sliwa, J. & Kammerer-Grothaus, H. 1998 *Frühe Keramik und Kleinfunde aus El-Tarif.* Mainz

Holmes, D.L. 1989 *The Predynastic Lithic Industries of Upper Egypt : A comparative study of the lithic traditions of Badari, Nagada and Hierakonpolis.* 2 vols. Oxford

Holmes, D.L. 1999 "El-Badari district Predynastic sites" in Bard, K.A.(ed.), *Encyclopedia of the Archaeology of Ancient Egypt.* London & New York

Junker, H. 1929-1940 "Vorläufiger Bericht über die Grabung der Akademie der Wissenschaften in Wien auf der neolithischen Siedlung von Merimde-Benisalame (Westdelta)" *Anzeiger der im Akademieder Wissenschaften in Wien, Philosophische-historische Klasse* 1929, XVI-XVIII 156-250; 1930, V-XIII 21-83; 1932, I-IV 36-97; 1933,XVI-XXVII 54-97; 1934, X 118-132; 1940, I-V 3-25

Kaiser, W. 1985 "Zur Südausdehnung der vorgeschichtlichen Deltakulturen und zur frühen Entwicklung Oberägyptens" *Mitteilungen des Deutschen Archäologischen Instituts, Abteilung Kairo* 41

Kozlowski, J. & Ginter, B. 1989 "The Fayum Neolithic in the light of new discoveries" in Krzyzaniak, L. & Kobusiewic, M.(eds.), *Late Prehistory of the Nile Basin and Sahara.* Poznan

Marks, A.E. & Mohammed-Ali, A.(eds.) 1991 *The Late Prehistory of the Eastern Sahel : The Mesolithic and Neolithic of Shaqadud, Sudan.* Dallas

McDonald, M.M.A. 1996 "Relations between Dakhleh Oasis and the Nile Valley in the Mid-Holocene: a discussion" in Krzyzaniak, L., Kroeper, K. & Kobusiewicz, M.(eds.), *Interregional Contacts in the Later Prehistory of Northeastern Africas.* Poznan

Mohammed-Ali 1987 第3章文献参照

Vermeersch, P.M., Paulissen, E., Huyge, D., Newmann, K., van Neer, W. &

van Peer, P. 1992 "Predynastic Hearths in Upper Egypt" in Friedman, R. & Adams, B.(eds.), *The Followers of Horus : Studies dedicated to Michael Allen Hoffman.* Oxford

Wendorf, F. & Schild, R.(eds.) 1976 *Prehistory of the Nile Valley.* New York

Wetterstrom 1993 第2章文献参照

第4章

高宮いづみ 「ナカダ文化論―ナイル河下流域における初期国家の形成―」『岩波講座世界歴史 第2巻オリエント世界』岩波書店、1998年

高宮いづみ in press「前4千年紀ナイル河下流域における文化認識のパラダイムについて」屋形禎亮編『古代エジプトの歴史と社会』同成社

馬場匡浩 「エジプト先王朝時代の居住地出土土器と墓地出土土器の比較」『溯航』第17号、早稲田大学考古学談話会、1999年

張替いづみ 「エジプト先王朝期ナカダ文化の編年に関する一考察」『文学研科紀要』別冊第12集 哲学・史学編（早稲田大学大学院文学研究科）、1986年

Ben-Tor, A. 1982 "The Relations between Egypt and the Land of Canaan during the Third Millennium B.C." *Journal of Jewish Studies* 33/1-2

Brink, E.C.M. van den(ed.) 1988 *The Archaeology of the Nile Delta : Problems and Priorities.* Amsterdam

Brink, E.C.M. van den(ed.) 1992 *The Nile Delta in Transition : 4th.-3rd. Millennium B.C.* Tel Aviv

Debono, F. & Mortensen, B. 1988 *The Predynastic Cemetery at Heliopolis : Season March-September 1950.* Mainz am Rhein

Gophna, R. 1987 "Egyptian Trading Posts in Southern Canaan at the Dawn of the Archaic Period" in Rainey, E.F.(ed.), *Egypt, Israel, Sinai : Archaeological and Historical Relationships in the Biblical Period.* Tel Aviv

Gophna, R. 1995 "Early Bronze Age Canaan : Some Spatial and Demographic Observations" in Levy, T.E.(ed.), *The Archaeology of Society in the Holy Land.* London & Washington

Hendrickx, S. 1996 "The Relative Chronology of the Naqada Culture. Problems and Possibilities" in Spencer, J.(ed.), *Aspects of Early Egypt.* London

Holmes, D.L. 1989 第3章文献参照

Kaiser, W. 1957 "Zur inneren Chronologie der Naqada-kulture" *Archaeologia Geographica* 6

Kaiser, W. 1990 "Zur Entwicklung des gesamtägyptisches Staates" *Mitteilungen des Deutschen Archäologischen Instituts, Abteilung Kairo* 46

Köhler, E.C. 1995 "The State of Research on Late Predynastic Egypt : New Evidence for the development of the Pharaonic State?" *Göttinger Miszellen, Beitrage zur ägyptlogischen Diskussion* 147

Köhler, E.C. 1998 *Tell el-Fara'in · Buto III : Die Keramik von der späten Naqada-Kulture bis zum frühen Alten Reich (Schichten III bis VI).* Mainz

Menghin, O. 1936 *Excavations of the Egyptian University in the Neolithic Site at Maadi. Second Preliminary Report (Season 1932).* Cairo

Menghin, O. & Amer, M. 1932 *Excavations of the Egyptian University in the Neolithic Site at Maadi. First Preliminary Report (Season of 1930-1931).* Cairo

Nordström, H.-A. 1972 *Neolithic and A-Group Sites.* Uppsala

Payne, J.C. 1993 *Catalogue of the Predynastic Egyptian Collection in the Ashmolean Museum.* Oxford

Petrie 1896 第1章文献参照

Petrie, W.M.F. 1901 *Diospolis Parva : The Cemeteries of Abadiyeh and Hu. 1898-1899.* London

Petrie, W.M.F. 1921 *Corpus of Prehistoric Pottery and Palettes.* London

Porat, N. 1992 "An Egyptian Colony in Southern Palestine during the Late Predynastic/Early Dynastic Period" in Brink, E.C.M.van den(ed.), *The Nile Delta in Transition : 4th. - 3rd. Millennium B.C.* Tel Aviv

Reisner, G.A. 1910 *The Archaeological Survey of Nubia. Report for 1907-1908.* Cairo

Rizkana, I. & Seeher, J. 1987-1990 *Maadi I-IV.* Mainz am Rhein

Rosen, S.A. 1988 "A Preliminary Note on the Egyptian Component of the Chipped Stone Assemblage from Tel Erani" *Israel Exploration Journal* 38

Schmidt, K. 1993 "Comments on the lithic industry of the Buto-Maadi culture in Lower Egypt" in Krzyzaniak, L.,Kobusiewicz, M. & Alexander, J.(eds.), *Environmental Change and Human Culture in the Nile Basin and*

Northern Africa until the Second Millennium B.C. Poznan
Ucko, P.J. 1968 *Anthropomorphic Figurines of Predynastic Egypt and Neolithic Crete with Comparative Materials from the Prehistoric Near East and Mainland Greece.* London
Way, T. von der 1997 *Tell el-Fara'in/ Buto I : Ergebnisse zum frühen Kontext : Kampagnen der Jahre 1983-1989.* Mainz
Yadin, Y. 1955 "The Earliest Record of Egypt's Military Penetration into Asia" *Israel Exploration Journal* 5

第5章

大津忠彦・常木晃・西秋良宏 『西アジアの考古学』同成社、1997年
金関恕・川西宏幸 『都市と文明』(講座「文明と環境」4)朝倉書店、1996年
小泉龍人 『都市誕生の考古学』同成社、2001年
近藤英夫編 『古代オリエントにおける都市形成とその展開』東海大学文学部考古学研究室、1999年
高宮いづみ 「エジプトの都市研究と都市の起源」近藤英夫監修『古代オリエントにおける都市形成とその展開』東海大学考古学研究室、1999年
高宮いづみ 「ナカダ文化のセツルメント・パターンについて―エジプト中部バダリ地区における墓地形成パターンからの考察―」『オリエント』第43巻第1号、2000年
張替いづみ 「ナカダ文化墓地における被葬者について―ヒエラコンポリス遺跡からの考察―」『文学研究科紀要』別冊第16集 哲学・史学編(早稲田大学文学研究科)、1989年
古谷野晃 『古代エジプト都市文明の誕生』古今書院、1998年
吉成薫 「古代エジプトの都市」『オリエント』第28巻第1号、1985年
Bietak, M. 1979 "Urban Archaeology and the "Town Problem" in Ancient Egypt" in Weeks, K.(ed.), *Egyptology and the Social Science.* Cairo
Brink, E.C.M. van den 1993 "Settlement patterns in the Northeastern Nile Delta during the fourth-second millenium B.C." in Krzyzaniak, L., Kobusiewicz, M. & Alexander, J.(eds.), *Environmental Change and Human Culture in the Nile Basin and Northern Africa until the Second Millennium B.C.* Poznan

Childe 1936 第 2 章文献参照

Emery, W.B. 1961 *Archaic Egypt. Culture and Civilization in Egypt, Five Thousand Years Ago.* Harmondworth

Hassan, F.A. 1981 *Demographic Archaelogy.* New York

Hassan, F.A. 1988 "The Predynastic of Egypt" *Journal of World Prehistory* 2

Hassan, F.A. 1993 "Town and village in ancient Egypt : ecology, society and urbanization" in Shaw, T., Sinclair, P., Andah, B. & Okpoko, A.(eds.), *The Archaeology of Africa : Food, Metals and Towns.* London & New York

Hoffman, M.A.(ed.) 1982 *The Predynastic of Hierakonpolis.* Giza & Macomb

Hoffman, M.A. 1986 "A Model of Urban Development for the Hierakonpolis Region from Predynastic through Old Kingdom Times" *Journal of American Research Center in Egypt* 23

Kemp, B.J. 1977 "The Early Development of Towns in Egypt" *Antiquity* 51

Kemp, B.J. 1989 第 1 章文献参照

Patch, D.C. 1991 *The Origin and Early Development of Urbanism in Ancient Egypt : A regional study.* Ph.D.dissertation. University of Pennsylvania

Payne 1993 第 4 章文献参照

Trigger, B.G. 1965 *History and Settlement in Lower Nubia.* New Haven

Ziermann, M. 1993 *Elephantine XVI : Befestigungsanlagen und Stadtentwicklung in der Frühzeit und im frühen Alten Reich.* Mainz am Rhein

第 6 章

大城道則 「ヌビアAグループ文化とクストゥール・インセンスバーナー—古代エジプト文化形成期の一側面—」『オリエント』第43巻第 1 号、2000年

白井則行 「葬送行為の考古学と先王朝時代の下エジプト研究」『エジプト学研究』第 6 号、1998年

高宮いづみ 「エジプト・ナカダ文化の歯牙・骨製品について」『オリエント』第37巻第 1 号、1994年

高宮いづみ in press「ステイタス・シンボルから見た王権の成立」角田文衞・上田正昭監修『古代王権の誕生 第Ⅲ集 中央ユーラシア・西アジア・

北アフリカ編』角川書店

張替いづみ 「エジプト・ナカダ文化期の牙形製品について」『古代』第90号、早稲田大学考古学会、1990年

張替いづみ 「エジプト・ナカダ文化における象牙製品について」『古代探叢 Ⅲ』早稲田大学出版部、1991年

Anderson, W. 1992 "Badarian burial evidence of social inequality in Middle Egypt during the Early Predynastic Era" *Journal of American Recerch Center in Egypt* 29

Ayrton, E.R. & Loat, W.L.S. 1911 *Predynastic Cemetery at El Mahasna.* London

Bard, K.A. 1994 *From Farmers to Pharaohs : Mortuary evidence for the rise of complex society in Egypt.* Sheffield

Binford, L. 1971 "Mortuary practices : Their study and their potential" *American Antiquity* 36

Carr, C. 1995 "Mortuary practices : Their social, philosophical-religious, circumstantial, and physical determinants" *Journal of Anthrpological Method and Theory* 2-2

Friedman, R.F., Maish, A., Fahmy, A.G., Darnell, J.C. & Johnson, E.D. 1999 "Preliminary report on field work at Hierakonpolis 1996-1998" *Journal of American Recearch Center in Egypt* 36

Firth, C.M. 1927 *The Archaeological Survey of Nubia. Report for 1910-1911.* Cairo

Griswold, W.A. 1992 "Measuring social inequality at Armant" in Friedman, R. & Adams, B.(eds.), *The Followers of Horus : Studies decicated to Michael Allen Hoffman.* Oxford

Hendrickx, S. 1994 *Elkab V: The Naqada III Cemetery.* Brussel

Hodder, I. 1982 *Symbols in Action.* Cambridge

Mond, R. & Myers, O.H. 1937 *Cemeteries of Armant I.* London

Morgan 1896 第1章文献参照

Nordström, H.A. 1996 "The Nubian A-Group : Ranking Funerary Remains" *Norvegian Archaeological Review* 29-1

O'Connor, D. 1993 *Ancient Nubia : Egypt's Rival in Africa.* Philadelphia

Payne 1993 第4章文献参照

Savage, S.H. 1995 "Decent group competition and economic strategies in Predynastic Egypt" *Journal of Anthropolgical Archaeology* 16

Tainter, J.A. 1975 "Social inference and mortuary practices an experiment in numerical classification" *World Archaeology* 7-1

Tainter, J.A. 1978 "Mortuary practices and the study of prehistoric social systems" in Schiffer, M.(ed.), *Advanes in Archaeolgycal Method and Theory* 1

Williams, B.B. 1986 *The A-Group Royal Cemetery at Qustul : Cemetery L.* Chicago

第7章

宇野隆夫 「西洋流通史の考古学的研究―イギリス考古学の研究動向から―」『古代文化』第48巻第10号、1996年

大城道則 「古代エジプトにおけるラピスラズリについて―その現実的価値と象徴的意義―」『史泉』81、1995年

大城道則 「古代エジプト文化の揺籃期について―外来要素の流入とその中断期からの一考察―」浅香正監修『ローマと地中海世界の展開』晃洋書房、2001年

近藤二郎 「ゲルゼ文化期における外来要素とその流入経路について」『文研考古連絡誌』3、1980年

高宮いづみ 「前4千年紀ナイル河下流域におけるラピスラズリ交易について」『西アジア考古学』第2号、2001年

高宮いづみ in press「ナイル河下流域における交易システムの発展と初期国家の形成―下ヌビアにおけるナカーダ文化とAグループ文化の交易システム―」岩崎卓也監修『現代の考古学』第7巻　朝倉書店

常木晃「考古学における交換研究のための覚書（2）」『東海大学校地内遺跡調査団報告1』東海大学校地内遺跡調査委員会・東海大学校地内遺跡調査団、1990年

中野智章 「エジプト第1王朝の王墓地比定に関する一試論―輸入土器からの視点―」『オリエント』第39巻第1号、1996a年

中野智章 「エジプト第1王朝におけるパレスティナ土器の型式編年研究」『南山大学大学院考古学研究報告』第6冊、1996b年

西村雅雄 「長距離交易モデル」『国家の考古学―人類学・考古学からのアプ

ローチ―』三一書房、1996年

Adams, B. & Porat, N. 1996 "Imported pottery with potmarks from Abydos" in Spencer, J.(ed.), *Aspects of Early Egypt.* London

Boehmer, R.M. 1974 "Orientalische Einflusse auf verzierten Messergriggen aus dem prädynastischen Ägypten" *Archäologische Mitteilungen aus Iran* 7

Falting, D. 1998 "Recent excavations in Tell el-Fara'in/Buto : New finds and their chronological implications" in Eyre, C.J.(ed.), *Proceedings of the Seventh International Congress of Egyptologists.* Leuven

Frankfort, H. 1924 *Studies in Early Pottery of the Near East. Vol.I : Mesopotamia, Syria and Egypt and their Earliest Interrelations.* London

Frankfort, H. 1951 *The Birth of Civilizations in the Near East.* London（H. フランクフォート著、三笠宮崇仁・曽田淑子・森岡妙子訳 『古代オリエント文明の誕生』岩波書店、1962年）

Gophna, R. & Liphschitz, N. 1996 "The Ashkelon Trough Settmenets in the Early Bronze AgeI : New evidence of maritime trade" *Tel Aviv* 23

Kantor, H.J. 1991 "The relative chronology of Egypt and its foreign correlations before the First Intermediate Period" in Ehrich, R.W.(ed.), *Chronologies in Old World Archaeology.* 3rd edition. Vol.I. Chicago

Kroeper, K. 1989 "Palestinian ceramic imports in Pre- and Protohistoric Egypt" in Miroschedji, P. de(ed.), *L'urbanisation de la Palestine à l'âge du Bronze ancien : Bilan et perspectives des recherches actuelles.Actes du Colloque d'Emmaus (20-24 octobre 1986).* Oxford

Mark, S. 1997 *From Egypt to Mesoptamia : A study of Predynastic trade routs.* London

Moorey, P.R.S. 1990 "From Gulf to Delta in the Fourth Millennium BCE" *Eretz-Israel* 21

Ohshiro, M. 2000 "A study of Lapis Lazuri in the Formative Period of Egyptian culture" *Orient* 35

Oren, E.D. 1973 "The overland route between Egypt and Canaan in the Early Bronze Age" *Israel Exploration Journal* 23

Oren, E.D. 1989 "Early Bronze Age settlement in Northern Sinai : A model for Egypto-Canaanite interconnections" in Miroschedji, P. de(ed.), *L'ur-*

banisation de la Palestine à l'âge du Bronze ancien : Bilan et perspectives des recherches actuelles. Actes du Colloque d'Emmaus (20 - 24 octobre 1986). Oxford

Payne 1993 第4章文献参照

Renfrew, C. 1975 "Trade as action at a distance" in Sabloff, J. & Lamberg-Karlovsky, C.C.(eds.), *Ancient Civilization and Trade.* Albuquerque

Renfrew, C. & Bahn, P. 2000 *Archaeology : Theories, Methods and Practice.* 3rd edition. London

Rizkana, I. & Seeher, J. 1989 第4章文献参照

Serpico, M. & White, R. 1996 "A report on the analysis of the contents of a cache of jar from the Tomb of Djer" in Spencer, J.(ed.), *Aspects of Early Egypt.* London

Sürenhagen, D. 1986 "The Dry Farming Belt : The Uruk Period and subsequent developments" in Weiss, H.(ed.), *The Origin of Cities in Dry-Farming Syria and Mesopotamia in the Third Millennium B.C.* Guilford

Teissier, B. 1987 "Glyptic evidence for a connection between Iran, Syro-Palestine and Egypt in the Fourth and Third millennia" *Iran* 25

Way, T.v.d. 1992 "Indications of architecture with niches at Buto" in Friedman, R. & Adams, B.(eds.), *The Followers of Horus : Studies dedicated to Michael Allen Hoffman.* Oxford

第8章

高宮いづみ 「エジプト・ナカダ文化における大型ナイフ形石器について」『オリエント』第35巻第1号、1992年

西秋良宏 「工芸の専業化と社会の複雑化—西アジア古代都市出現期の土器生産—」『西アジア考古学』第1号、2000年

Aksamit, J. 1992 "Petrie's Type D46D and remarks on the production and decoration of Predynastic Decorated Pottery" *Cahiers de la céramique égyptienne* 3

Brumfiel, E.M. & Earle, T.K. 1987 "Specialization, exchange, and complex societies : an introduction" in Brumfiel, E.M. & Earle, T.K.(eds.), *Specialization, Exchange, and Complex Societies.* Cambridge

Clark, E.J. 1995 "Craft specialization as an archaeological category"

Research in Economic Anthropology 16

Costin, C. 1991 "Craft Specialization : Issues in Defining, Documenting, and Explaining the Organization of Production" in Schiffer, M.(ed.), *Archaeological Method and Theory* 3

Friedman, R.F. 1994 *Predynastic Settlement Ceramics of Upper Egypt : A comparative study of the ceramics of Hemamiyeh, Nagada, and Hierakonpolis.* Ph.D. dissertation, University of California

Friedman, R. 2000 "Reginal diversity in the Predynastic pottery of Upper Egyptian settlements" in Krzyzaniak,L., Kroeper, K. & Kobusiewicz, M.(eds.), *Recent Research into the Stone Age of Northeastern Africa.* Poznan

Geller, J. 1992 "From Prehistory to History : Beer in Egypt" in Friedman, R. & Adams, B.(eds.), *The Followers of Horus : Studies dedicated to Michael Allen Hoffman.* Oxford

Ginter, B., Kozlowski, J.K. & Pawlikowski, M. 1985 "Field report from the survey conducted in Upper Egypt in 1983" *Mitteilungen des Deutschen Archäologischen Instituts, Abteilung Kairo* 41

Ginter, B., Kozlowski, J.K. & Pawlikowski, M. 1996 "Raw material procurement in the Tarifian and in the Naqada culture : a case study from the Nile Valley in Upper Egypt" in Krzyzaniak, L., Kroeper, K. & Kobusiewicz, M.(eds.), *Interregional Contacts in the Later Prehistory of Northeastern Africa.* Posnan

Hassan, F.A. 1988 第5章文献参照

Hoffman 1982 第5章文献参照

Holmes, D.L. 1989 第3章文献参照

Holmes, D.L. 1992 "Chipped Stone-Working Craftsmen, Hierakonpolis and the Rise of Civilization in Egypt" in Friedman, R. & Adams, B.(eds.), *The Followers of Horus : Studies dedicated to Michael Allen Hoffman.* Oxford

Kelterborn, P. 1984 "Towards replicating Egyptian Predynastic flint knives" *Journal of Archaeological Science* 11

Midant-Reynes, B. 1987 "Contribution à l'étude de la société prédynastique le cas du couteau ripple-flake" *Studien zur Ägyptischen Kulture* 14

Needler, W. 1984 *Predynastic and Archaic Egypt in The Brooklyn Museum.* New York

Payne 1993 第4章文献参照

第9章

高宮いづみ 1994年　第6章文献参照

中野智章 「セレクの誕生―エジプト王によるメソポタミア扶壁の転用―」『西南アジア研究』54、2001年

馬場匡浩 「エジプト・ナカダ部文化における「黒頂土器」の器形について」『エジプト学研究』第8号、2000年

Brink, E.C.M. van den 1996 "The incised serekh-signs of Dynasties 0-1. Part I : complete vessels" in Spencer, A.J.(ed.), *Aspects of Early Egypt.* London

Chlodnicki, M., Fattovich, R. & Salvatori, S. 1992 "The Nile Delta in transition : A view from Tell el-Farkha" in Brink, E.C.M. van den(ed.), *The Nile Delta in Transition : 4th. - 3rd. Millennium B.C..* Jerusalem 171

Finkenstaedt, E. 1980 "Regional painting style in Prehistoric Egypt" *Zeitchrift für Ägyptische Sprache und Altertumskunde* 107

Finkenstaedt, E. 1981 "The location of styles in painting White Cross-Lined Ware at Nagada" *Journal of American Research Center in Egypt* 18

Friedman, R. 2000 第9章文献参照

Hassan, F.A. 1988 第5章文献参照

Holmes, D.L. 1989 第3章文献参照

Kaiser, W. 1956 "Stand und Probleme der ägyptische Vorgeschichtsforshung" *Zeitchrift für Ägyptische Sprache und Altertumskunde* 81

Kaiser, W. 1985 第3章文献参照

Kaiser, W. 1990 第4章文献参照

Kemp, B.J. 1989 第1章文献参照

Köhler, C. 1995 第4章文献参照

Köhler, C. 1998 第4章文献参照

Renfrew, C. 1986 "Introduction : Peer polity interaction and socio-political change" in Renfrew, C. & Cherry,J.F.(eds.), *Peer Polity Interaction and Socio-Political Change.* Cambridge UP

Scharff, A. 1928 "Some prehistoric vases in the British Museum and remarks on Egyptian prehistory" *Journal of Egyptian Archaeology* 14

Schmidt, K. 1996 "Lower and Upper Egypt in the Chalcolithic Period. Evidence of the lithic industries : a view from Buto" in Krzyzaniak, L., Kroeper,K. & Kobusiewicz, M.(eds.), *Interregional Contacts in the Later Prehistory of Northeastern Africa.* Poznan

Trigger, B.G. 1987 "Egypt : A Fledgling Nation" *The Journal of the Society for the Study of Egyptian Antiquities* 17(1/2)

Way, T. von der 1992 "Excavations at Tell el-Fara'in/Buto in 1987-1989" in Brink, E.C.M. van den(ed.), *The Nile Delta in Transition : 4th.-3rd. Millennium B.C..* Jerusalem

Way, T. von der 1993 *Untersuchungen zur Spätvor- und Frühgeschichte Unterägyptens.* Heidelberg

Wilkinson, T.A.H. 2000 "Political Unification : towards a reconstruction" *Mitteilungen des Deutschen Archäologischen Instituts, Abteilung Kairo* 56

第10章

植木武 第1章文献参照、1996年

Bard, K.A. 1992 "Toward an Interpretation of the Rise of Ideology in the Evolution of Complex Society in Egypt" *Journal of Anthropological Archaeology* 11

Bard, K.A. & Carneiro, R.L. 1989 "Patterns of Predynastic settlement location, social evolution and the Circumscription Theory" *Cahier de recherches de l'Institut de Papyrologie et d'Egyptologie de Lille* 11

Butzer, K.A. 1976 第3章文献参照

Hassan, F.A. 1988 第5章文献参照

Hoffman, M.A. 1980 第1章文献参照

Hoffman 1982 第5章文献参照

Hoffman, M.A. 1989 第5章文献参照

Kemp, B.J. 1989 第1章文献参照

Petrie 1939 第1章文献参照

Savage, S. 1995 第6章文献参照

Trigger 1987 第9章文献参照

Trigger, B.G. 1993 *Early Civilizations : Ancient Egypt in Context.* Cairo（B.G. トリッガー著、川西宏幸訳『初期文明の比較考古学』同成社、2001年）

Wittfogel, K.A. 1957 *Oriental Despotism : A comparative study of total power.* New Haven（カール・A・ウィットフォーゲル著　湯浅赳男訳　『オリエンタル・デスポティズム―専制官僚国家の生成と崩壊―』　評論社、1991年）

第11章

白井則行　「エジプト初期王朝時代の"Talbezirk"について」『遡航』第12号、早稲田大学大学院文学研究科考古学談話会、1994年

高宮いづみ　『古代エジプトを発掘する』岩波書店、1999年

高宮いづみ in press 第6章文献参照

屋形禎亮編『古代オリエント』有斐閣、1980年

屋形禎亮　「統一国家の形成と発展」、「神王国家の形成と発展―初期王朝時代と古王国時代前期―」『岩波講座世界歴史』第1巻、岩波書店、1969年

Baines, J. 1992 "Origins of Egyptian Kingship" in Oconnor, D. & Silverman, D.P.(eds.), *Ancient Egyptian Kingship.* Leiden

Davies, V.W. 1987 *Egyptian Hieroglyphs.* London（ヴィヴィアン・デイヴィズ著、塚本明広訳　『エジプト聖刻文字』学芸書林、1996年）

Dreyer, G. 1998 *Umm el-Qaab I : Das prädynastische Königsgrab U-j und seine frühen Schriftzeugnisse.* Mainz

Emery, W.B. 1949-1958 *Great Tombs of the First Dynasty.* 3 vols. Cairo & London

Emery, W.B. 1961 *Archaic Egypt.* Harmondsworth

Gardiner, A.H. 1945 "Regnal Years and Civil Calendar in Pharaonic Egypt" *Journal of Egyptian Archaeology* 31

Giddy, L. & Jeffreys, D. 1992 "Memphis, 1991" *Journal of Egyptian Archaeology* 78

Kaplony, P. 1963 *Die Inschriften der ägyptischen Frühzeit.* 3 vols. Wiesbaden

Kemp, B.J. 1966 "Abydos and the Royal Tombs of the First Dynasty" *Journal of Egyptian Archaeology* 52

O'Connor, D. 1989 "New Funerary Enclosure (Talbezirke) of the Early Dynastic Period at Abydos" *Journal of American Recearch Center in Egypt* 89

Peet, T.E. 1914 *Cemeteries of Abydos. Part II. 1911-1912.* London

Petrie, W.M.F. 1900 第1章文献参照

Petrie, W.M.F. 1901 *The Royal Tombs of the Earliest Dynasties. 1901. Part II.* London

Petrie, W.M.F. 1903 *Abydos Part II. 1903.* London

Schafer, H. (translated by Baines, J.) 1986 *Principles of Egyptian Art.* Oxford

Way, T.v.d. 1993 第9章文献参照

Wilkinson, T.A.H. 1999 *Early Dynastic Egypt.* London & New York

エジプト先史時代

BC	エジプトの時代区分	王朝区分	西部砂漠	上ヌビア	第2急湍付近	下ヌビア
	後期旧石器時代					
10000	終末期旧石器時代					
8000			ナブタ・プラヤ	カルトゥーム中石器文化		
	新石器時代		初期新石器			
			中期新石器			
5000			*羊／山羊の導入		**カルトゥーム・ヴァリアント文化** **ポスト・シャマルク文化** **アブカ文化**	
			後期新石器	**カルトゥーム新石器文化** *家畜のみ確認	*家畜のみ確認	
4000	金石併用時代					
	初期青銅器時代					*A* グループ文化 初期
3500						
						古典期
		第0王朝				
		第1王朝				末期
3000						

註: 斜字体: 有土器文化、太字体: 農耕・牧畜文化

編 年 表

上エジプト			下エジプト		パレスチナ
南部	中部	北部	南部	デルタ	
					後期旧石器時代
					終末期旧石器時代
エルカブ文化		カルーン文化			先土器新石器時代
ターリフ文化		フィユーム文化	メリムデ文化		土器新石器時代
			オマリ文化		金石併用時代
ナカダ文化 I期	バダリ文化				
II期		マーディ・ブト文化			
				（ブト遺跡）	初期青銅器時代I期
III期		エジプトの文化的統一			
		エジプトの政治的統一			初期青銅器時代II期

お わ り に

　少なくとも英米の考古学は、1960年代に当初「ニュー・アーケオロジー」と呼ばれたプロセス考古学の洗礼を受け、その後ふたたび1980年代から1990年代初頭にかけて、構造主義からポスト構造主義（あるいは哲学的なモダンからポスト・モダン）への移行よりだいぶ遅れつつも、プロセス考古学からポスト・プロセス考古学へという大きなパラダイムの転換を遂げた。1970年代の末に大学に入学し、日本のフィールドで「スーパー・コンテクスチュアル・アーケオロジー」と呼びたい日本の考古学を学んできた筆者にとって、プロセス考古学はかなり斬新であったが、歴史主義的なポスト・プロセス考古学は古巣に帰ったようになつかしく感じられた。そして1990年代前半に、当時考古学の理論に関する興味深いディスカッションの坩堝であったケンブリッジ大学に在学中、プロセス考古学の背景にある哲学的な絶対主義と、ポスト・プロセス考古学の背景にある相対主義の間の極端な思想の揺れ動きは、西洋哲学のくびきを逃れられない欧米人の病なのかもしれないと感じた。日本人である筆者には、物事を見る際に、プロセス考古学が唱えるような科学主義・客観的な観点とポスト・プロセス考古学が唱えるような歴史主義・主観的な観点という２つから一方を選択するよりも、両者の観点から物事を見る方が、よりよく歴史を理解できるように思われたからである（もちろん厳密には不可能なのであるが）。そこには、「我おもう、ゆえに我あり」というデカルト的な哲学に影響される厳密な西洋的思考と、とりあえず有るものは有ると曖昧に受け入れられる東洋的思考というバックグラウンドの違いがあったのかもしれない。

おわりに　271

　古代エジプトは、研究者たちがその歴史と文明をユニークであると考える傾向が強すぎて、一般化を指向するプロセス考古学の影響が及ぶのがやや遅れた研究領域である。そのために、他地域の文明との比較が困難になり、世界最古の文明のひとつでありながら、考古学的な文明比較の考察対象からはしばしば除外されてきてしまった。文明の形成期である先王朝時代研究に関しても、埋葬における社会階層の分析と集落情報の重要性に関する認識はプロセス考古学隆盛の時期に進展したが、その他の分野においてプロセス考古学的な研究はほとんど体系的に行われないまま、ポスト・プロセス考古学へあるいは旧来の伝統的な先王朝時代研究へと流れが変わった。そのため、一定の課題を積み残したまま次の課題に進んでしまったような、未消化な感じを免れられなかった。実際、複雑さを軸に据えた社会発展過程の理解は、社会変化の一側面として、文明形成あるいは初期国家形成の歴史的理解にとって不可欠なのではないだろうか。

　そのようなわけで本書は、プロセス考古学的に複雑化の進行を主軸においた構成をとることにしたが、これが決して唯一のパラダイムと考えてのことではなく、むしろ歴史記述の一環と認識してのことである。また、このテーマと構成および紙面の制約のなかで、可能な限り個別的な文化理解の要素を盛り込むように心がけた。もとより歴史主義的な筆者にとって、それでもプロセス考古学的すぎるかもしれないという認識がある一方、本格的な個別歴史的なエジプトにおける文明あるいは国家形成の考古学的研究はこれからの課題であると考えている。というのは、日本考古学のレベルからいえば、この時期のエジプトの考古学的資料は現在きわめて不十分であり、そこから文明形成に関連した固有の歴史を復元できるほどの資料の蓄積は乏しいからである。第10章で述べたような文明形成の要因が、

おおむね当時のパラダイムに左右されてしまう状況は、理念的な事情ばかりではなく、こうした資料の不十分さに大きく左右されているのであろう。古代エジプトの文明形成を含む地域研究は、本来既製のパラダイムを追認するためだけに行われるものではなく、それを更新あるいは転換するために行われるものであって、近い将来緻密な発掘調査資料と研究の蓄積が、新たな歴史像を描き出していくことを期待したい。

　末筆になりましたが、本書執筆の機会を与えてくださった監修者の菊池徹夫先生ならびに藤本強先生、遅れる執筆を辛抱強くお待ちくださった同成社の山脇洋亮氏と編集にご尽力くださった加治恵さんに、心より御礼申し上げます。また、口絵写真と図版の作成は馬場匡浩さんにお手伝いいただきました。ここに記して感謝いたします。

　　2002年12月

　　　　　　　　　　　　　　　　　　　　　　　　高宮いづみ

遺跡索引

ア

アシュケロン（パレスチナ地中海沿岸部の遺跡。初期青銅器時代Ⅰ期）158, 169

アゾル（パレスチナの遺跡。初期青銅器時代Ⅰ期）91

アダイマ（上エジプト南部ナイル河西岸の集落・墓地遺跡。先王朝時代ナカダ文化〜初期王朝時代）14, 95, 206

アバディーヤ（上エジプト南部ナイル河西岸の墓地遺跡。先王朝時代ナカダ文化）69, 103, 104, 109, 209

アビュドス（上エジプト南部ナイル河西岸の集落・墓地遺跡。初期王朝時代の王墓地、集落および神殿址が検出される。先王朝時代ナカダ文化〜初期王朝時代）6, 8, 9, 15, 77, 95, 115, 116, 119, 136, 137, 153, 156, 157, 160, 164, 173, 190, 199, 208〜210, 215, 218, 237〜239, 241, 242, 244, 247, 248

アフィー（下ヌビアナイル河西岸の家屋跡が検出された集落遺跡。先王朝時代Aグループ文化）86, 95

アブシール・アル=マレク（アブシール・エル=メレク。上エジプト北部ナイル河西岸の墓地遺跡。先王朝時代ナカダ文化〜初期王朝時代）156, 201

アブ・ダルバイン（スーダン中部の遺跡。終末期旧石器時代）30

アムラー（上エジプト南部ナイル河西岸の墓地遺跡。先王朝時代ナカダ文化〜初期王朝時代）108, 164, 213, 215, 218

アル=カッタラ（上エジプト南部ナイル河西岸の集落遺跡。先王朝時代バダリ文化〜ナカダ文化）57, 95

アル=カブ（上エジプト南部ナイル河東岸にある、終末期旧石器時代エルカブ文化のキャンプ・サイト。先王朝時代ナカダ文化〜初期王朝時代の墓地遺跡）26

アル=サフ（上エジプト北部ナイル河西岸にある先王朝時代マーディ・ブト文化の遺物出土地）72

アル=サラムニ（上エジプト南部ナイル河東岸にある新石器時代のキャンプ・サイト）56

アル=ターリフ（上エジプト南部ナイル河西岸の集落遺跡。新石器時代ター

リフ文化、先王朝時代バダリ文化～ナカダ文化）55, 95, 179

アル=リカ（下ヌビアナイル河西岸の集落遺跡。先王朝時代Aグループ文化）86

アルマント（上エジプト南部ナイル河西岸の集落・墓地遺跡。新石器時代ターリフ文化、先王朝時代バダリ文化、ナカダ文化～初期王朝時代）57, 65, 95, 130～135, 137, 140, 178, 179, 182, 192, 206

イズベト・アル=カルダヒ（下エジプト西部デルタの遺跡。先王朝時代マーディ・ブト文化）72

ウム・アル=カーブ（上エジプト南部アビュドスの砂漠奥部に位置する墓地遺跡。U-j号墓を含むナカダⅢ期の大型墓と初期王朝時代の王墓が検出される。先王朝時代ナカダ文化～初期王朝時代）6, 9, 10, 237～239, 242, 244

ウム・ディレイワ（スーダン中部の遺跡。新石器時代カルトゥーム新石器文化）62

エスナ（上エジプト南部ナイル河西岸の遺跡。後期旧石器時代エスナ文化）23

エレファンティネ（上エジプト南部ナイル河中州の島上の遺跡。ナカダ文化最南端の集落遺跡。初期王朝時代の城塞が検出される。先王朝時代ナカダ文化～初期王朝時代）14, 79, 95, 104～106, 151

エン・ゲディ（パレスチナの遺跡。金石併用時代）154

エン・ベソル（パレスチナの遺跡。初期青銅器時代Ⅰ期）92, 93

オマリ（下エジプト南部ナイル河東岸、ヘリオポリス近郊の集落・墓地遺跡。新石器時代オマリ文化）52～55

カ

カダン（第2急湍付近。後期旧石器時代カダン文化）23

カデロ（スーダン中部の集落・墓地遺跡。新石器時代カルトゥーム新石器文化）62

カルーガ・オアシス（西部砂漠の遺跡。後期旧石器時代～新石器時代）25, 61

カルトゥーム（カルトゥーム・ホスピタル。スーダン中部の集落遺跡。終末期旧石器時代カルトゥーム中石器文化）26, 30

ガルフ・フサイン（下ヌビアナイル河西岸の墓地遺跡。先王朝時代Aグループ文化）118

ギザ（下エジプト南部ナイル河西岸の遺跡。先王朝時代マーディ・ブト文化の遺物散布地、初期王朝時代に大型マスタバ墓が築かれる）72, 137
クストゥール（下ヌビアナイル河西岸にある、ナカダⅢ期に大型墓が形成された墓地遺跡。先王朝時代Aグループ文化）138, 153, 156, 160, 210, 218
クッバニーヤ南（上エジプト南部ナイル河西岸にある、Aグループ文化最北端の墓地遺跡。先王朝時代Aグループ文化）86
ゲイリ（スーダン中部の遺跡。新石器時代カルトゥーム新石器文化）62
ゲベレイン（ジャバライン。上エジプト南部ナイル河西岸の墓地遺跡。先王朝時代ナカダ文化）206, 209, 210, 218
ゲルゼー（上エジプト北部ナイル河西岸の墓地遺跡。先王朝時代ナカダ文化）201
コナシェト・サラドゥヒ（下エジプト西部デルタの遺跡。先王朝時代マーディ・ブト文化）72
コム・オンボ（上エジプト南部ナイル河東岸の遺跡。後期旧石器時代セビル文化）23

サ

ザカイブ（スーダン中部の遺跡。新石器時代カルトゥーム新石器文化）62
サッガイ（スーダン中部の遺跡。終末期旧石器時代カルトゥーム中石器文化）26, 30
サッカラ（下エジプト南部ナイル河西岸の墓地遺跡。初期王朝時代に首都メンフィスの埋葬地となり、高官たちの大型マスタバ墓が築かれる。初期王朝時代）137, 157, 247〜249
サヤラ（下ヌビアナイル河東岸の墓地遺跡。先王朝時代Aグループ文化）138, 210, 218
シャカドゥド（スーダン中部の遺跡。終末期旧石器時代カルトゥーム中石器文化〜新石器時代カルトゥーム新石器文化）62
ジャバル・アル=アラク（ゲベル・エル=アラク。上エジプト南部ナイル河西岸の遺跡。先王朝時代ナカダ文化）166
シャヘイナブ（スーダン中部の遺跡。新石器時代カルトゥーム新石器文化）62
シャボナ（スーダン中部の遺跡。終末期旧石器時代カルトゥーム中石器文化）26

シワ・オアシス（西部砂漠の遺跡。終末期旧石器時代シワ文化）25, 32
セドメント（上エジプト北部ナイル河西岸の集落遺跡。先王朝時代マーディ・ブト文化）72
ソロウラブ（スーダン中部の遺跡。終末期旧石器時代カルトゥーム中石器文化）26, 30

タ

タウル・イクベイネ（パレスチナの遺跡。初期青銅器時代Ⅰ期）90
ダッカ（下ヌビアナイル河西岸の集落・墓地遺跡。先王朝時代Aグループ文化）86, 118
ダックラ・オアシス（西部砂漠の遺跡。終末期旧石器時代〜新石器時代）25, 61
タルカン（上エジプト北部ナナイル河西岸の墓地遺跡。ナカダⅢ期に大型墓が築かれる。先王朝時代ナカダ文化〜初期王朝時代）114, 136, 137, 201, 210
テル・アル＝イスウィド（下エジプト東部デルタの集落遺跡。先王朝時代マーディ・ブト文化〜初期王朝時代）72, 95, 203
テル・アル＝ファルカ（下エジプト東部デルタの集落遺跡。先王朝時代マーディ・ブト文化〜初期王朝時代）72, 95, 170, 203
テル・イブラヒム・アワド（下エジプト東部デルタの集落・墓地遺跡。先王朝時代マーディ・ブト文化〜初期王朝時代）203
テル・エラニ（パレスチナの遺跡。初期青銅器時代Ⅰ〜Ⅱ期）90, 92
テル・ハリフ（パレスチナの遺跡。初期青銅器時代Ⅰ期）91
トゥラ（下エジプト南部ナイル河東岸の墓地遺跡。先王朝時代ナカダ文化〜初期王朝時代）72, 114, 136, 201

ナ

ナガ・アル＝デイル（上エジプト南部ナイル河東岸の墓地遺跡。先王朝時代ナカダ文化〜初期王朝時代）109, 139, 140, 164, 229
ナカダ（上エジプト南部ナイル河西岸にある、ナカダ文化の名称由来となった集落・墓地遺跡。先王朝時代ナカダ文化〜初期王朝時代）6, 57, 69, 77, 78, 95, 107〜110, 130, 134〜137, 140, 156, 164, 182, 199, 205, 206, 208, 209, 213, 215, 218, 219, 221, 226, 228

遺跡索引 277

ナガ・ハンマーディ（上エジプト南部ナイル河西岸の墓地遺跡。先王朝時代ナカダ文化）206

ナズレット・カタル（上エジプト中部ナイル河西岸。後期旧石器時代）23

ナズレット・サファ1（上エジプト南部ナイル河西岸のキャンプ・サイト。新石器時代）56

ナハル・カナ（パレスチナの遺跡。金石併用時代）154

ナブタ・プラヤ（西部砂漠の遺跡。終末期旧石器時代～新石器時代）25～27, 30, 33～36, 61

ハ

バダリ（上エジプト中部ナイル河東岸の集落・墓地遺跡。先王朝時代バダリ文化、ナカダ文化～初期王朝時代）57～60, 95, 116～119, 135, 137, 156, 182, 206

バッラース（上エジプト南部ナイル河西岸の集落・墓地遺跡。先王朝時代ナカダ文化）109, 164

ハマミーヤ（上エジプト中部ナイル河東岸の集落・墓地遺跡。先王朝時代バダリ文化、ナカダ文化～初期王朝時代）57, 58, 95, 205, 206

ハラゲー（上エジプト北部ナイル河西岸の墓地遺跡。先王朝時代ナカダ文化）72, 165, 201

ハルトゥヴ（パレスチナの遺跡。初期青銅器時代Ⅰ期）91

ビール・キセイバ（西部砂漠の遺跡。終末期旧石器時代～新石器時代）25, 30, 35

ヒエラコンポリス（上エジプト南部ナイル河西岸の集落・墓地遺跡。ナカダ文化の集落の残存良好。土器や石器の生産址が検出される。ネケンの神殿址からは初期王朝時代の王の遺物が出土。先王朝時代ナカダ文化～初期王朝時代）14, 57, 81, 95, 98～104, 107～113, 115, 116, 122, 130, 136, 140, 153, 156, 160, 164, 166, 173, 180～182, 184～187, 189～191, 193, 194, 205, 206, 208～210, 215, 218, 219, 221, 228

フー（ヒウ。上エジプト南部ナイル河西岸の墓地遺跡。先王朝時代ナカダ文化）69

ファイユーム（上エジプト北部西部砂漠中、湖岸の集落遺跡。ナイル河近辺最古の農耕・牧畜遺跡。終末期旧石器時代カルーン文化、新石器時代ファイユーム文化、先王朝時代モエリス文化）25, 32～34, 36～38, 40～45

ファラフラ・オアシス（西部砂漠の遺跡。終末期旧石器時代～新石器時代）
25, 34, 36, 38, 61

ブト（テル・アル=ファラーイン。下エジプト西部デルタ北部の集落遺跡。マーディ・ブト文化から初期王朝時代までが層位的に検出される。先王朝時代マーディ・ブト文化～初期王朝時代）14, 67, 71, 72, 75, 76, 90, 95, 155, 169, 170, 201, 202, 210, 241

ベニ・アミル（下エジプト東部デルタの墓地遺跡。先王朝時代ナカダ文化～初期王朝時代）203

ヘリオポリス（下エジプト南部ナイル河東岸の遺跡。終末期旧石器時代の遺物散布地、先王朝時代マーディ・ブト文化の墓地遺跡）74

ヘルワン（下エジプト南部ナイル河東岸の墓地遺跡。先王朝時代ナカダ文化～初期王朝時代）52, 114, 136, 137, 201, 210

マ

マーディ（下エジプト南部ナイル河東岸の集落・墓地遺跡。先王朝時代マーディ・ブト文化）71, 72, 74～76, 90, 95, 121, 155, 199, 201, 202, 204, 226

マカドゥマ 4（上エジプト南部ナイル河東岸のキャンプ・サイト。新石器時代）56

マトマール（上エジプト中部ナイル河東岸の集落・墓地遺跡。先王朝時代バダリ文化、ナカダ文化～初期王朝時代）57, 58, 135, 199

マハスナ（上エジプト南部ナイル河西岸の集落・墓地遺跡。先王朝時代ナカダ文化）95, 109, 130～133, 135, 164

ミンシャト・アブ・オマル（下エジプト東部デルタにあるナカダ文化最北の墓地遺跡。先王朝時代ナカダ文化～初期王朝時代）94, 154, 166, 201

メディーク（下ヌビアナイル河西岸の墓地遺跡。先王朝時代 A グループ文化）118, 164

メリムデ・ベニ・サラーム（マリムダ・バニ・サラーマ。下エジプト南部ナイル河西岸の集落遺跡。ナイル河下流域最古の定住農耕村落。新石器時代メリムデ文化）47～51, 72

メンデス（下エジプト東部デルタの集落遺跡。先王朝時代マーディ・ブト文化～初期王朝時代）72, 95, 203

メンフィス（下エジプト南部ナイル河西岸にある古代エジプトの都。初期王朝時代以降に首都であったが、当時の集落は未検出）8, 70, 94, 137, 201,

246, 248

モスタゲッダ（上エジプト中部ナイル河東岸の集落・墓地遺跡。先王朝時代バダリ文化、ナカダ文化～初期王朝時代）135

ワ

ワディ・クッバニーヤ（上エジプト南部ナイル河西岸の遺跡。後期旧石器時代クッバニーヤ文化）23

ワディ・ディグラ（下エジプト南部ナイル河東岸の集落・墓地遺跡。先王朝時代マーディ・ブト文化）74

H（パレスチナの遺跡。初期青銅器時代 I 期）89

■著者略歴■

高宮いづみ（たかみや　いづみ）

1958年茨城県生まれ
早稲田大学大学院文学研究科博士課程満期退学
現在、近畿大学文芸学部講師
主要著作・論文
　「ナカダ文化論－ナイル河下流域における初期国家の形成－」『岩波講座世界歴史　第2巻　オリエント世界』岩波書店、1998年。
　『古代エジプトを発掘する』岩波書店、1999年。
　友部直責任編集『世界美術大全集2　エジプト美術』小学館、1994年（分担執筆）。

藤本　強
菊池徹夫 監修「世界の考古学」

⑭エジプト文明の誕生

2003年2月10日　初版発行

著　者　高宮いづみ

発行者　山脇　洋亮
印刷者　亜細亜印刷㈱

発行所　東京都千代田区飯田橋　同成社
　　　　4-4-8 東京中央ビル内
TEL 03-3239-1467　振替　00140-0-20618

ⓒTakamiya Izumi 2003 Printed in Japan
ISBN4-88621-259-X　C3322